马克思主义中国化时代化系列教材

上海高等学校一流本科课程
上海高校思想政治理论课"金课"配套教材

Innovative Tutorial of
'The Great Ideological and
Political Education Courses'
in Higher Education Institutions

高校"大思政课"创新教程

上海财经大学马克思主义学院编写组 ○ 编

图书在版编目(CIP)数据

高校"大思政课"创新教程 / 上海财经大学马克思主义学院编写组编. -- 上海：上海财经大学出版社, 2025.5. -- (马克思主义中国化时代化系列教材). ISBN 978-7-5642-4536-8

Ⅰ.G641

中国国家版本馆 CIP 数据核字第 2024299S4L 号

本书由上海财经大学本科课程与教材建设项目资助出版

□ 责任编辑　徐贝贝
□ 封面设计　张克瑶

高校"大思政课"创新教程

上海财经大学马克思主义学院编写组　编

上海财经大学出版社出版发行
（上海市中山北一路 369 号　邮编 200083）
网　　址：http://www.sufep.com
电子邮箱：webmaster@sufep.com
全国新华书店经销
苏州市越洋印刷有限公司印刷装订
2025 年 5 月第 1 版　2025 年 5 月第 1 次印刷

787mm×1092mm　1/16　15.75 印张（插页：2）　317 千字
定价：78.00 元

主 编

许 涛

副主编

曹东勃　丁晓钦　刘 洋　姜国敏

编写人员

王伟杰　李昊晟　佘 超

张琳琳　赵成龙

前　言

在新时代全面深化改革的浩荡春风中,思想政治理论课作为中国特色社会主义教育的核心组成部分,其重要性日益凸显。习近平总书记多次强调:"思政课是落实立德树人根本任务的关键课程,思政课作用不可替代,思政课教师队伍责任重大。"不断加强和改进新时代学校思想政治教育,离不开对"大思政课"理念的深化和践行。2021年全国两会期间,习近平总书记强调,思政课不仅应该在课堂上讲,也应该在社会生活中来讲。"大思政课"我们要善用之,一定要跟现实结合起来。"大思政课"作为推动新时代思政课建设改革创新的强大动力,其建设与发展工作在当前时代背景下显得尤为重要。上海财经大学深刻认识到这一点,学校积极贯彻落实习近平总书记关于"大思政课"的重要指示批示和在中国人民大学考察时的重要讲话精神,全面贯彻落实教育部等十部门印发的《全面推进"大思政课"建设的工作方案》文件精神,坚持不懈用习近平新时代中国特色社会主义思想铸魂育人,始终秉持强化问题导向意识、突出实践引领作用的核心理念,挖掘并整合社会各界优质资源与力量,积极构筑"大思政课"的课堂体系,精心策划并实施了一系列教学品牌项目。这些项目不仅在实践中帮助学生将理论知识转化为实践能力,更在理论上为新时代思政教育的发展注入了新的活力和动力。

为了有效推动这些实践经验与理论成果的宣传和推广,上海财经大学马克思主义学院积极组织一线思政课教师,将这些实践教学典型案例进行精心编纂,最终形成了《高校"大思政课"创新教程》一书。该教材旨在帮助广大教育工作者与青年大学生能够更好地理解和运用"大思政课"的教学理念和方法,进而为推动新时代思政教育的创新发展贡献智慧与力量。

《高校"大思政课"创新教程》精心收录了上海财经大学近年来一系列生动鲜活的典型教学案例,这些案例巧妙融合了线上与线下、校内与校外、师生互动的多元化教学模式,全方位、多维度地展现了上海财经大学"大思政课"创新教学的实践策略。本教材生动描绘了学生们在上海红色教育基地缅怀先烈、于"行走的思政课"中实地探索、在翻转课堂上思维交锋的生动场景。这些丰富多彩的教学活动极大地开阔了学生的眼界,促使他们深入理解和内化所学的理论知识,为他们的全面发展与成长之路铺设了坚实的基石。

本教材精心设计了五章,第一章以"开学第一课"为导引,点燃学生对思政课程的学习热情；第二章是"书记双师课堂"，汇聚党政领导与一线思政课教师的教育智慧；第三章是"思政主题大课"，以丰富的案例系统阐述理论热点与难点；第四章是"行走的思政课堂"，通过实地考察、亲身体验等方式，让学生在实践中实现理论与实践的深度融合；第五章是"大中小学思政课一体化建设"，以系统思维引领构建跨学段的思政教育体系，为学生的成长之路铺设坚实基础。五章相辅相成，共同构成了这本富有创新性和实践性的"大思政课"教学实用教程。

在本教材编写的过程中，我们广泛汲取了校内外专家学者的智慧结晶，细致查阅了上海财经大学及上海财经大学马克思主义学院的官方网站与官方微信公众号中的丰富内容，以及国内权威网站和书刊的有关内容。此外，我们还诚挚邀请了相关学科领域的专家和一线思政课教师，他们的宝贵建议为本书的完善提供了重要支撑。在此，我们向所有给予支持与帮助的专家学者、教师表达最诚挚的感谢！因水平所限，书中难免有疏漏或不妥之处，敬请广大读者朋友提出宝贵意见，以便我们在今后的编写工作中不断完善与提高！

编　者

2025年1月

目　录

第一章　开学第一课 / 001
一、教学实录与感悟 / 002
　　一切为着建设祖国——2024年开学第一课 / 002
　　在中国式现代化的进程中贡献青春力量——2023年开学第一课 / 007
　　担当复兴大任 成就时代新人——2022年开学第一课 / 011
　　坚守理想 担当使命 做新时代的奋斗者——2021年开学第一课 / 016
　　传承中国精神，担当时代使命——2020年开学第一课 / 020
　　从家国情怀启航，做新时代奋进者——2019年开学第一课 / 024
二、教研心得 / 028
　　活力思政，启航新生——"开学第一课"的教学启示 / 028
三、理论探索 / 030
　　讲好"开学第一课"赋能高校思想政治教育：意蕴、定位与实践理路 / 030

第二章　书记双师课堂 / 039
一、教学实录与感悟 / 040
　　"沉舟侧畔千帆过"，在广阔的实践探索中充实人生 / 040
　　立足新发展阶段、贯彻新发展理念、构建新发展格局，推进高质量发展 / 042
　　大力推动高质量教师队伍建设——我见证的历史片段 / 044
　　争做推动中国式现代化发展的领军型人才 / 046
　　《共产党宣言》与我们的大学学习 / 049
　　走近生活中的烟火气，于实践中获取经验 / 051
　　教育对外开放，从文化自觉到文化自信 / 054
　　脚踏实地，成为自己心中的英雄！ / 056
　　在"思"与"悟"中理解全面从严治党 / 058

国家安全，人人有责 / 061
回到经典 悟透原理——体悟"能""行""好" / 064
经济发展中的文化力量 / 067
跨文化视野与国际人才培养 / 070
重新思考理论学习 / 072
文化自信与时代创新 / 074
怎样在工作中做一个好财经人 / 077
历史连接现实 / 079
共忆"三中全会"：从宏大历史到个体经历 / 081
在改革中做忠诚、干净、勇于担当的党的青年生力军 / 083
新一轮增量政策激发中国经济发展新活力 / 086
推动改革开放再上新台阶 / 088
以正确的择业之道实现高质量充分就业 / 090

二、教研心得 / 093
创新思政课组织形式，优化思政课教学内容——"书记双师课堂"的教学启示 / 093

三、理论探索 / 095
"书记双师课"："双师课堂"应用于思政课程的探索 / 095

第三章 思政主题大课 / 103

一、教学实录与感悟 / 104
"坚守使命百年路 经济匡时再启航"主题党课 / 104
"中央金融工作会议精神解读"主题大课 / 109
"向毛泽东学调查研究"主题大课 / 112
"投身绿色军营 助推强国建设"主题大课 / 114
"在实现中国梦的实践中放飞青春梦想"主题大课 / 118
"诚信：用行动书写好自己的人生档案"主题大课 / 121
"开展主题教育，助力上财学子提升法治素养"主题大课 / 125

二、教研心得 / 127
主题大课：思政小课堂与社会大课堂互补衔接的桥梁 / 127

三、理论探索 / 128
"大思政课"教育资源转化的方法论思考 / 128

第四章　行走的思政课堂 / 136

一、教学实录与感悟 / 137

在"海派城市考古"中感悟人民城市的底蕴 ——实践教学寻访虹口、杨浦街区 / 137

感受新时代人民城市新活力——实践教学走进杨浦滨江 / 140

上海践行习近平经济思想探微——实践教学寻访陈云故居、东方绿舟国防园 / 142

推动乡村振兴，建设美丽乡村——实践教学赴奉贤区护民村 / 147

入故地学党史，寻踪迹感巨变——实践教学寻访张闻天纪念馆、中国航海博物馆 / 149

擦亮上财青春底色，争做知行合一的新时代青年 ——实践教学走进"枪杆子与钱袋子"红色特展 / 152

赓续革命精神 勇担时代使命——实践教学开展"读史阅世、明志铸魂"系列活动 / 155

回顾百年党史，感知航海科技——实践教学前往中共一大会址、中国航海博物馆 / 158

传承与弘扬中国精神——实践教学赴龙华烈士陵园和浦东展览馆 / 161

厚植爱国情怀，传承中国精神——实践教学赴宋庆龄纪念馆、四行仓库 / 164

推进乡村振兴，为共同富裕聚势赋能——实践教学走进松江区黄桥村 / 167

感悟中国式现代化中的乡村振兴——实践教学走进世界级生态岛崇明 / 171

寻忆百年党史，守正红色记忆——实践教学走进上海财经大学校史馆 / 173

追寻复兴足迹，筑牢信仰根基 ——实践教学走进中共一大、四大纪念馆 / 176

体验都市文化，感悟中国制度自信——实践教学走进上海科技金融博物馆、长风生态商务区规划展示馆 / 180

学"四史"回眸百年中国股票史，抓思政放眼科技金融未来——实践教学走进中国股票博物馆、上海科技金融博物馆 / 183

乡村善治引领乡村振兴——师生赴河北高碑店市开展"千村调查" / 185

大兴调研担使命，数字赋能促发展——师生积极参与广东省普宁市"千村调查" / 188

传承红色基因，助力乡村发展——师生赴云南江河州开展"千村调查" / 193

知行结合 感受绿色乡村——"知行杯"社会实践团赴浙江省云和县考察 / 196

二、教研心得 / 200

读万卷书，行万里路——"行走的思政课堂"系列实践活动教学启示 / 200

三、理论探索 / 202

提升"大思政课"实践教学质量的路径探析 / 202

第五章　大中小学思政课一体化建设 / 211

一、教学实录与感悟 / 212

培根铸魂育新人,办好新时代思政课——2024年集体备课会 / 212

传承上海城市文脉,彰显城市精神品格——2023年下半年集体备课会 / 215

善用"大思政课",构建协同育人新格局——2023年上半年集体备课会 / 219

"书记调研会"走进上财附小,全面推进学校基础教育工作 / 223

平台共建、资源共享,跨学段共商思政课一体化建设 / 228

同上一堂课,上海财经大学正式成立大中小学思政课一体化建设教育基地 / 230

行走的红色课堂,贯通大中小学思政课一体化建设 / 232

二、教研心得 / 235

有效提升大中小学思政教育一体化建设质量效益 / 235

三、理论探索 / 236

大中小学思政课一体化的内在意蕴与实践路径 / 236

第一章
开学第一课

"开学第一课"是上海财经大学新生迈入校园的重要仪式,也是一次深刻的思想启蒙之旅,主要由学校党委书记进行讲授,其主题聚焦于青年在国家发展和民族复兴中的重要地位和使命。这种教学形式不仅包含了传统演讲,还融合了情景讲述、舞台剧和主题视频等多种形式,内容生动多样,形式新颖独特。"开学第一课"通过学术理论与实践案例的结合,为新生描绘了一个充满希望与挑战的未来,引导他们树立正确的人生目标和发展方向。这种教学方式与大思政课的核心价值相辅相成,构成了上海财经大学独具特色的思政教育体系的重要一环。

一、教学实录与感悟

一切为着建设祖国
——2024年开学第一课

(一)现场教学报道

9月8日,上海财经大学2024级新生共同聆听书记第一堂思政课。课程主题为"一切为着建设祖国",由上海财经大学党委书记许涛和师生代表、校友嘉宾及校外嘉宾共同讲述。课程共分为"前辈足迹共踏寻""爱国情怀意正浓""青春报国正当时"三个篇章,结合情景讲述、舞台剧、思政微课等生动形式呈现了上海财经大学"一切为着建设祖国"的光荣传统和新时代上财人矢志报国的坚守与担当。

新时代共同延续"一切为着建设祖国"的光荣传统

"思政课是在我们的心灵里搞建设的课程,它帮助我们认识世界、理解中国、确立志向。"许涛书记从"为什么大学阶段要学习思政课"这一问题导入,向同学们介绍了高校思政课对于当代大学生的重要意义。对于大学阶段的学习和生活而言,只有将个人发展主动融入党和国家的事业之中,才能成就出彩人生。

"一切为着建设祖国是上财人矢志不渝的理想信念。"许涛书记从回顾校史开始,生动讲述了上财人在百余年校史中为人民战斗、为祖国献身、为幸福生活奋斗的感人事迹,并强调上海财经大学始终是一所"永远跟党走""一切为着建设祖国",与国家和民族命运同频共振的红色高校。

"为实现中华民族伟大复兴的中国梦做出上财人的新贡献"。许涛书记表示,我们要始终铭记上财前辈矢志不渝的报国之心,在以中国式现代化全面推进强国建设、民族复兴伟业的关键时期,主动担当、迎难而上,守护好、传承好、践行好上海财经大学"一切为着建设祖国"的使命与担当。

上财校史熠熠生辉:在筚路蓝缕中践行初心使命

在"一次援建 一生奉献"环节,上海财经大学教授、现挂职吉林财经大学副校长杨楠,吉林财经大学统计学院原党总支书记曲晓东,吉林财经大学教授、1958年上财援建吉财王允孚先生之女王北星共同讲述了66年前一段珍贵的校史故事。1958年,29名风华正茂、学识渊博的上财优秀教师,响应祖国号召,携老扶幼、举家迁徙,乘坐北上的列车来到了吉林长春,援建刚刚成立不久、紧缺师资力量的吉林财贸学院。他们在筚路蓝缕中艰苦创业,在矢志奋斗中教书育人,在勇毅前行中贡献智慧,把青春和热血播撒在黑土地上,培养了一批又一批优秀的财经类专业人才,为我国财经高等教育事业做出了重要贡献。

在"中国经济体制改革的上财身影"环节,金融学院戴国强教授结合自己在上财学习和工作45年的经历,讲述了不同历史时期上财人致力于为国家经济体制改革事业贡献力量的事迹。微众银行党委委员、行长助理方震宇校友回忆了在上财的求学经历,讲述了上财人的家国情怀、创新精神和求实作风,这段宝贵的经历也成为日后激励他带领微众银行投身国家战略、服务社会公益的重要源动力。交银康联资产管理有限公司总经理张秦华校友结合在多个金融领域工作的经历,从"金融报国"的角度为同学们详细介绍了金融和财经工作对于整个国家发展的重要意义。

思政微课堂引发思考:个人理想如何融入国家发展事业

作为新时代青年,我们究竟如何理解个人理想与国家命运之间的关系,如何践行"一切为着建设祖国的使命担当"。马克思主义学院副教授、上海市教学能手、上海五一劳动奖章获得者张鋆老师与同学们进行了观点分享。"个人生活"和"国家事业"之间不是一道排序题,更不是一道单选题,两者是可以兼得的,"我们只有把个人理想融入国家和民族的事业中,才能够成就一番事业,从而把个人生活过好"。当代大学生应当立大志、明大德、成大才、担大任,真正把个人理想和国家的命运联系起来,在实现中国梦的伟大实践中,书写出自己的精彩人生!

大思政课元素精彩呈现:新时代新征程上接续奋斗

"'大思政课'我们要善用之,一定要跟现实结合起来。""开学第一课"将上财师生在新时代新征程上投身社会主义强国建设的故事搬上舞台,他们是在奥运赛场上奋勇拼搏的运动健儿、是在学术志业中扎根中国的科研人员、是在支教岁月中奉献中国的研究生支教团队。

2019级上财校友、巴黎奥运会网球混双银牌得主王欣瑜讲到站在巴黎奥运会赛场上时,看到一面面为她加油的五星红旗,爱国情怀油然而生,在奥运赛场上为国征战、拼搏奋斗的经历让她收获颇丰、难以忘怀。

商学院余典范教授和王超校友讲述了上财师生聚焦新时代党和国家重大发展战略,立足财经专业优势,迎难而上、攻坚克难的科研故事,并勉励新同学们只有勇于面对时代命题、锻造深学笃行本领、与上财大平台双向赋能,才能做出真学问、大学问,才能践行"厚德博学,经济匡时"的校训。

上海财经大学第25届研究生支教团成员魏柯、蔡雨辰、万珺琰和洪玥共同讲述了在过去的一年里,他们和志同道合的上财同学奔赴云南、贵州、甘肃等地支教的感人故事。支教的日子尽管很辛苦,但在祖国基层工作的经历让研究生支教团的每一名成员都获得了前所未有的成长,也让他们明白教育不仅是传授知识,更是心与心的碰撞。

大中小学思政课一体化建设:在接续力量中畅想中国

近年来,上海财经大学充分发挥大学引领作用,积极推进"大中小学思想政治教育一体化"的建设成果,本次"开学第一课"专门邀请上海财经大学基础教育集团旗下的附中、附小师生代表共同参与,旨在通过"开学第一课"的示范效应,共筑思政育人"同心圆",让"一切为着建设祖国"的信念早早扎根在中小学生心中。

上财附小的师生在《接续力量中畅想中国》情景剧中,为大家呈现了孩子们参观商学博物馆、参加上财国际文化节,以及观看上财机器人社团展示等活动的经历,体现了思政课如何以孩子们听得进、看得懂的方式,将建设祖国的信念传递给小"财宝"们。上财附属国安路小学校长卞松泉分享了40多年教师生涯中对爱国主义情怀的体会:爱国是一种情感,更是一种行动,应该是对家人、对同学、对祖国美丽山河、对中华优秀传统文化的热爱。

最后,许涛书记对"开学第一课"进行总结。"永远跟党走""一切为着建设祖国"是一代又一代上财人笃行不怠的坚定信念,希望前辈们矢志奉献的家国情怀能够激励新一代上财人争做有理想、敢担当、能吃苦、肯奋斗的新时代好青年,在推进强国建设、民族复兴伟业中展现青春作为、彰显青春风采、贡献青春力量,奋力书写为中国式现代化挺膺担当的青春篇章。

(二)教学感悟

2024级经济学专业李正坤:

金秋九月走进上财,迎接我们的是形式新颖、鼓舞人心的开学典礼和内容翔实、真挚动人的第一堂思政课。盛大隆重的开学典礼标志着我们在上财的学习之旅拉开序幕,学子们激情澎湃的演唱和校领导的谆谆教诲给我留下了属于上财的独特印象。开学典礼于师生合唱中落下帷幕,我们的求学路也由此开始。

2024级商务英语专业王佳玮:

通过校史宣讲,我读出了上财筚路蓝缕的办学路,读出了上财先贤们的使命担当,也读出了学校与党同行、与国共进的奋斗史。在上财开启新的人生篇章,让我能以更自信的面貌迎接在上财的机遇与挑战,迎接未来人生的新发展,并更坚定将为中华民族伟大复兴贡献一名上财人力量的铮铮誓言。

2024级城市经济与管理专业石雨果：

回想曾经的奋斗经历,到如今成为一名上财人,快闪表演《追梦赤子心》让一幕幕记忆在脑海里重映。开学典礼上听着校友代表、新生代表从不同角度解读"厚德博学,经济匡时",让我对校训有了新的认识,为我接下来的学习指引了新的方向。

2024级马克思主义中国化研究专业张万新：

盛夏六月,我在上财毕业,金秋九月,我以博士生的身份再次踏入上财校园。站在这片熟悉的沃土上,我心中既充满了激动,又怀揣着对未来的无限憧憬。典礼上,刘元春校长对新生的热烈欢迎、师生代表的悉心指导以及许涛书记第一堂思政课的谆谆教诲,让我感触颇深。"厚德博学,经济匡时"不仅是上财的精神内核,也是我们每一名上财人应当追求的目标。我将以此为目标和起点,带着上财赋予我的使命和责任,勇往直前,不负韶华,与上财一同成长,共同书写属于我们这一代的精彩篇章。

在中国式现代化的进程中贡献青春力量

——2023年开学第一课

(一)现场教学报道

9月3日上午,上海财经大学2023级新生共同聆听书记第一堂思政课。课程主题为"在中国式现代化的进程中贡献青春力量",由上海财经大学党委书记许涛和师生代表、校外嘉宾共同讲述。课程分为"致青春 谱出彩人生""立远志 逐青春梦想""匡时局 续百年征程"三个篇章,结合人工智能对话、情景讲述、舞台剧等生动形式呈现了新时代青年的历史使命与中国式现代化的伟大实践。

党委书记殷殷嘱托:新时代青年要在中国式现代化建设中挺膺担当

"一个国家的进步,印刻着青年的足迹。"许涛书记从回顾历史开始,阐述了青年人对中国式现代化的历史推动作用。党领导下的中国青年运动史,也是一部书写着中国青年担当中国式现代化进程先锋力量的历史。百年来,中国青年满怀对祖国和人民的赤子之心,积极投身党领导的革命、建设、改革伟大事业,为人民战斗、为祖国献身、为幸福生活奋斗,紧紧抓住实现现代化这一奋斗目标不动摇,把青春奋斗融入实现国家现代化的伟大事业中。

"广大青年要笃行不怠,踔厉奋发迎接挑战",许涛书记强调,面对中国式现代化发展的新时代新征程,我们要看到国内改革发展的重任,要看到面对世界百年未有之大变局,我们还有许多"雪山""草地"需要跨越,还有许多"娄山关""腊子口"需要征服。作为新时代的生力军,青年大学生要起而行之,拒绝"躺平",积极投身中国式现代化实践,成为担当民族复兴大任的时代新人,始终胸怀"国之大者",培育全球视野和大局意识。

"把自己的小我融入祖国的大我、人民的大我之中,与时代同步伐,与人民共命运。"许涛书记叮嘱广大青年如何将青春投身于中国式现代化的火热实践中。对于刚入学的大学新生而言,大学四年应当以"立大志、明大德、成大才、担大任"为目标,在中国式现代化的征程中擘画自己的人生。

智能化元素融入思政课:FinChat 闪亮登场,与师生共话青年担当

为创新教学形式、丰富教学内容,"书记第一课"将上海财经大学信息工程与管理学院师生自主研发的人工智能大语言模型引入课堂,与许涛书记共上思政课。FinChat 在 C-Eval 的准确率指标上,已达到国际领先水平。FinChat 基于人工智能和大语言模型算法,分别从新民主主义革命时期、社会主义革命和建设时期、改革开放和社会主义现代化建设新时期、中国特色社会主义新时代四个历史阶段,回顾了在现代化的百年征程中,中国青年始终都在民族复兴道路上勇担大任、奋勇拼搏。

大思政课元素精彩呈现:嘉宾讲述奋斗故事,时代新人闪闪发亮

"'大思政课'我们要善用之,一定要跟现实结合起来。"本次"书记第一课"专门邀请到来自中国商飞、参与国产大飞机设计和制造的郭玮宏博士和江西省九江市修水县漫江乡中小学党支部书记、校长慎魁元,共同讲述当代中国青年在中国式现代化的征程中砥砺奋进、用心奉献的感人故事。

郭玮宏博士以"笃行不息,勇当大飞机事业的青年先锋"为主题讲述了中国民航人奋斗的历程,一代又一代民航人在艰难困苦的环境中,不忘初心、牢记使命,用青春的汗水和奋斗成就了祖国的大飞机事业。郭玮宏博士结合自己的亲身经历,讲述了当代青年在大飞机建造与设计中的辛勤付出和改革创新。国产大飞机的设计与建造,需要面临一系列的难题,这其中青年人是冲锋在前的生力军,他们砥砺奋进、锐意进取,只为兑现"中国人一定要有自己的大飞机"这一庄严承诺。

慎魁元老师以"我的青春,就是让每一个孩子闪闪发光"为主题讲述了自己长期扎根乡村、立志为乡村教育"脱贫"的感人事迹。作为一名乡村教师,慎魁元老师选择把自己的青春奉献给祖国、奉献给山里的孩子。多年来,他始终初心不改、坚持用心点亮每一个孩子的人生,给农村的孩子们带来了无数个人生的"第一次":他为山里的孩子第一次举办了趣味运动会、让孩子们第一次有了图书阅览室、为他们第一次拍了入学照……也正是在这样的奉献中,慎老师找到了人生的意义,实现了青春梦想。

上财校史熠熠生辉:筚路蓝缕匡时局,接续奋斗担大任

情景剧《一切为着建设祖国》演绎了"上财人"践行初心使命的担当精神。2023 年是抗美援朝战争胜利 70 周年,马克思主义学院范静老师与刘珮涵、胡孝天两位同学一起深情讲演"上财人"为了保家卫国投笔从戎、参军参干,用身体抵挡住侵略者的脚步的动人事迹。重温抗美援朝这段光荣而伟大的历史,旨在发扬上财人"一切为着建设祖国"的精神品格,勉励今天的上财青年自觉将个人奋斗融入国家前途、投身中国式现代化的伟大征程。

情景讲述《奋斗正青春 建功新时代》展现了新时代上财师生服务于国家、奉献于时代的鲜活实践。公共经济与管理学院张熠教授和校"学术之星"陶旭辉一同讲述了上财学人在学术道路上的辛勤耕耘;金融学院粟芳教授带领财经研究所赵鑫博士和金融学院胡若水同学展示了上财师生在千村调查中"走千村、访万户、读中国"的感人事迹;来自中国银行上海分行的李佳和上海市统计局的杜亦康讲述了上财校友奋斗拼搏在新时代财经战线上的青春故事。

大中小学思政课一体化建设:同上一堂课,共绘育人"同心圆"
高校在大中小学思政课一体化建设的过程中,应发挥引领辐射作用,使命光荣、责任重

大。"开学第一课"充分树立"思政课共同体"理念,积极发挥高校在大中小学思政课一体化建设中的重要作用,邀请上财附属杨浦区国安路小学、上财附属初级中学、上财附属中学、上财附属北郊高级中学师生代表共同参与"开学第一课",通过"开学第一课"的示范效应,利用上海财经大学大中小学思政课一体化建设教育基地不断画出育人"同心圆"。

最后,许涛书记对"开学第一课"进行了总结。中国式现代化各行业、各领域中,都离不开青春的力量。不管是过去、现在还是未来,青年始终都是中国式现代化的生力军,也是中华民族伟大复兴进程中充满朝气的蓬勃力量。因此,当代青年只有在报效祖国、投身中国式现代化伟大实践中才能放飞青春梦想、成就出彩人生。希望同学们在未来四年的大学生涯里,身心健康、志存高远、淬炼成长,不负自己最初的梦想、不负家庭的期望、不负国家的培养,成为担当中国式现代化建设大任的时代新人。

(二)教学感悟

2023级会计学专业李若源:

开学典礼内容丰富,让作为新生的我收获颇多。通过校史情景讲述,我体会到了上财百年校史的厚重,体会到了经济匡时校训背后的深刻含义,体悟到了厚德博学的殷切嘱托,当戴好校徽的那一刻,一种归属感油然而生。通过书记第一堂思政课的讲解,我明白了新时代的青年应有的责任和担当。

2023级区域经济学专业高鹏程:

"追光而遇,扬帆起航",开学典礼上,开场表演让我感受到了上财人的青春洋溢,"百年上财史,听我为你述"环节让我感悟到了百年上财的厚重历史,程霖老师的发言让我领略到了上财教师的渊博学识,杨洁校友的讲话让我深思"专注学习、关注世界、注重实践"的重要性……聆听了许涛书记的开学第一堂思政课,我更加坚定,作为一名中共党员,在追寻个人发展的同时,要在中国式现代化进程中贡献青春力量。作为新时代的上财人,我们要继承并发扬"厚德博学,经济匡时"的精神,在青春的赛道上、在中华民族伟大复兴的道路上奋力奔跑。

2023级金融学专业韩一绯:

当我戴上财大校徽的那一刻,我意识到自己真正成为一名"上财人"。作为新时代的新青年,我将胸怀祖国、放眼世界、勤学修德、追求卓越,为我国数字经济高质量、可持续发展,为实现中华民族伟大复兴贡献一名上财人的力量!

2023级马克思主义中国化研究专业蔡煜:

今天,书记第一堂思政课以一个个生动的故事让我感受到了强国有我的使命担当和青春正当时的激情澎湃。一个时期有一个时期的历史任务,一代人有一代人的责任和梦想。作为新时代的新青年,我们要始终担当起社会大任,把初心使命牢记心头,助力民族复兴,将论文写在祖国大地上。

担当复兴大任 成就时代新人

——2022年开学第一课

(一)现场教学报道

9月17日上午,上海财经大学2022级新生共同聆听书记第一堂思政课。课程主题为"担当复兴大任 成就时代新人",由上海财经大学党委书记许涛和师生代表、校外嘉宾共同讲述。课程分为"疫情防控的青春守护""时代新人的精神塑造""匡时青年的百年奋斗"三个篇章,以情景讲述、舞台剧、视频展现等生动形式呈现了新时代青年的历史使命与中华民族伟大复兴的光明前景。

因疫情防控规定,2022年的"开学第一课"采取"主会场+分会场""线上+线下"相结合的模式。校领导班子成员,各学院、职能部门负责人,全体思想政治理论课教师,基础教育集团师生代表参加活动。

党委书记许涛寄语青年:奋斗正青春,争做堪当民族复兴重任的时代新人

"一代青年人有一代青年人的使命。"许涛书记从新时代赋予青年的新使命谈起,当代中国青年是与新时代同向同行、共同前进的一代,生逢盛世,肩负重任。在党的坚强领导下,经过全国各族人民接续奋斗,中国人民打赢了脱贫攻坚战,历史性地解决了绝对贫困问题,在中华大地上全面建成了小康社会,顺利实现了第一个百年奋斗目标,并意气风发地踏上了为实现第二个百年奋斗目标而继续奋斗的新征程。时代从未停止出题,中国青年也始终在时代潮头奋勇搏击,他们从来不甘做时代的过客与看客,而是胸怀勇气、胆气、志气,做时代的先行者与实干者。

"广大青年要肩负历史使命,坚定前进信心,立大志、明大德、成大才、担大任。"许涛书记以习近平总书记的要求勉励大家,以"立大志、明大德、成大才、担大任"为时代新人划定了路径。立大志,就是要把握人生方向。远大志向是人生航向的"指明灯",要有崇高的理想信念,牢记使命,自信自励。明大德,就是要擦亮青春底色。国无德不兴,人无德不立,要锤炼高尚思想品格,崇德修身,启润青春。成大才,就是要练就过硬本领。大志非才不就,大才非学不成,要有高强的本领才干,勤奋学习,全面发展。担大任,就是要肩负历史使命。一代人有一代人的担当,要有天下兴亡、匹夫有责的担当精神,讲求奉献,实干进取。

"在成为时代新人中放飞青春梦想。"许涛书记深情寄语新生,青春因报国为民而更加瑰丽,青年因使命在肩而更显勇毅,要在祖国的万里长空放飞青春梦想,中国梦终将在一代代青年的接力奋斗中变为现实。对中国青年来说,正确认识历史使命和时代责任,正确认识个人价值和国家需要,正确认识远大抱负和脚踏实地,以实现中华民族伟大复兴为己任,把青春奋斗融入党和人民事业,必将大有可为,也必将大有作为。

大思政课元素精彩呈现:嘉宾再现同心战"疫",时代新人闪闪发光

"'大思政课'我们要善用之,一定要跟现实结合起来。"本次"书记第一课"以上海疫情防控中的感人故事与青春力量为案例,邀请了上海交通大学医学院附属瑞金医院院长宁光院士、副院长毕宇芳教授,上海民族乐团团长罗小慈与青年演奏家王音睿、俞冰,与我校师生共同演绎,充分体现了改革创新主渠道教学、善用社会大课堂、搭建大资源平台、构建大师资体系的大思政课要求。

节目《白衣战士的勇敢逆行》中宁光院士与毕宇芳教授分享了自 2022 年 3 月以来的守"沪"故事,面对突如其来、迅速扩散的新冠肺炎奥密克戎变种疫情,医护工作者们白衣为甲、逆行出征,义无反顾地冲在护卫生命的最前线,白色的外衣、坚定的目光和拼尽全力的样子充分展现了他们"不畏艰险、冲锋在前、舍生忘死"的精神。

节目《师生员工的校园守护》中辅导员韩明辉、崔士超、熊跽峰，后勤大厨杨志东，学生志愿者魏珂展现了学校疫情封控的90多个日夜，上财师生员工积极响应学校号召，不辞辛劳，无惧困苦，化身"大白""小蓝"投身抗疫一线的动人事迹，用实际行动彰显了无畏与大爱，用青春汗水展现了时代青年的勇毅和担当，共同构筑起校园的坚固防线。

节目《上海民族乐团"艺"起前行》中罗小慈团长与青年演奏家王音睿、俞冰讲述了疫情防控期间上海民族乐团坚持"居家练功不停，线上演出不歇"的故事，充分展现了对艺术事业的热爱与坚持，用国乐传递温暖和力量。

党史校史相映生辉：筚路蓝缕匡时局，百年奋斗担大任

节目《星星之火奠信念：第一个党支部的成立》中上财学子宁晓丹、邵雪怡、齐乐然、杜丰宁以情景舞台剧的形式再现当年我校第一个党支部成立的历史场景，展示了77年前学校师生随时为党和人民牺牲一切的远大志向，从此担当民族复兴大任的星星之火开始燃烧。

节目《一切为着建设祖国：抗美援朝、保家卫国》演绎了"上财人"践行初心使命的担当精神。档案馆（校史馆、博物馆）陈玉琴老师与"育衡宣讲"学生讲解员宋昊月、胡瀚文深情讲演"上财人"为了保家卫国投笔从戎、参军参干，用身体抵挡住侵略者的脚步的动人事迹，从此无数的"上财人"将个人前途与国家命运紧密相连，肩负起"一切为着建设祖国"的使命担当。

节目《奋斗正青春 建功新时代》展现了新时代上财师生不断将个人发展融入民族复兴的大业中，服务于国家，奉献于时代的精神。公共经济与管理学院范子英老师与校友赵仁杰、郑天昊带来情景讲述，他们或是闪耀于国内乃至世界学术界的"新星"，将论文书写在祖国的大地上；或是响应号召参军报国的莘莘学子，将青春汗水挥洒在祖国最需要的地方。

大中小学思政课一体化建设：同上一堂课，打造育人"同心圆"

"开学第一课"不仅有上海财经大学的新生们，还有上财附属杨浦区国安路小学、上财附属初级中学、上财附属中学以及上财附属北郊高级中学的师生代表，这是我校贯彻落实习近平总书记"统筹推进大中小学思政课一体化建设"要求的重要举措。上海财经大学依托马克思主义学院辐射和引领作用，聚焦立德树人根本任务，推动大中小学思政课一体化建设。

在"开学第一课"现场还举行了上海财经大学大中小学思政课一体化建设教育基地成立仪式。上海财经大学党委书记许涛、校长刘元春与上财附属杨浦区国安路小学校长卞松泉、上财附属初级中学校长秦娟、上财附属中学代理书记刘彤、上财附属北郊高级中学书记陈雪斌一同为基地按下启动键。上海财经大学大中小学思政课一体化建设教育基地强调大学引领，五校联合，聚焦立德树人根本任务，立足育人为本、一体化建设原则，为推动大中小学思政课一体化建设贡献"上财力量"。

许涛书记对"开学第一课"进行了总结。"涓涓不塞，是为江河；源源不断，是为奋斗；生生不息，是为中国。"2022年，我们即将迎来党的二十大胜利召开。回望百年来波澜壮阔的征程，一代又一代中国青年在党的旗帜下，满怀对祖国和人民的赤子之心，书写了不负韶华的时代篇章。希望同学们在未来四年的大学生涯里,身心健康、志存高远,不负自己最初的梦想、不负家庭的期望、不负国家的培养,成为担当复兴大任的时代新人。

(二)教学感悟

2022级金融学专业蒋耿锐：

非常荣幸可以到现场参与开学典礼暨书记第一堂思政课。聆听着戴国强教授关于"学与思"的谆谆教导,我领悟到了自己与上财的共同使命,立下了上财人对未来、对社会、对祖国的赤诚誓言。许书记讲授的开学第一课,让我深深体会到了上财青年的时代重任。"生逢其时,重任在肩",与祖国复兴使命同频共振,上财人奋勇争先。

2022级法学专业王璐瑶：

"担当复兴大任,成就时代新人",观看开学典礼的过程中,我和我的同学们不止一次地流下了眼泪。校长的深切寄语,疫情防控期间每一份盒饭背后上财餐饮全体职工的默默付出……祖国和上财的使命召唤,深深炽热了我的心灵。我也真正明白"厚德博学,经济匡时"所蕴含的责任与力量。

2022级当代马克思主义经济理论专业王丽君：

从国定路777号的校门,到香樟树旁"厚德博学,经济匡时"的校训,校园中凝聚着的百年荣光是一代又一代上财人接续奋斗的结果。开学典礼上,戴国强教授提出的五点要求为我们的新生活点明了方向,武飞董事长殷切嘱托我们保持勤奋,许涛书记的开学第一课用故事告诉我们要将青春融入民族复兴的伟业中,每一个人、每一个故事都深深打动我。

2022级财政学专业武文彬：

送走夏日的炎炎酷暑，迎来秋季凉爽的风，我也迎来了新的学习生活。在105周年校庆纪念日这个特殊的时间，我满怀着憧憬参加了新生的开学典礼。疫情防控期间，我在典礼分会场，但这丝毫不影响典礼带给我的震撼与感动。在老师的谆谆教导下，我明白了作为新时代的青年，作为早晨八九点钟的太阳，身上肩负的使命与责任。正如鲁迅先生所说："愿中国青年都摆脱冷气，只是向上走，不必听自暴自弃者流的话。能做事的做事，能发声的发声。有一分热，发一分光。就令萤火一般，也可以在黑暗里发一点光，不必等候炬火。"在今后的学习与生活中，我也会铭记今天的开学典礼给我带来的教育意义，拼搏奋斗，争做时代的"弄潮儿"。

2022级国际贸易学专业赵鑫：

今天，我参加了开学典礼暨书记第一堂思政课，对"厚德博学，经济匡时"的校训有了更深刻的理解。我了解到上海财经大学是一所有着悠久历史的红色高校，百年前的上财人，为了拯救国家与人民，坚定着经济匡时的信念，希望通过自己的知识与努力改变被压迫的命运。我生在和平年代，比百年前的上财人幸运许多，但是"经济匡时"的信念不能变。作为一名博士生，在未来的科研生涯中，我会将科研扎根于中国社会，研究人民所关心的经济问题，努力将论文写在祖国的大地上。

坚守理想 担当使命 做新时代的奋斗者

——2021年开学第一课

(一)现场教学报道

9月17日下午,上海财经大学2021级新生共同聆听书记第一堂思政课。课程主题为"坚守理想 担当使命 做新时代的奋斗者",由上海财经大学党委书记许涛和师生代表、校外嘉宾共同讲述。课程分为"守理想 谱中国画卷""立远志 逐青春梦想""匡时局 续百年征程"三个篇章,以情景讲述、舞台剧、视频展现等生动形式呈现了中国共产党人和中国人民对伟大建党精神的生动诠释。

教育部党史学习教育巡回指导组第六组组长朱崇实、副组长黄宗明一行,教育部党建工作联络员陈晓漫,校领导班子成员,各学院、职能部门负责人,思想政治理论课教师代表,基础教育集团师生代表,2021级全体新生参加活动。

党委书记许涛深情讲述:理想信念是人生之"钙",使命担当是圆梦之"钥"

许涛书记从伟大的建党精神导入课程,他说坚守理想、担当使命贯穿中国共产党百年历史全过程,百年来,中国共产党人正是凭借着"为人民谋幸福、为民族谋复兴、为世界谋大同"的初心、理想与使命,团结带领中国人民迎来了从站起来、富起来到强起来的伟大飞跃,迎来了实现中华民族伟大复兴的光明前景。

理想信念是人的精神世界的核心,是人精神上的"钙"。一个人理想信念的坚定程度来源于对它的认识程度,认识越深刻,意志越坚定,行动越自觉。因此,必须不断加深对理想信念的科学内涵和重大作用的理解。广大青年一定要坚定理想信念,要切实增强对马克思主义、共产主义的信仰,增强对中国特色社会主义的信念,增强对实现中华民族伟大复兴的信心。

许涛书记寄语广大新生一定要把守理想与担使命结合起来,在实现中国梦的实践中放飞青春梦想。理想信念是一个思想认识问题,更是一个实践问题。理想的实现有赖于脚踏实地、持之以恒的奋斗。当代青年守理想、担使命就是要坚定不移地"听党话,感党恩,跟党走"。青春只有在为祖国和人民的真诚奉献中才能更加绚丽多彩,人生只有融入国家和民族的伟大事业中才能闪闪发光。

嘉宾讲述展现几代接力:守理想、担使命,谱写中国画卷

在"以青春书写百年"环节电影《1921》制片人任宁为师生现场分享了影片的创作过程,展现了革命年代一群有志青年抱着"敢教日月换新天"的理想与勇气成立中国共产党,深刻地改变了中国发展的方向和命运的故事,表达了中国共产党人为理想而奋斗,为真理而献身的初心与使命。

在"戏里戏外的人生信念"环节舞剧《永不消逝的电波》中李侠的饰演者王佳俊通过对舞剧排练过程及自己深受舞剧感染"火线入党"的故事分享,展现了共产党人对理想信念的追求,体现了不屈的精神和坚定的信仰在当代中国人身上的永续。

在"战胜疫情 白衣执甲勇担当"环节上海第三批援鄂医疗队领队、上海交通大学医学院附属瑞金医院副院长陈尔真老师为我们讲述了抗疫过程中的动人事迹,彰显了医护人员在抗击新冠肺炎疫情中对革命先辈为理想信念勇往直前、无私奉献精神的承继。

《勇夺冠军,为理想拼搏、为祖国争光》的视频展现了中国运动员勇于挑战,积极践行奥林匹克精神和中华体育精神。奥运冠军陈芋汐寄语上财学子:"希望我们能一起用汗水浇灌青春最美好的梦想,用奋斗绘就青春最亮丽的底色,实现'使命在肩、奋斗有我'的人生誓言!"

师生代表重现百年风华：与党同心、经济匡时是上财人的不渝使命

节目《星星之火奠信念：第一个党支部的成立》重现了我校第一个党支部成立的历史场景。舞台剧重现了当年的历史情境，"为共产主义事业奋斗终身，党的利益高于一切，遵守党的纪律，不怕困难，永远为党工作……"76年前的这一句句誓言令人动容，表达了上财人跟党走的初心与决心。

节目《参军参干，抗美援朝》中档案馆（校史馆、博物馆）的陈玉琴老师与"育衡宣讲"学生讲解员通过对上财学子抗美援朝的深情讲演，深刻演绎了上财学子对"经济匡时"校训精神的践行，对"一切为着建设祖国"诺言的担当。

节目《立志报党恩 建功新时代》中马克思主义学院范静老师与学生吴胜男、苏唱，公共经济与管理学院付春老师与学生加拉斯·艾德力拜，退伍学生郑天昊、王紫琳、贺斯文带来情景讲述，从千村调查、救人事迹、投笔从戎等多维度展示了上财人在新时代听党话、跟党走、感党恩的先进事迹。

许涛书记对"开学第一课"进行了总结，百年来，上财人以"经济匡时"的使命感积极参与到共产党人"为中国人民谋幸福，为中华民族谋复兴"的伟大实践中，在西北、在东北、在华北、在边疆，上财人将汗水滴落在祖国的每一寸土地上，每一个角落都留下了上财人的印记。新时代上财人更要以实现中华民族伟大复兴为己任，增强做中国人的志气、骨气、底气，不负时代、不负韶华、不负党和人民的殷切期望！

（二）教学感悟

2021级金融学专业崔琳佳：

2021年9月17日，我们迎来了上海财经大学2021级新生开学典礼。随着奏唱国歌、宣誓、佩戴校徽流程的结束，我们怀着激动的心情正式成为一名上海财经大学的新生。精彩的演讲、奋斗的故事，将百年党史与学校东迁百年的历史融汇起来，使我们深刻体会到时代新人肩负的历史使命，爱国、励志、求真、力行，我们也将扎根中国、放眼世界、接续奋斗，再创上财人的辉煌！

2021级法学专业翁成立：

今天，我很自豪以一名上财新人的身份参加上海财经大学2021级新生开学典礼，井然有序、充满活力、深受洗礼是我本次参加典礼的最大感受。希望自己未来在上财的学习生涯中，能够有所学、有所思、有所获、有所悟，用今天厚德博学的行动，追寻百年经济匡时的信仰。

2021级马克思主义中国化研究专业孟恩恩：

建党百年，东迁百年。通过此次校史教育和书记第一堂思政课，我切身感受到一代又一代上财人在中国共产党的领导下，百年间始终将自己的前途命运同祖国人民联系起来，始终致力于国家富强、民族振兴、人民幸福。作为一名中共党员和新上财人，我会将爱国荣校作为自己的使命和职责，赓续红色血脉，弘扬时代精神，以忘我的精神为实现第二个百年奋斗目标贡献自己的全部力量，做到不负时代、不负韶华、不负人民！

2021级统计与管理学院本科生辅导员熊踞峰：

很荣幸今天能够作为新生辅导员亲身参与开学典礼暨书记第一堂思政课。2021年是一个有特殊意义的年份，于所有在场观众而言，今年恰逢建党百年和上海财经大学东迁百年，在这漫长的历史征程中，我们见证了一辈又一辈上财人的使命担当。于我个人而言，我迎来了148个新面孔，他们稚嫩模样的背后充盈着鲜活的梦想，希望他们能够从今天的开学典礼启程，秉承马寅初先生"经济匡时"的教育理念，搭乘"双一流"建设的东风，努力成长，终有一天抵达梦想的远方。

传承中国精神，担当时代使命

——2020年开学第一课

(一)现场教学报道

2020年是极不平常的一年：新冠肺炎疫情、各地洪水灾害、西昌森林大火。多难兴邦，我们切实感受到个人前途与国家命运息息相关，作为新时代青年，中国精神如何传承，如何担当时代使命，这是新时代的命题。9月20日上午，上海财经大学党委书记许涛从时代课题入手，给2020级大学新生上了一堂"传承中国精神，担当时代使命"的思想政治理论课，现场气氛热烈，掌声不断。

为进一步教育引导学生深化思想认识，坚定理想信念，强化责任担当，坚定必胜信心，许涛书记从"生动践行""时代阐释""上财情怀"三个方面阐释了当代中国精神，对这个问题做了深入探讨，引发了在场同学们的思考。

中国精神的生动践行

习近平总书记指出："人无精神则不立，国无精神则不强。精神是一个民族赖以长久生存的灵魂，唯有精神上达到一定的高度，这个民族才能在历史的洪流中屹立不倒、奋勇向前。"许涛书记强调2020年新冠肺炎疫情防控取得阶段性胜利、抗击洪水的战斗取得胜利、西昌森林大火成功扑灭都生动地展现了中国精神的新时代传承，勉励2020级同学只争朝夕、奋发图强，在国家需要的时候挺身而出，不负青春、不负时代，努力成为担当民族复兴大任的时代新人。

课堂邀请了中国工程院院士、上海交通大学医学院附属瑞金医院院长宁光教授,上海交通大学医学院附属瑞金医院副院长、驰援武汉医疗队领队胡伟国教授分享他们对中国精神的理解与践行。

胡伟国教授讲述了抗疫逆行、率队出征的先进事迹。在武汉同济光谷院区奋战的52个日日夜夜,胡伟国作为领队,是136名队员的灵魂,他带领医护团队发挥瑞金医院多学科诊疗优势,制定缜密的治疗流程,组织一次次危重症抢救,取得了良好治疗效果。

中国精神的时代阐释

中国精神是兴国强国之魂,在漫漫的历史进程中,中华民族不仅创造出了光辉灿烂、享誉世界的中华文明,也塑造出了独特的精神气质和精神品格,形成了崇尚的优秀传统。实现中华民族伟大复兴梦,必须弘扬中国精神,以高扬的精神旗帜为指引,以强大的精神支柱为支撑,团结凝聚全体人民的智慧和力量,为实现中国梦而奋斗。中国精神是以爱国主义为核心的民族精神和以改革创新为核心的时代精神的统一,爱国主义成为动员和鼓舞人们为祖国的生存发展前赴后继、奋斗不息的伟大精神旗帜,改革创新是中国人民在改革开放的伟大实践中体现出来的崭新精神风貌和高尚精神品格,是建设新时代中国特色社会主义、实现中国梦的强大精神动力,这对于坚持和发展中国特色社会主义,实现中华民族伟大复兴,具有重大而深远的意义。

中国精神的上财情怀

许涛书记结合校史分享了上财人弘扬中国精神的光荣传统,上财的诞生是近代中国"实业救国""教育救国"思潮的产物,郭秉文校长、马寅初先生、姚耐校长都生动地诠释了"厚德博学,经济匡时"的校训。

教学课堂上播放了一段东方卫视拍摄的专题片,介绍了"人生为一本书而来"我校教师黄天华的先进事迹。黄天华教授用 31 年的时间,写就了一部 500 万字的《中国财政制度史》。在上财,有许多老师把一生中最美的青春和最好的年华献给了教学科研事业,他们淡泊名利、甘守寂寞,在各自平凡的岗位上做出了不平凡的业绩。许涛书记把老师们的这种家国情怀表达为:坚守是最高尚的师德,坚守是对上财最长情的告白。

金融学院 2018 级硕士联合党支部朱思源、谭姝颖,法学院硕士研究生陈乃绮做了现场分享,以青春践行中国精神。金融学院 2018 级硕士联合党支部在新冠肺炎疫情暴发后迅速在线上组织支部成员展开志愿活动安排,支部成员在各自家乡组织党员志愿者为抗疫提供宣传和后勤服务。法学院陈乃绮同学曾服役于东部战区海军,跟随海军"和平方舟"号医院船参与执行"和谐使命—2017"任务,诠释了青春中应有迷彩的颜色。许涛书记说,他们用奉献诠释责任与担当,将个人梦想融入国家发展之中,彰显蓬勃力量,绽放青春之花。

最后,许涛书记说,2020 年注定是不平凡的一年,是实现"两个一百年"奋斗目标的重大历史交汇点,作为新时代大学生,作为中国特色社会主义事业的建设者和接班人,更要清醒地认识到个人命运是与国家、民族的命运紧密相连的,要通过脚踏实地的学习与实践,传承中国精神、担当时代使命,为实现中华民族伟大复兴的中国梦贡献上财力量!

许涛书记的开学第一堂思政课,内容丰富、形式新颖、感染力强,一个个生动的故事、一个个精彩的分享,让同学们眼眶湿润,给同学们留下了深刻的记忆,引领他们开启人生新的航程。

(二)教学感悟

2020 级财政学专业何越:

中国精神、社会责任感、家国情怀,许书记用一个个鲜活的事例为这些词汇做了新的时代释义,让我们在聆听中为医务人员感动、为救火烈士揪心、为抗洪士兵骄傲。"国有难,我必出,我必赢",宁光院长铿锵有力的话语依然在我脑中回响;"一个人,一本书,一辈子",黄天华老师捍卫一生的信念依然在我心中震荡。这些都是新时代上财人对中国精神的解读，是用自己的青春为祖国蓝图添上的最多彩的画笔。弘扬爱国主义，跟随前辈脚步，我们皆可成为弘扬中国精神的上财人！

2020级法学专业方令权：

这是期待许久的九月，是新学期的开始。瑞金医院的医生们以自己的亲身经历讲述曾经的"战斗"经历，满怀深情。洪水肆虐，人民子弟兵奔赴前线，以身守护家园安全。"岂曰无衣，与子同袍"，中华大地上展现着一幕幕可歌可泣的美丽画卷，刻画出中华儿女自强不息的中国精神。身为上财一员，在这个时代，我有义务传承先辈的精神，更要励志将个人理想融入国家命运之中，在祖国大地上贡献自己的青春力量。

2020级政治经济学专业车丽娟：

2020年是特殊的一年，突如其来的疫情打乱了生活原本的节奏。厚德博学内修于心，经济匡时外修于行，我相信，我们的美好人生故事将会在上财续写，在上财的这几年，将会是我们人生中最丰富最难忘的几年。新的学期开启新的希望，新的空白承载新的梦想，我们要在上财这片热土上，同心、同德、同行，共同铸造新的辉煌。

从家国情怀启航,做新时代奋进者

——2019 年开学第一课

(一)现场教学报道

"家国情怀是一个人对伟大祖国和人民所表现出来的深情大爱,是对国家富强、人民幸福所展现出来的理想追求,是奋进新时代的责任担当!"9 月 17 日下午,校党委书记许涛以"从家国情怀启航,做新时代奋进者"为主题,为全体 2019 级新生上了一堂饱含温度和情怀的思想政治理论课,现场气氛热烈、掌声不断。

"匡持国家、补益社会",一直是上财人不忘初心的坚守

9 月 17 日恰逢上财校庆日,"102 年前,我们的前辈和先贤怀揣着商学救国的理想和家国情怀,筚路蓝缕,一路走来,创办了这所学校",课程伊始,许涛书记带领同学们回顾上财百年历史沿革。百年来薪火相传,上财人铭记"厚德博学,经济匡时"的校训,奋发进取,为国家和社会输送了 20 多万的财经管理和相关专业人才。

许涛书记以时任阿里巴巴董事局主席张勇校友为例,深切勉励同学们"回望来时路,我们不忘初心;面向新时代,我们牢记使命""今天你们选择了上财,明天上财将以你们为傲!"

2019 年是新中国成立 70 周年,面对即将与祖国一同开启新征程的大学新生,许涛书记谈到了"青春"。青春是什么?"青春就是要涵养家国情怀,勇立新时代潮头,让奋进成为青春最亮丽的底色,与祖国和人民共奋进!"

理想指引人生方向,信念决定事业成败

习近平总书记指出,广大青年一定要坚定理想信念,"人生的扣子从一开始就要扣好""功崇惟志,业广惟勤",理想指引人生方向,信念决定事业成败。

大学是世界观、人生观、价值观形成的重要时期,许涛书记勉励同学们要常常回望来路,时时眺望远方,坚定正确的政治方向,用习近平新时代中国特色社会主义思想武装头脑,用坚如磐石的理想信念和深厚的家国情怀坚定对马克思主义的信仰、坚定对社会主义和共产主义的信念、坚定对党和人民的忠诚,在为祖国、为人民奉献中书写奋进新时代的青春之歌。

"来到上财后,我经常去教室听课、带学生调研、走访校友、参加同学们组织的社团活动,运用'书记面对面''书记下午茶'等平台直接听取老师和同学的想法、意见,老师们和同学们身上那些充满着正能量的点点滴滴感动着我,让我觉得上财的老师们可亲,上财的同学们可爱!"许涛书记以亲身所见所感,给大家讲述了上财许多老师把一生中最美的青春和最好的年华献给了学校,他们淡泊名利、甘守寂寞,在各自平凡的岗位上做出了不平凡的业绩。

教学课堂上播放了一段东方卫视拍摄的专题片,介绍了"人生为一本书而来",我校教师黄天华的先进事迹。黄天华老师用 31 年的时间写就了一部 500 万字的《中国财政制度史》,实现了自己"中国人的财政制度史要由中国人自己来写"的理想和对祖国母亲的诺言。黄老师对理想信念的执守令在场的老师和同学为之动容。

许涛书记希望同学们既要有志存高远的豪情壮志,又要有脚踏实地的求学态度;既要有潜心治学的专心,又要有淡泊名利的静心,向黄天华老师学习,扎根中国大地做学问,不忘初心、牢记使命,把青春写在祖国的大地上!

把学习作为一种责任、一种精神追求、一种生活方式

怎样才能掌握真才实学,练就过硬本领?许涛书记分享了自己对这个问题的思考:要把学习作为一种责任、一种精神追求、一种生活方式。

他希望同学们在学习理论知识时,要把基础打深、打牢、打扎实;要发扬一丝不苟、精益求精的学风,求真知识、真学问、长真本领;要求真理、悟道理、明事理;要不断提高自己的学养,培养自己发现问题、分析问题和解决问题的能力;要有国际视野、全球眼光,重视创新精神和实际能力的培养以及综合素质的提升,努力成为德智体美劳全面发展的社会主义建设者和接班人。

在授课中,许涛书记给同学们强调了阅读经典的重要性。"阅读经典可以让一个人的视野变宽、情怀变深、格局变大、生命变得崇高。"他希望同学们能善于运用好图书馆资源,向先贤求学、向经典求学。

课堂现场邀请毅然放弃微软亚洲研究院的优厚待遇而任教上海财经大学,领衔组建科研队伍且荣获"华人菲尔兹奖"的陆品燕教授给同学们分享他读书、治学的经验,分享他对做新时代奋进者的理解。

知行合一,用最美的青春告白祖国

在随后的授课中,许涛书记谈到了2019年暑期他带领师生前往贵州省遵义市播州区道真县实施千村调查2.0的经历。中央电视台、中国教育电视台等多家媒体集中报道了1 900余名上财学子走近大山、走进农户,与农民兄弟谈心拉家常,了解最真实的中国农村的故事。大家在翻山越岭、采集访谈数据、分享调研心得中把对祖国大地和人民的挚爱和情怀转化成走千村、访万户、读中国的生动实践,引导和激励越来越多的上财学子在学习中体悟,如何将书本知识转化为实际能力,在用真心真情丈量祖国大地过程中受教育、长知识、增才干、做奉献,做新时代奋进者!

课堂上还邀请了热心参加公益活动、"用声音照亮世界"的周玥辰同学以及以"用生命影响生命"为座右铭的我校支教团成员项宇博同学,进行现场对话。许涛书记结合2019年6月带领同学到浙江嘉善调研的真实案例,引发同学们对于如何正确认识求职、就业问题的思考。通过两位同学真切感人的故事,让在场同学们深刻认识到要用奉献诠释责任与担当,激发更多人将个人梦想融入国家发展之中,期待有更多的同学能够学以致用,服务国家战略和社稷民生,让奋斗成为青春最亮丽的底色,用青春告白祖国!

再过10余天,中华人民共和国就将迎来70华诞。许涛书记寄语青年学子"青春向祖国告白"最好的行动就是把家国情怀转化为报国之行和责任担当,与祖国和人民共奋进。"让我们从家国情怀启航,用奋斗成就精彩人生,做新时代的奋进者和追梦人,为实现中华民族伟大复兴的中国梦贡献青春和力量!"

2019级新生的第一堂思政课结尾,以上财师生共同创意实施的告白祖国"快闪"活动点燃全场。伴随着催人奋进的鼓点和悠扬的江南丝竹,优美的舞姿映入眼帘。场地中央,数百位同学共同托举起一面巨大的五星红旗,激发了4 000余名在场师生极大的热情,大家挥舞着手中的旗帜,放声高歌《我和我的祖国》,那是最真挚的心声:是上财人,更是爱国者、奋斗者!

(二)教学感悟

2019级劳动与社会保障专业张雨昕:

许书记分四维以释"家国"之意:一曰坚定信念、志存高远,即坚持正确方向,将家国之情怀永镌于人生成长之路;二曰坚守执着、淡泊名利,抛物质之不足、条件之艰苦于脑后潜心治学;三曰笃学苦练、发奋成才,具放眼国际之眼光,怀立才成人之志向;四曰知行合一、奉献社会,以已之所学融汇社会之所需。

念此四维,吾辈必将担时代、家国赋予之重任,立鸿鹄志,做奋斗者;学经世致用之才,做倾情财大、奉献社会、报效国家之人,以厚德博学之才肩负财大之名,以经济匡时之志救济天下苍生。

2019级数学专业周雅莹:

许书记的开学第一课,内容丰富精彩,既深入阐述了家国情怀,又深刻解读了时代担当,让我受益匪浅。通过学习,我对家国情怀有了更深的理解,作为新时代的上财青年,也是新时代的奋斗者,更应该明白当代青年的使命。"青年兴则国家兴,青年强则国家强",我会努力为国家发展、民族振兴贡献自己的力量,将爱国奋斗精神镌刻心中。

2019级企业管理专业孙冒罡:

今天听了许书记的开学第一课和各位老师、校友、同学的青春故事,我意识到上财培养的不仅仅是德才兼备的莘莘学子,更是具有家国情怀的匡时之士。我感受到了这份责任与担当,也为上财感到自豪和骄傲,相信我也能够带着这份激励,努力学习,把青春华章写在祖国大地上。

二、教研心得

活力思政，启航新生
——"开学第一课"的教学启示

作为学校思政教育不可或缺的一环，开学第一课承载着重要的教育使命。经过多年的精心实践与深入探索，上海财经大学的开学第一课已经逐步塑造出内容丰富、形式新颖的独特风格。每一讲既有理论深度又充满活力，极大地增强了学生们对思政教育的认同，同时也为思政课教师在教学实践中提供了丰富的经验和宝贵的启示。

首先，上好思政课要有理论深度、实践力度、情感温度。在每年的开学第一课中，学校会充分利用各种资源，突出办学特色和文化底蕴，注重活动的理论性和实践性。校党委书记以其独到的思想深度和宽广的视野为学生做主题讲授，引导学生了解国家的发展战略和学校的发展规划，以及深刻认识家国情怀的重要性，有利于激发学生的爱国热情和责任担当。这种形式不仅使学生更加直观地感受到校党委领导对思政教育的重视，也增强了他们对思政课的认同感和兴趣。此外，学校会邀请一些校友和社会各界的精英人士，请他们分享自己的成长经历和奋斗故事，以激励学生们勇敢拼搏、追求卓越。学校也会邀请优秀学生和教师分享自己的学习和实践经历，激发学生对责任与担当的思考，鼓励他们将个人梦想融入国家发展中。在以后的教学开展中，我们也要用好、用活各种资源，使思政课更加贴近学生的实际需求和成长情况，彰显思政课的理论深度、实践力度和情感温度。

其次，思政课不仅要讲深、讲透，还要讲活。在开学第一课的举办中，学校特别重视活动形式的创新与教学内容的鲜活呈现，比如，采纳了情景再现、主题性视频播放，以及舞台剧表演等多种生动形式。这些方式直观地展现了中国式现代化道路上青年一代的不懈奋斗和历史贡献，极大地点燃了学生们的激情与好奇心。比如，通过邀请参与国产大飞机设计与建造的专家进行现场讲解和分享他们的亲身经历，展示了青年在国家重大工程中的担当和贡献，使同学们更能深刻理解"一个国家的进步，印刻着青年的足迹"的含义。《星星之火奠信念：第一个党支部的成立》中上财学子用情景舞台剧的形式再现当年我校第一个党支部成立的历史场景，展示了 77 年前学校师生随时为党和人民牺牲一切的远大志向。这些生动活泼的形式使同学们更容易理解和接受思政教育的内容，从而提升了思政课的教学效果。在以往的教学实践中，我们致力于深入讲解理论，力求用精确的科学原理和详尽的学术分析来赢得学生们的认同。这种严谨的学术态度无疑是至关重要的,但同时,我们也要深知将思想政治课讲得生动有趣、充满活力同样不可或缺。为此,我们应该不断创新活动的形式,增强课堂的吸引力和感染力,满足不同学生的需求和兴趣点。

最后,开好第一堂课,也要上好每一堂课,教师要保有教学探索的激情。开学第一课是学生与老师之间增加相互了解、沟通和交流的重要契机。作为教育工作者,我们应当怀着一颗积极主动的心迎接每一位新生,传递出教育的温情与细心关怀。在教学的旅途上,我们的热情是起点,而对创新的不懈追求则是提升我们教学素养和能力的关键。例如,在开学第一课中,我们可以通过引人入胜的故事、活泼的讲解方式和互动的教学氛围,吸引学生的注意力,激发他们的学习兴趣,为后续课程的顺利开展打下坚实的基础。这种探索的激情和积极的态度是我们教学工作中的一大财富,也是提高教学质量的重要动力。

三、理论探索

讲好"开学第一课"赋能高校思想政治教育：
意蕴、定位与实践理路[①]

摘　要：讲好"开学第一课"，是学校开展思想政治教育工作的重要环节，有利于感受教学形式创新的影响力、增进课程体系的亲和力、提升理论知识的解释力和增强莘莘学子的抵抗力。讲好宏观、中观、微观各个层次的"开学第一课"是对高校教师队伍综合能力、课程思政建设成效、思政课程教学效果、大中小学思政课一体化建设进度等多个"大思政课"构成要素的综合考察，是推动"大思政课"建设的枢机环节。新时代新征程上进一步讲好"开学第一课"应当着重加强青年研究、推动课程创新、注重教学反馈、延展课程渠道，全方位提升"开学第一课"的教学质量和育人效果。

关键词：开学第一课　高校　思想政治教育

2023年3月，教育部出台《关于全国高校以"开学第一课"为重点开展2023年春季学期系列教育引导活动的工作方案》。各高校快速跟进、周密部署，校领导、思想政治理论课教师和各级学工队伍广泛深入学生中间，采取集中上大课、思政课专题讲、师生面对面座谈等多种形式，为学生讲授"开学第一课"。讲好"开学第一课"关系到学生身心健康和成长成才，关系到培育社会主义合格建设者和可靠接班人，是高校开展思想政治教育工作的重要环节。把握讲好"开学第一课"的价值意蕴，明确讲好"开学第一课"的清晰定位，探索讲好"开学第一课"的实践理路，具有重要理论价值和深远的现实意义。

(一)何以关键：讲好"开学第一课"的价值意蕴

从逻辑上来说，任何课程都有"第一课"，每个学期都有"开学第一课"，这是讲授每一门课程必须经历的教学时间节点。从高校思想政治教育和思想政治工作的角度而言，"开学第一课"又往往叠加和承载着新生入学教育以及特定时期针对特定情况开展青年大学生思想疏导的重要功能。将讲好"开学第一课"作为明确的教学要求提出，充分彰显其在教育发展和学生培养方面的重要现实意义。

[①] 本文发表于《海派经济学》2024年第1期，发表时有所改动，作者：曹东勃、吕小宁。

1. 在教学实践中感受形式创新的影响力

"开学第一课"的概念开始受到广大教育工作者和学生群体的普遍关注始于2008年9月1日中央广播电视总台出品的一档大型电视公益节目《开学第一课》。该档节目每年围绕"知识守护生命""先辈的旗帜""奋斗成就梦想"等特定主题,邀请时代楷模、奥运健儿、先进科技工作者和青少年代表走上讲台,通过电视传媒的方式与全国中小学生同上开学第一堂课。截至2023年底,《开学第一课》栏目从初次登上电视荧幕已连续录制15年,在引导广大中小学生增强文化自信、树立远大人生理想、铸牢民族共同体意识等方面发挥着重要作用,《开学第一课》形成的视频资源也成为中小学讲授"德育"课程的宝贵教学素材。

作为一种教学形式的创新,讲好"开学第一课"也在党培养中青年干部的过程中发挥着日渐重要的作用。自党的十九大以来,习近平总书记连续六次出席中央党校(国家行政学院)中青年干部培训班开班式并亲自主讲"开学第一课",开创了中央党校(国家行政学院)办学史上的先河。[1] 习近平总书记在"中青班"的六堂"开学第一课"思想深邃、立意深远,对党的青年干部提出了新的时代要求和思想指引,也为新时代新征程上讲好"开学第一课",推动党的干部培训工作创新发展提供了方法论遵循。无论是《开学第一课》历经多年仍在中小学发挥重要教化作用,还是习近平总书记六堂"开学第一课"指明年轻干部的培养方向,都充分印证了讲好"开学第一课"作为一种内生于教学实践的新形式,为高校思想政治教育工作创新提供了重要参照。

2. 在师生交互中增进课程体系的亲和力

大学课程体系建设讲求理论深度和情感温度的统一,课程体系的亲和力是影响教学效果的关键性因素。"开学第一课"在时间节点和教学形式上所具有的特殊性,决定了讲好"开学第一课"是增进思政课亲和力甚至大学课程体系亲和力的重要手段。一方面,就时间节点而言,讲好"开学第一课"可以更好发挥积极正向的"首因效应"。"首因效应"是一个心理学概念,是指"最初接触到的信息所形成的印象对我们以后的行为活动和评价的影响。"[2] 在"首因效应"的作用下,学生对大学课程体系建立起来的整体性感知在很大程度上会受到"开学第一课"的影响。通过讲好"开学第一课",可以让学生在学期之初就对课程体系产生悦纳感,从而拉近学生和课程之间的距离,让学生对后续课程产生富有期待的情感体验。另一方面,就教学形式而论,"开学第一课"具有更强的师生交互关系。相比于传统概念下的一堂课,"开学第一课"常常会主动打破课堂时间、教学场域和授课形式等方面的"框限",采用更为灵活多样的课堂模式和授课方式。这些教学形式上发生的变化可以改变学生思维中相对固化的课堂师生关系,使建立在"开学第一课"之上的师生交互关系处于一种超越常规的活

---

[1] 中央党校(国家行政学院)研究室:《深刻把握习近平总书记"开学第一课"思想精髓 高质量做好中青年干部教育培训工作》,《党建》,2022年第9期。

[2] 张奇勇、卢家楣:《学生的首因效应对教师情绪感染力的影响:情绪真实性判断的中介作用》,《心理与行为研究》,2020年第1期。

跃状态。在此情形下,学生对教师情绪状态的感知会更加敏感和强烈,教师在"开学第一课"中更具亲和力的理论表达将更容易被学生接纳并且由学生自觉地将这种亲和力进一步延展到课程体系当中。因此,在"首因效应"和"强交互关系"的共同作用下,讲好"开学第一课"在提升课程体系亲和力方面具有常规课程无法比拟的优势。

3. 在回应现实中提升理论知识的解释力

"理论一经掌握群众,也会变成物质力量"[1],这是马克思的重要论断。简而言之,任何科学理论必须与现实的人相结合,在理论内化于人心,外化于行动的过程中才可能最大限度发挥出对实践的指导作用,化理论为方法,化理论为德性。高校开展的所有教学活动就其本质而言都是让理论掌握学生,让学生运用理论的过程。但在教学活动中,学生对科学理论的掌握程度不仅取决于知识体系的复杂程度或学生本身的认知结构,还取决于学生能否充分发挥主观能动性,时刻保持对科学理论知识的强烈需求感,而这种理论需求感的强弱与理论解释力的大小是紧密相关的。

讲好"开学第一课"就是在"借事说理"和"以理答疑"的过程中不断提升理论的解释力,激发学生的知识需求感。一方面,"借事说理"是指在"开学第一课"的讲授过程中引入现实案例、客观数据、主讲嘉宾,尤其是引入受到青年大学生群体广泛关注的社会焦点事件或公众人物"现身说法",从讲述"小故事"切入,由表及里、见微知著,逐步阐明与课程主题相关的"大道理"。另一方面,"以理答疑"就是在"开学第一课"的理论讲授环节之后积极回应学生,主动运用课程相关理论知识解答学生心中之惑,让学生真切地感受到科学理论对现实生活的强大解释力。相比于"借事说理"的理论讲授过程,"以理答疑"实则是理论应用过程,发挥着引领学生从形成科学认识到指导生活实践的重要作用。实现"借事说理"和"以理答疑"二者之间的辩证统一,既可以避免"开学第一课"理论空洞、流于形式,又可以防止"开学第一课"枯燥乏味、照本宣科,是讲好"开学第一课"的内在要求。

4. 在心理纾解中增强莘莘学子的抵抗力

习近平总书记在全国高校思想政治工作会议上强调:"要坚持不懈促进高校和谐稳定,培育理性平和的健康心态,加强人文关怀和心理疏导,把高校建设成为安定团结的模范之地。"[2]这一论述深刻指明了加强大学生群体心理健康教育对于构建安定校园、促进社会和谐的重要意义。近年来,在见证和亲历大国博弈、错误思潮涌入和疫情防控转段等诸多重大社会现实挑战之后,大学生群体的心理行为越发呈现出内容复杂交合、形式灵活多变、内心敏感脆弱的演进趋势。例如,当前以大学生为典型代表的青年群体在面临升学、就业等现实难题时,流行着"内卷"和"躺平"的做法,但无论选择"内卷"抑或"躺平",都会产生巨大的焦虑情绪。这种焦虑情绪不是限于个体之内,而是由个体不断向群体蔓延,最终演变成大学生的

---

[1] 中央编译局.《马克思恩格斯选集》(第1卷),北京:人民出版社,2012年版,第9页。
[2] 《习近平在全国高校思想政治工作会议上强调 把思想政治工作贯穿教育教学全过程 开创我国高等教育事业发展新局面》,《人民日报》,2016—12—09。

"共同焦虑"。

面对渐趋多发的大学生群体性心理问题,开展针对性的心理纾解应该主动"跳出个案心理咨询和治病救人的微观视角"[①],将视野拓宽到受众更加广泛的课堂教学中,而讲好"开学第一课"便成为一个重要契机。一方面,讲好"开学第一课"作为一种预前措施,可以更好消解大学生群体性心理问题的未形之患。学生心理问题的发生机制极为复杂,但总体而言,早发现问题并进行提前干预往往能够取得更好的效果。建立在充分调查研究基础上的"开学第一课"使得教师对学生思想行为动态有比较充分的了解,在教学过程中围绕课程主题有针对性地设计心理疏导环节,也可以降低学生群体性心理问题进一步演化的可能性。另一方面,讲好"开学第一课"是对开展个案心理咨询的必要补充。如今,高校心理咨询中心建设已经相对完善,对学生心理问题的重视也达到前所未有的高度。相比于高校心理咨询中心开展预约访问式的、个体化的学生心理疏导服务,在讲好"开学第一课"中开展更为积极主动的、群体式的心理纾解,成为增强学生在面对复杂挑战和不确定性时的心理抵抗力的补充手段。

(二)何以定位:讲好"开学第一课"是"大思政课"建设的枢机环节

根据"开学第一课"主讲教师和受众的不同,我们可以从宏观、中观和微观多个层面加以把握。讲好各个层次的"开学第一课"是一项系统性工程,是对高校教师队伍综合能力、思政课程教学效果、大中小学思政课一体化建设进度等多个"大思政课"构成要素的综合考察,集中体现和反映着高校"大思政课"的建设质量和水平。

1. 讲好宏观层面的"开学第一课"是体现思政队伍综合能力的"大舞台"

教育部等十部门2022年印发的《全面推进"大思政课"建设的工作方案》(以下简称《方案》)要求,"学校党委书记、校长要在开学、毕业典礼等重要场合,讲授'思政大课'"。因此,宏观层面的"开学第一课"是指由高校党委书记、校长等学校主要领导在开学典礼、新生入学教育等重要场合主讲的"思政大课"。宏观层面的"开学第一课"具有如下特点:其一,从教学主体的角度来看,主要由高校党委书记、校长带领的思政队伍构成,既包括以马克思主义学院教师为代表的专职思政课教师,又包括以专(兼)职辅导员为代表的学生工作队伍。其二,从教学客体的角度来看,其受众主要为处于学段转换期的全体一年级新生,主要教学目标是提高新生对党、国家和学校的认同感,教育和引导新生树立人生理想,把青春奋斗融入党和人民的伟大事业。其三,从教学介体的角度来看,通常将课堂搬到更为宽广的教学空间中,与开学典礼、新生入学教育等大型校园活动相结合,借用"声光电"等现代舞台技术,运用视频图像或情景演绎等多种叙事策略,从多个维度给学生带来印象深刻的观感体悟。

讲好宏观层面的"开学第一课"需要举全校之力,贯通教学主体、客体和介体,使学校"大思政课"队伍综合能力得以集中展现。一方面,彰显"大思政课"建设队伍调用各种教学资源

---

① 梅萍:《新时代思想政治教育心理疏导的发展走向探析》,《马克思主义研究》,2019年第7期。

的能力。讲好宏观层面"开学第一课"不仅需要深入挖掘校史中的红色元素,宣传树立学生朋辈榜样,还要善于灵活调用各类社会资源,将英雄模范、先进代表请上讲台,为宏观层面"开学第一课"的"大舞台"匹配"大师资"。另一方面,彰显"大思政课"建设队伍的信息化素养。《方案》指出:"教育部把'大思政课'摆在教育信息化的突出位置。"讲好宏观层面"开学第一课"需要用好国家智慧教育平台的思政教育资源,收集参阅优质课程资源,不断完善课程方案设计。同时,要推动宏观层面"开学第一课"的教学资源转化,将课件、讲义、录像等教学资源报送思政课教学资源信息库,打造思政"金课"。

2. 讲好中观层面的"开学第一课"是检验课程思政建设机制的"大讲堂"

所谓中观层面的"开学第一课"是指每学期初由各学科、各专业教师面向各个教学班主讲的第一堂专业课。习近平总书记在全国高校思想政治工作会议上提出:"各门课都要守好一段渠、种好责任田,使各类课程与思想政治理论课同向同行,形成协同效应。"[1]从那时以来,各类专业课程充分挖掘和引入思政元素,以"柔性思政""隐性思政"的教学方法,成功推进和拓展了高校思想政治教育工作润物无声、浸润人心的效果,显著增强了高校课程思政和思政课程之间的协同性。但在当前全面推进"大思政课"育人格局背景下,高校课程思政建设也出现一些"硬融入""表面化"等问题和现象,要确保课程思政建设不偏轨、见实招、保落实,必须依托健全的体制机制。

讲好中观层面的"开学第一课"就是以第一堂专业课为"观测点",对高校课程思政建设的体制机制进行全面检验。其一,检验课程思政建设的组织领导机制。讲好中观层面"开学第一课"需要整体谋划、个别实施,有赖于党委统一领导下的课程思政研究中心和教指委等组织机构齐抓共管、各司其职,保证思政元素全面覆盖和融入各个专业、各门课程。其二,检验课程思政建设的反馈提升机制。当前,对课程思政建设的考核和评价日益常态化,讲好中观层面的"开学第一课"是对新学期第一堂专业课有没有基于上一学期教学评价和反馈结果进行深入剖析和优化改进的必要检验。其三,检验课程思政和思政课程的协同育人机制。课程思政和思政课程的差异化教学内容,为二者实现互为补充的协同育人机制创造了条件。讲好中观层面"开学第一课"在把握差异化教学内容的同时,也在检验课程思政和思政课程能否在核心立场上保持高度一致,确保协同育人机制发挥实效。

3. 讲好微观层面的"开学第一课"是高校思政课教师的"基本功"

微观层面的"开学第一课"是指每学期初由高校专职思政课教师面向各个教学班主讲的第一堂思政课。自党的十八大以来,习近平总书记多次强调"办好思想政治理论课关键在教师,关键在发挥教师的积极性、主动性、创造性"[2],《方案》更是从构建"大师资体系"的角度对

---

[1] 《习近平在全国高校思想政治工作会议上强调 把思想政治工作贯穿教育教学全过程 开创我国高等教育事业发展新局面》,《人民日报》,2016—12—09。

[2] 习近平:《用新时代中国特色社会主义思想铸魂育人 贯彻党的教育方针 落实立德树人根本任务》,《人民日报》,2019—03—19。

思政课教师的选聘管理、培养培育进行了细致谋划和布局。其中，提升思政课教师教学能力和思政课教学效果是所有政策措施的根本出发点和落脚点。微观层面"开学第一课"是调动学生整个学期思政课学习积极性的"关键一课"，是对高校思政课教师教学能力的集中试炼，必须引起思政课教师的充分重视，既要开好各教研室集体备课会实现集思广益，又要善于结合社会热点和科研方向发挥个人教学特长。

讲好微观层面的"开学第一课"与讲好每一堂思政课之间既存在共性特点，又存在个性差异，二者共同展现高校思政课教师的教学功底。其一，政治坚守是基本原则。高校思政课教师作为马克思主义理论和党的路线方针政策的传播者，必须在引领大学生成长成才的过程中自觉与党中央保持高度一致，始终站在人民的立场，始终严守政治底线。其二，理论活化是基本方法。马克思主义科学的世界观和方法论是思政课教师讲授每一堂思政课的"根"和"魂"，通过教师对教材的知识要义进行加工转化，形成理论知识对社会问题的解释力和社会实践的应用力。其三，兴趣激发是基本目标。长期以来，如何激发大学生对思政课程的好奇心和积极性是困扰思政课教学的难题。开学第一堂思政课可以充分利用学生对课程和授课教师的新鲜感，让学生树立起有趣、有料、有意义的整体课程印象，从而激发学生整个学期的学习热情。

4. 讲好"开学第一课"是推动大中小学思政课一体化建设的"好思路"

习近平总书记在学校思想政治理论课教师座谈会上提出"推进大中小学思政课一体化建设"的全新要求后，高校和中小学思政课共建力度明显增强，拓宽了"大思政课"建设工作格局。党的二十大又对大中小学思政课一体化建设工作进行了战略部署，提出："用社会主义核心价值观铸魂育人，完善思想政治工作体系，推进大中小学思想政治教育一体化建设。"[①]新时代新征程上，继续推进大中小学思政课一体化建设，构建贯通全学段的"大思政课"育人模式仍存在教学内容脱节、实践平台缺乏、沟通渠道不畅等诸多困难和挑战。讲好"开学第一课"作为高校和中小学思政课教学面临的共同话题，理应成为推动大中小学思政课一体化建设高质量发展的"实践地"。

讲好"开学第一课"不必拘于一格，应当以开放共享的心态全面把握各个学段学生的思想行为特点，力争将大中小学思政课一体化建设平台的渠道效用最大限度发挥出来。其一，解决内容重复的教学难题。通过大中小学思政课教师"手拉手"集体备课等做法，使不同学段的"开学第一课"尽量避免出现主题、主线和主人公简单重复的问题，这为解决大中小学日常思政课教学中暴露出的"一些教材内容设置上存在着重复和交叉"[②]的难题提供了思路。其二，提供衔接贯通的实践平台。推动大中小学思政课一体化建设不仅是一个理论问题，更是一个实践课题。讲好"开学第一课"为提升和磨合大中小学思政教师队伍协作能力提供了

[①] 习近平：《高举中国特色社会主义伟大旗帜 为全面建设社会主义现代化国家而团结奋斗——在中国共产党第二十次全国代表大会上的报告》，《人民日报》，2022-10-26。

[②] 余华、涂雪莲：《论大中小学思想政治理论课一体化建设的思维革新》，《思想理论教育》，2020年第2期。

实践机会,避免"一体化"建设的路径探索停留于坐而论道的层面。其三,搭建常态化的沟通机制。对处于学段转化期的一年级新生而言,上一学段的教师对他们的理解往往更为深刻,讲好"开学第一课"恰恰提供了通过大中小学思政课一体化建设平台加强各学段教师之间沟通交流的契机,并由此将这种沟通拓展到日常教学工作中。

(三)何以实现:讲好"开学第一课"的实践理路

尽管讲好"开学第一课"已在高校"大思政课"育人格局中发挥着重要作用,并取得了一些可喜成果,但在讲好"开学第一课"的内涵、形式、反馈、改进等方面仍然存在一些模糊认识,在具体讲授中表现为脱离青年关切、创新力度不足、大中小学衔接不畅、评价体系单一等问题,需要从青年研究、数字赋能、多元评价、延展渠道等方面进行全面提升。

1. 加强青年研究,读懂青年人的关切与焦虑

讲好"开学第一课"必须积极组织教师力量,加强对青年问题的研究,及时掌握青年群体最新思想行为动态,深入把握青年社会现象的内在规律,为讲出一堂贴近青年、吸引青年,进而深刻影响青年的"开学第一课"奠定坚实基础。其一,在调查研究中深入青年。调查研究是我们党的传家宝,既要在全校范围内周期性地开展学生思想行为动态调研,全面了解学生所思所想,又要主动带领青年学生走出校园、深入基层,在与青年的密切沟通与联系中对当代青年进行再认识、再定位。其二,组织多学科专家综合研判。青年问题是一个矛盾综合体,往往具有复杂的形成机制和应对方式。高校需要组织社会学、心理学、教育学等学科的专家对调研结果进行综合研判,为讲好"开学第一课"和开展其他日常教学活动提供智力支持。其三,推动青年问题的学理阐释。加强对青年问题的关注和研究不应狭隘地局限于为讲好"开学第一课"进行服务的范畴之内,而是要通过学理阐释引发社会各界对青年问题的重视,为青年健康成长提供更好的社会环境,把党的二十大关于"全党要把青年工作作为战略性工作来抓,用党的科学理论武装青年,用党的初心使命感召青年,做青年朋友的知心人、青年工作的热心人、青年群众的引路人"[①]的重要论述落在实处。

2. 推动课程创新,提升课程数字化程度

当代大学生是在数字技术飞速发展的时代背景下成长起来的,以互联网技术为核心的数字技术已经深度嵌入他们的日常学习生活,因而被称为"网络原住民"。讲好"开学第一课",可以利用大学生对数字技术的浓厚兴趣和快速学习能力,将增强现实技术、虚拟现实技术、自然语言处理系统等新兴数字技术融入"开学第一课"的教学过程,推动"开学第一课"在教学内容和教学形式上实现创新发展。其一,着力提升教师数字化素养。教师的数字化素养直接影响数字化教学效果,将新兴数字技术应用到"开学第一课"不仅要求教师具有扎实的理论基础和娴熟的教学技巧,同时需要具备理论知识在数字化技术中的呈现能力、应用能

---

① 习近平:《高举中国特色社会主义伟大旗帜 为全面建设社会主义现代化国家而团结奋斗——在中国共产党第二十次全国代表大会上的报告》,《人民日报》,2022-10-26。

力和教学能力。其二,善用数字化教学设施。当前,国内很多高校在大力推动虚拟仿真实验室、智慧教室建设,提升"开学第一课"的数字化程度要善于灵活调动和运用学校数字化教学设施,提高数字化教学设施利用效率。其三,注重数字技术甄别使用。除调用校内数字化教学设施以外,还可以面向校外企业引入数字技术以丰富"开学第一课"的教学过程。与此同时,对于校外引入的数字技术要注意甄别,提高警惕,防范新进数字技术中夹杂危害青年健康成长和意识形态安全的不良内容。

3. 注重教学反馈,构建多元评价体系

教学评价是"对现实或潜在教育现象价值进行把握、对教育活动满足社会和个体需要程度进行判断的活动"。[1] 对"开学第一课"进行综合性评价是评估教学效果、发现教学问题和提高教学质量的重要途径。同时,由于"开学第一课"在时间节点上的特殊性,对"开学第一课"进行实时评价可以为及时调整教学策略,改进整个学期的教学工作提供重要借鉴。因此,要主动改变单一的课程评价方式,构建指标多元的综合评价体系,对"开学第一课"教学情况进行全面监测和反思。其一,改进教学评价方法。对"开学第一课"的教学评价既要采取定性评价的方法了解学生对于课程的情感认同程度,明确课程整体目标和改进方向,也要引入量化评价的方法,精准分析与描摹不同群体对教学内容和教学环节的偏好。其二,对比研究教学评价结果。要将"开学第一课"的教学评价结果与以往"开学第一课"、以往整个学期课程教学的评价结果进行比对和分析,广泛听取学生意见,及时总结教学经验,改进教学过程。其三,健全师生激励机制。基于"开学第一课"完整、客观、准确的课程评价结果,对教学能力突出、教学方法出新、教学效果优秀的任课教师和学习态度端正、学习方法得当、学习感悟深刻的学生给予适当激励,从而鼓励更多师生投入"开学第一课"的教学过程中。

4. 延展课程渠道,用好大中小学思政课一体化建设平台

讲好"开学第一课"的根本目的是实现学生身心和学识的全面发展,把学生培养成为新一代社会主义建设者和接班人。但是,学生培养的过程并不是一蹴而就的,要始终坚持以讲好"开学第一课"为起点,持续改进教学方法,致力提升教学质量和水平,构建全学段、全过程、高质量的育人模式。用好大中小学思政课一体化建设平台,不仅可以从纵向上以思政课程建设为主线,建立全学段思政育人格局,还可以在推动大中小学课程思政建设的过程中实现学科之间的横向拓展,从而织成大中小学各学科教学研究的支撑网络。其一,克服教师畏难情绪。各学段教师不应先入为主地将宏观层面"开学第一课"作为唯一课程形式,要自觉克服畏难情绪,以学院、年级、专业为单位,主动探索更多层面的"开学第一课"形式,树立"人人能讲,人人讲好"的自我意识。其二,加大师资双向互动力度。当前,在大中小学思政课一体化建设平台的实际应用中,从高校到中小学的单向交流机制占据主流,但讲好各个学段的"开学第一课"不仅需要大学教师"自上而下"地提供课程设计的支持,更需要中小学教师"自

---

[1] 陈大文、姜彦杨:《大中小学思政课教学评价一体化路径初探》,《思想理论教育导刊》,2021年第12期。

下而上"地分析学生思想动态的发展趋势。其三,扩大教学资源交流共享。讲好"开学第一课"要秉持"开门授课"的理念,客观评估各个学段学生的理论素养和理论兴趣,深入挖掘大中小学中的典型案例、青年榜样、红色史料等宝贵教学资源,使大中小学之间的信息、师资、场地等教学资源充分涌流,实现更高层次的优质资源共享。

参考文献

[1]《马克思恩格斯选集》(第1卷),北京:人民出版社,2012年版。

[2]习近平:《论党的青年工作》,北京:人民出版社,2022年版。

[3]习近平:《思政课是落实立德树人根本任务的关键课程》,北京:人民出版社,2019年版。

[4]习近平:《高举中国特色社会主义伟大旗帜 为全面建设社会主义现代化国家而团结奋斗——在中国共产党第二十次全国代表大会上的报告》,《人民日报》,2022-10-26。

[5]冯秀军:《善用"大思政课"的三个维度》,《思想理论教育导刊》,2021年第8期。

[6]石书臣:《关于大中小学思想政治理论课教师队伍一体化建设的思考》,《思想理论教育》,2019年第11期。

[7]蓝波涛、覃杨杨:《构建大思政课协同育人格局:价值、问题与对策》,《教学与研究》,2022年第2期。

第二章
书记双师课堂

"书记双师课堂"是上海财经大学在学习贯彻习近平新时代中国特色社会主义思想主题教育中推动领导干部走进课堂、走上讲台、开展调查研究的一项创新举措,也是过去数年来"书记下午茶""书记面对面""书记备课会""书记讲习所""书记调研会"等"书记系列"平台的一个新增品牌。"书记双师课堂"由一位校党委常委或各级党组织书记加一位思政课教师组成,根据具体的讲授内容进行充分沟通打磨,呈现为课堂上的共同演绎和默契配合。这种教学形式以往多为线上线下相结合,或校内教师与业界导师相结合,而作为"书记系列"中的一员,"书记双师课堂"被赋予了"将思想政治工作做到学生心坎上""全党要把青年工作作为战略性工作来抓"的重要功能。

一、教学实录与感悟

"沉舟侧畔千帆过",在广阔的实践探索中充实人生

(一)现场教学报道

2023年2月22日上午,上海财经大学武东路校区梯五教室座无虚席,马克思主义学院曹东勃教授本学期的第一堂"毛泽东思想和中国特色社会主义理论体系概论"课准时开始。

与以往不同的是,曹老师在课程导论之外,专门制作了19页的《开篇语·题外话》:"在我们共同跨过最艰难的阶段之后,需要重整行装,为未来做好思想准备和心理建设,对教师来说,需要克服惰性,在常态化线下教学过程中创造性地教学相长;对学生而言,需要走出校门,到广阔的社会调查和实践探索中去充实人生。""沉舟侧畔千帆过",青年人应该永远保持对生活的热爱,调整心态,面向未来。

课堂教学过程中,随堂听课的校党委书记许涛"抢"过话筒,与同学们面对面聊了起来。他与大家一起回忆全校师生和衷共济、共同度过的难忘岁月,感谢每一位师生的担当、信仰、勇气与坚守。他叮嘱同学们要适应打开校门之后带来的新变化、新挑战,以健康的生活方式增强自身免疫力,珍惜大学时光,在活跃的校园文化生活中陶冶性情、舒缓焦虑。学校也会更加紧密地在对外合作交流和服务社会的过程中,为同学们的未来发展营造更好的环境。

自新学期开学以来,上海财经大学在新的形势下统筹教育教学安排工作,加强对师生的关心关爱。"开学第一课"校领导走进课堂,了解课堂教学情况,并随机听取部分课程,与师

生进行互动交流、导学、研学,通过多种方式开展思政课堂和主题学习教育,进一步丰富第二课堂活动,营造健康向上、生动活泼的校园氛围,同时做好校园服务保障工作,强化对学生的关心关爱。学校聚焦学生思想困惑和实际所需,开展针对性、常态化、多形式的心理健康指导和心理疏导;开展精准的系列教育引导活动和有效的思想政治工作,帮助学生消除疑虑困惑,告别焦虑彷徨,更加坚定对未来的信心,以奋斗姿态激扬青春,不负时代。

(二)教学感悟

2021级计算机技术专业刘云曦:

曹老师摆事实、讲道理,充满情感的话语让思政课变得不再单调,能触发学生反思。许书记的话让我对未来充满希望,内心决定不再"摆烂",要做一个有大格局的人。

2021级会计学专业崔烁:

很多时候我们面临诸多困难,但我们没有被困难压倒,看到同学们在操场上唱歌、跳广场舞的画面,我深感那些困难锻炼了我们积极乐观的心态和迎难而上的品质。

2021级电子商务专业赵博桐:

思想和精神方面的修养是细水长流、日积月累的。2022年已过去,我们也应该快速适应现在的学习节奏,进入状态,向未来奋进。

2021级电子商务专业胡若璇:

老师的思政课没有照本宣科,而是结合现实生活生动阐释,角度也很新颖,的确能让我对一些事件有更加全面的理解与认知,收获很多。

立足新发展阶段、贯彻新发展理念、构建新发展格局，推进高质量发展

(一)现场教学报道

"同学们，本学期开学第一堂思政课上，许书记的分享交流让大家记忆犹新。今天我们再次有请到许书记作为'驻场嘉宾'，我们请许书记再给大家讲一讲好不好？"2023年4月12日，上海财经大学马克思主义学院曹东勃教授在课堂上讲授新发展阶段、新发展理念、新发展格局这一主题的主要内容后，再次邀请就座于同学之中的"神秘嘉宾"——校党委书记许涛来到讲台。

本次课堂上，曹东勃老师首先从"两个百年：立足实际面向未来的特殊背景""新的定位：统筹全局兼顾内外的重大判断""重点领域：新两步走开篇布局的改革方向"三个方面做了讲解，并重点就"战略机遇期'展期'""新发展阶段到来""新发展理念'续航'""新发展格局构建"等问题做了梳理。

之后，许涛书记结合自身长期从事教育对外开放和国际合作交流的工作经验，语重心长地叮嘱同学们要有高远的理想、国际化的视野、良好的政治判断力，在洞悉大势的背景下，自觉地将个人的发展成长融入国家和民族的发展进步中。他以学校国际组织人才培养、"一带一路"倡议十周年带来的新的契机为例，鼓励同学们踔厉奋发，将自己锻造为卓越财经人才，到更广阔的舞台为国家发展贡献才智。

同学们普遍对"书记双师课堂"的教学效果表示肯定，认为两个老师同堂讲授，切入角度

不同,生命体验丰富,又能互为呼应,希望这类"联袂出演"可以在更广范围内经常性出现。

(二)教学感悟

2021级信息管理专业沈诗佳:

百年未有之大变局,让我们每个人更深刻地审视自己,为自己的未来做出更为清晰的定位。正如许涛书记所说:"未来不是今天,也不是5年。大家需要多思考20年以后要成为什么样的人。"我们唯有站得更高、看得更远,才能打开格局,顺应新的发展;而要站得更高,仅靠理论学习是不够的,如何结合实践、全面而充分地发展自己,尤为关键。

2021级财务管理专业段淇:

曹老师课堂上围绕"重要战略机遇期"这一概念讲解的历史演变及其背后的故事,让我印象深刻,也更加了解了过去多年来国际格局的复杂变化和中国几十年来抓住机遇发展的艰辛。许书记所强调的要成长为一个具有国际化视野的人才,也在一定程度上激发我一定要去"外面的世界"走走看看的想法。

大力推动高质量教师队伍建设

——我见证的历史片段

(一)现场教学报道

2023年5月10日的课堂开场白中,马克思主义学院曹东勃教授说:"大一、大二的同学,最近比较关注学校刚刚发布的'数字技术赋能乡村振兴'2023千村调查活动的招募;大三的同学,最近比较关注第26届研究生支教团的选拔。而我们今天这堂双师课堂,就聚焦在五位一体总布局中的社会建设,以反贫困道路的中国经验,特别是乡村教育的发展与振兴为主题,希望能够对大家的选择有所启发。"

曹东勃从五个扶贫故事讲起,系统阐释了自党的十八大以来精准扶贫的伟大历程。他从习近平总书记关于精准扶贫的重要论述、对口帮扶元阳的一个案例、扶贫任务体系中的国家治理经验、挂职扶贫的心得体会四个方面做了讲解,事实表明,中国的减贫成就是中国人民勤劳奋斗出来的。他鼓励同学们在未来的人生选择中要勇于接受新的挑战,自我赋能、自我赋值、自我锻造,在全新的工作环境中打开局面,不负时代、不负青春。

许涛书记接过话筒,这是他本学期第三次走上双师课堂讲台。今天,许书记以"大力推动高质量教师队伍建设——我见证的历史片段"为主题,结合自身曾从事乡村教师服务和管理工作的经验,由他早年结识的几位优秀乡村教师的事迹说起,将总书记关于教师队伍建设的重要论述特别是对乡村教师的关怀爱护做了透彻讲解。"300多万乡村教师始终是1 800多万教师中工作艰辛、责任重大、使命光荣的一支重要队伍。15年来,上海财经大学研究生支教团的同学们,以真情真知,得到了贵州、云南、甘肃等支教所在地孩子们的真心喜爱,真正做到了把青春写在祖国大地上。"许书记热情鼓励同学们大胆追梦、挑战自我,到祖国最需要的地方干事创业、创造人生价值。

(二)教学感悟

2021级信息管理专业冯文鑫：

今天许书记和曹老师的讲解，让我对精准扶贫有了更精准的理解，了解到乡村教师的艰苦环境，也很有触动。最后很感谢曹老师挂职扶贫心得的分享，尤其是说要为自己赋能，注重集体协作，这是我现在很欠缺的，也是今后有意识要加强的。

2021级财务管理专业段淇：

今天曹老师在课堂上非常动情地给我们讲述了他在云南省元阳县挂职工作的经历，真实地讲述了自身的感受，我从老师的讲述中真切地感受到脱贫攻坚战背后一个又一个鲜活的形象。易地搬迁、控辍保学、乡村教师保障……脱贫攻坚的胜利就是对这些问题的不断解决。让我记忆深刻的是曹老师和我们分享了自身关于挂职的经验与体会，人总是要挑战自我，你想做成什么事情，就要努力去做，你不想成为什么样的人，就要有足够的定力去杜绝。许书记关于国家对乡村教育、乡村教师的政策演变的讲解，让我对乡村教师有了更深的敬意。

2021级电子商务专业胡若璇：

作为从贫困县走出大山的学生，老师们讲到乡村教师、脱贫攻坚这些主题时我深有感触。印象最深的是许书记讲到对口帮扶元阳县时面对当地的具体困难，电子商务能够在电商扶贫、产业扶贫上发挥的作用。突然意识到自己的专业能切实帮助到像家乡一样的许多偏远地区，我更加坚定了学好专业知识、贡献自身力量、回报家乡与社会的想法，也希望自己真正能做到如曹老师所说的那样，不论身处何时何地都能保持初心，做真实的自己、做该做的事。

争做推动中国式现代化发展的领军型人才

(一)现场教学报道

2023年5月16日清晨,第二教学楼301教室的同学们迎来了一位特别的"大咖"——上海财经大学党委副书记、校长,著名经济学家刘元春教授,他通过"双师课堂"活动走入同学们中间,为大家带来了一节别开生面的"毛泽东思想和中国特色社会主义理论体系概论"课程,与马克思主义学院副院长丁晓钦教授一同为同学们讲解"以中国式现代化全面推进中华民族伟大复兴"。

丁晓钦教授首先为课程做"开场白",他谈到自鸦片战争以来,无数的仁人志士在寻找中国的救亡与富强之路,但只有中国共产党将这条道路逐渐铺就起来。中国共产党探寻的以马克思主义为指导的社会主义建设之路,是现代化发展的沿革之路,随着中国特色社会主义进入新时代,中国式现代化成为实现中华民族伟大复兴的必由之路和独到之路,值得进行认真思考、学习和研究。

刘元春校长随后登上讲台,从现代化的起源为大家娓娓道来。刘校长说,在16世纪与"现代化"一词相对应的是"蒙昧"与"未开化",重点是要树立科学和人文的思想,因此它不仅是一个时间概念,实际上更是一个思想文化概念。在大家熟知的文艺复兴、宗教改革和科学革命出现之前,欧洲就已经发生了城市革命和价格革命,而直接影响这些变革的是黑死病的灾难冲击——人地关系的改变扭转了所有者之间的力量对比,地多人少的现实催生了对更高生产力的渴望。

提及中国式现代化的具体特征时,刘校长提到中国式现代化有五大特征,这不仅是我们

对过去发展模式的总结，更是对未来现代化建设的展望和要求，中国式现代化参照世界其他国家的现代化成果，也完成了对现代化路径的对照。中国如果真正实现现代化，全球的现代化人口占比将达到30%，这是巨大的贡献。大变革时代下如何解决民族和世界问题，以中国式现代化构建人类文明新形态是中国为当今时代提供的宝贵财富。这样一种政治纲领、行动纲领，旨在于大变局中引领全球走出一条新路。

2021级商务分析实验班谢文瑾向刘元春校长提问：中国式现代化有哪些具体的建设举措？

刘校长回答，整个"十四五"规划的核心就是中国式现代化的部署，第一是科技创新、教育强国、人才强国战略；第二是构建现代化产业体系，其中包括在极端情况下如何保证国内大循环的畅通。客观来看，我们的智库对于未来世界的复杂局面思考太少，欧美学者早已开始考虑灾难经济学、战争经济学等相关议题,对未来的前瞻与推演,对危机的应对和管理,对产业短板、核心技术的加速追赶与补齐,都是中国式现代化建设的题中之义。另外,我们还要有更高水平的开放,发挥超大市场规模优势,探索制度性开放体系,同时促进乡村振兴,缩小城乡区域差距等。可以说,党的二十大报告就是全面建设社会主义现代化国家的一个纲领性文件。

回到财经领域,刘校长说道,上财的学生要有成为财经领域领袖型、领军型人才的愿景。同时,了解西方前沿的经济理论,分析当代资本主义最新学说也十分重要。思想政治理论课的学习,不是简单的政治学习,不是背一背就结束的东西,而是通过专业性的阅读、学习和思想,领会政治纲领的合理性、实践性和可操作性,明确我们进一步的人生方向、目标和意义。

"二十年之后,如果同学们还记得老师当年给我讲过的一堂课,那么这堂课就是好课了。"这节特别的思政课在热烈的掌声中结束,让人回味无穷。

(二)教学感悟

2021级商务分析实验班谢文瑾:

中国式现代化是一个独特而深刻的发展过程,它不仅仅是经济的增长,更是社会、文化、科技、生态等方面的进步。作为一名上财学生,我理解的中国式现代化是以人为本,注重可持续性,追求和谐共生的发展模式。首先,中国式现代化强调以人为本,这体现在对教育的重视,尤其是高等教育的普及,为现代化提供了人才支撑。其次,中国式现代化注重可持续性。在经济快速发展的同时,中国也在积极推动绿色发展,减少对环境的破坏。财经专业的学生可以通过研究和推广绿色金融、碳交易等机制,为实现可持续发展贡献力量。最后,中国式现代化追求和谐共生。这种和谐不仅体现在人与自然的关系上,也体现在人与人之间的和谐相处。财经专业的学生可以通过研究收入分配、社会保障等问题,促进社会公平正义,实现共同富裕。

《共产党宣言》与我们的大学学习

(一)现场教学报道

2023年5月17日,徐飞常务副校长与马克思主义学院张鋆老师在"马克思主义基本原理"课堂上共同对《共产党宣言》做了解读。

伴随着激动人心的《国际歌》,张鋆老师提出了"为什么资本主义必然灭亡"的话题。沿着马克思的"心路历程",张鋆老师从《共产党宣言》中对"两个必然"的逻辑阐释,说到马克思在《政治经济学批判》序言中提出"两个绝不会"的逻辑补充,并结合当代马克思主义学者的理性解读,严密论证了"资产阶级必将灭亡,无产阶级必将胜利"的观点。

随后,徐飞常务副校长走上讲台。他以"如果由你来起草《共产党宣言》"为题,带领学生们走入了一个全新的学习维度。在与同学的积极互动中,徐老师也分享了他自己对于《共产党宣言》的独到见解,并向大家传授了关于学习方法的"秘籍",告诉同学们如何从"学会"到"会学"。徐老师说:"大学期间,我们应更注重发展兴趣,通过自我驱动进行深入学习。很好的一种方式就是将自己带入老师的角度,思考如何构建和传达知识体系。"

最后,徐飞常务副校长鼓励同学们要坚定自己的理想信念,既要有热情和决心,也要有耐心,始终保持对自己和社会的责任感。

(二)教学感悟

2021级金融统计专业朱彦龙:

徐校长的知识广度和研究深度都令人钦佩。无论是两年前预见性地提出"四谋",还是对《共产党宣言》的细致分析,都足以体现徐校长在教学科研上的深厚功力。无论是张老师还是徐校长,每个人都有自己的讲课方式。作为一个仅仅阅读了一遍《共产党宣言》的学生,张老师的分析让我有了一些深入的思考和理解;徐校长的讲座则将我的理解带入了更深的层次。在一节课内同时安排文章解析和深入拓展的教学,学生的整体感受真的很棒!

2021级金融统计专业张亦驰:

徐校长和张老师的讲课都让我收获颇多。两位老师共上一门课并没有使内容变得割裂,而是相辅相成,让我们在学习中有不同的想法与灵感。徐校长的教导蕴含了他本人的丰富经验,让我们更直观地理解了马克思主义基本原理的内涵。

2021级金融统计专业闫旭:

在张鋆老师讲解完《共产党宣言》具体内容后,徐飞校长从方法论角度进一步讲解《共产党宣言》,深化了课上所学的内容,也强化了我对《共产党宣言》的理解。两位老师从不同的角度进行讲解,让我可以从更多维度去理解马克思主义,受益匪浅。希望学校可以多举行这类的学习活动,让两位老师可以发挥各自的专长,更好地传授给我们知识。

走近生活中的烟火气，于实践中获取经验

(一)现场教学报道

2023年5月9日上午，一位身穿灰夹克、戴着眼镜的老师走进马克思主义学院王岩老师的"形势与政策"课堂。"同学们，今天是一堂特殊的课——双师课堂，由我和方华副校长共同完成。"教室里顿时响起热烈的掌声。

授课教师王岩对"夜间经济空间布局"调研多年，"五一"假期前，他给同学们布置了一项作业：上财夜市调查。上财夜市是上海财经大学后勤中心着眼于大调研、微创新，为了提升校园生活幸福感而推出的系列服务师生实事项目之一，一经启动即备受瞩目。每周二、三、四18:30—21:30，绿叶步行街人头攒动，空气里都是美食的香气，在丰富校园生活的同时，也满足了同学们多样化的饮食需求。

"今天来到课堂，我先现场问问大家对校园夜市的调研情况和感受，找两名同学谈谈。"方华副校长的提问引发了同学们的踊跃参与。

第一位是2022级国际金融专业姜亦挺同学。上财夜市今后的发展，可以更加注重于给学生提供丰富的体验，提高学生的参与度。比如昨天在绿叶步行街举办的国际美食文化交流活动，因为其丰富有趣的特点，吸引了很多同学。由此也可以看出最近校内越来越丰富多彩的校园文化活动，能够让同学们参与其中。建议上财夜市可以和这类文化活动融合，比如我们经常举办草坪音乐节，那夜市旁是不是也可以增加音乐节的成分？或者是在节日时举办主题夜市，比如中秋节、元宵节，提供节日相关的食品，加入灯谜、游园活动。

第二位是2022级国际金融专业高海铭同学。我认为通过举办夜市活动，学校可以收集

到学生在消费需求方面的信息。比如可以在活动现场采集学生的消费偏好、消费习惯和购买意愿等数据，然后进行分析和总结，帮助学校更好地了解学生的需求和偏好。如果学校发现学生对夜市有很大的需求和兴趣，可以考虑在校园内开展常驻夜市。常驻夜市可以提供更为便利的服务，满足学生在日常生活中的吃喝需求，也可以增加学校的生活氛围和活力。

方华副校长在与同学们分享讨论的过程中，深入浅出地向大家介绍了调研的具体方法论和分析方法。调研的前提是要明确研究目的和问题，接着采用各种方法进行数据的收集和分析，从而获得客观、准确的研究结论。在分析方法方面，他特别强调了对调研数据进行归纳、概括、分析和比较等方面的重要性。

最后，方华副校长鼓励同学们在日常生活中多关注身边的问题，善于用科学的方法解决问题。他希望同学们能够学以致用,将所学的知识应用到实际生活中,为社会做出更多的贡献。

(二)教学感悟

2022级国际金融专业俞昂杉:

在今天的双师课堂上,方华老师首先指导并评价了同学们的调研,然后向我们分享了调研的方法,同时也让我们感受到了调研的意义和学校对学生的关怀。这次授课让我们对调查研究产生了更深的认识,也使我们感受到了它对于日常研究和国家方针的重要意义。我们也应走出课堂、走向社会,把论文写在祖国大地上。

教育对外开放,从文化自觉到文化自信

(一)现场教学报道

2023年5月11日的研究生思政课双师课堂上,姚玲珍副校长与马克思主义学院张孟雯老师共同对党的二十大报告关于"教育、科技、人才是全面建设社会主义现代化国家基础性、战略性支撑"这一重要论述进行了深入解读,并进一步聚焦于"教育对外开放和以文化自信促进文化交流、文明互鉴"这一课题上。

姚玲珍副校长首先向同学们提了两个问题:一是有多少同学本科学习中有一年以上的国外留学经历,二是大家的外语水平如何。她就这两个问题与大家展开了交流,殷切叮嘱同学们要具备广博的国际视野。随后,姚玲珍副校长以"全面深化改革开放,推动构建人类命运共同体"为主题,以教育对外开放为着重点,阐释了党的二十大报告提出的"推进高水平对外开放"的深刻内涵。教育对外开放是高水平对外开放的重要组成部分,国际教育合作肩负着更加重大的使命,教育对外开放的工作重点在青年。最后,姚玲珍副校长讲述了上海财经大学教育对外开放的历程、人才培养国际化的成效、人才培养国际化面临的挑战。在新时代的新征程上,我们必须按照党中央和习近平总书记关于教育对外开放的指示要求,努力促进国际交流与合作,提升人才培养水平。

马克思主义学院张孟雯老师接过教育对外开放的话题,由文化交流与文明互鉴回溯文化自觉与文化自信的内涵。文化建设的目标是从文化自觉上升到文化自信,同时,文化自觉与文化自信同样离不开对外开放,文化自觉是在对外开放的对话与交流中建立的。在与同学们讨论文化自信与经济发展的关系时,张老师谈到了实现文化自信的路径:一是挖掘中华

优秀传统文化资源，二是与其他优秀文化交流对话。

(二)教学感悟

2022级资产评估专业赵敏宇：

姚老师以教育对外开放和高水平人才培养为切入点，为我们讲解了改革开放的内涵和必要性，并介绍了学校目前教学改革以及对外交流的计划。张老师讲述了文化对个人、民族和国家的意义，分析了新时代中国特色社会主义文化建设的方向以及实现文化自信的途径。通过本次学习，我对改革开放的历程和改革开放在新时代发挥的重大引擎作用有了更加清晰的认识，对文化自信和建设社会主义文化强国的内涵和道路有了更加深入的了解。

2022级资产评估专业张志华：

课堂上，姚老师对坚持全面深化改革开放这一议题进行了全面深入的讲述。姚老师还向我们强调了教育对外开放的重要性。随着世界多极化、经济全球化、社会信息化、文化多样化的深入发展，世界各国的关联更加紧密，政治、经贸、人文等交流合作更加频繁和广泛，教育的融合发展也成为人心所向、大势所趋。姚老师鼓励我们加强对英语的学习，促进中外语言互通，把握对外交流的机会，增进对不同国家不同文化的认识和理解，以此促进文明交流互鉴、推动人类文明进步。

2022级资产评估专业戎佳祺：

本次课程采取双师课堂的形式，形式新颖、内容丰富。姚老师提到了我校的研究生人才培养的相关内容，她说，青年强则国强。身为新时代的新青年，我们必须利用好学校和社会给予我们的学习及实践资源，开阔自己的视野和思维方式，建设和报效祖国。

脚踏实地，成为自己心中的英雄！

（一）现场教学报道

2023年5月29日，上海财经大学党委副书记朱鸣雄走进"马克思主义基本原理"课堂，与马克思主义学院周杰老师共同为同学们上了一节生动的思政课。朱书记首先与同学们进行了简短的交流和互动，强调了他与同学们亦师亦友的关系，本次双师课堂在轻松愉快的氛围中开始。

朱书记围绕什么是英雄？英雄从哪里来？英雄与时代和人民的关系等问题展开讲解。朱书记先从时代与英雄的关系入手，指出伟大的时代需要英雄，英雄就是能够引领时代的普通人。随后，朱书记引用生动案例，深入浅出地阐释了英雄与人民群众的关系：英雄源于群众，为人民服务、为时代发展而奉献才能成为英雄，英雄的事迹也会激励人民群众追求进步。

"历史是人民创造的，人民是最伟大的英雄"，朱书记生动地解释道："我们每个人都有成为英雄的潜质，都有值得他人学习的一面，年轻人有理想、敢拼搏、有冲劲，这些优秀品质都是一种英雄气概。"最后，朱书记叮嘱各位同学："要好好学习，做好现阶段的每一件事，脚踏实地，一步一步打拼，成为自己心中的英雄！"

随后，周杰老师走上讲台总结道："朱书记的讲解让我们深刻领会到马克思主义英雄观与人民观辩证统一的科学原理，向我们展现了马克思辩证唯物主义在生活中的体现，拉近了马克思主义哲学与我们之间的距离，希望同学们谨记朱书记的教诲，树立远大理想，练就过硬本领，做自己的英雄，做时代的英雄。"

(二)教学感悟

2022级投资学专业李东昊:

"英雄不是规划出来的,是踏踏实实做出来的",以哲学为远方,以数学为翅膀,深耕自己的领域,即使做不了时代的引领者,至少也不能被时代落下;听从本心,用踏实的行动丈量人生的长度,用坚定的信念探索人生的高度,成为一个无悔的人,做一名自己的英雄。

2022级投资数学双学位专业辛甜:

通过本次双师课堂,我意识到,"平凡造就伟大,英雄来自人民",身为新时代的新青年,我们应该以英雄为榜样,树立正确的价值观和行为准则。英雄的品质和精神是我们应该追求的目标,我们要以勇气、正义、奉献为核心价值,努力学习,成为社会需要的英雄人物,为社会做出更大的贡献。

2022级投资数学双学位专业王智诚:

朱老师授课活泼有趣,将马克思主义哲学知识与生活巧妙地结合起来,极大地激发了大家对哲学的兴趣。这节课不仅增进了师生之间的交流,而且充分坚定了同学们心中的理想信念,助力上财学子更好地成人成才!

2021级会计学专业刘珈企:

朱老师和蔼可亲地向同学们讲述了:时代成就英雄,英雄就是人民,英雄来自人民;我们是其他同学的榜样,张勇等杰出校友是我们的榜样。我感受到了朱老师对同学们的关爱与期盼,也体悟到只有脚踏实地、一步一个脚印,才能走出坚实的每一步。成功不是靠规划出来的,而是靠努力来取得的。朱老师为我们在略感疲倦的期末季增添了一抹亮色,让我们在收获知识的同时,坚定了自己的方向、找到了前进的动力、明白了坚持的价值。

在"思"与"悟"中理解全面从严治党

(一)现场教学报道

2023年5月19日,上海财经大学党委副书记、纪委书记何鹏程老师走进课堂,与马克思主义学院教师李亚丁,共同为同学们上了一节生动鲜活的"习近平新时代中国特色社会主义思想概论"课。

本节课特别选取"全面从严治党"这一主题。李亚丁老师结合历史和案例,讲述了中国共产党在不同历史时期推进全面从严治党的经验和成效,并从党情、国情、世情、民情出发,分析了新时代推进全面从严治党的时代背景。李亚丁老师指出全面从严治党的根本目的在于"用党的先进性、纯洁性、纪律性保人民幸福、成民族复兴、促天下大同"。最后,李亚丁老师从反腐败和主题教育两个维度,讲解了自党的十八大以来全面从严治党所取得的卓越成果和先进经验,并以本次主题教育为例,向同学们介绍了上海财经大学在贯彻落实高校全面从严治党方面所取得的成效。

随后,何鹏程副书记走上讲台,首先讲解:"思政课的关键重在'思'和'悟',也就是要多问'为什么',只有多思多悟,才能不断提升自己的能力。"何书记随即面向同学们提出一个问题:"结合李老师刚才讲授的内容,请同学们谈一谈为什么我们党要始终坚持推进全面从严治党?"结合同学们的回答,何书记以"如何破解历史周期率"与"如何破解大党独有难题"两个问题为主线展开,为同学们从更深层次解读全面从严治党的功能和意义。何书记先以著名的"窑洞对"为起点,指出人民监督的他律机制与自我革命的自律机制,是中国共产党得以走出历史周期率的关键所在,而全面从严治党则是自律机制的系统性呈现。随后,何书记援引苏联共产党、墨西哥革命制度党、印度国大党等案例,结合"为何世界范围内这些大党在执政数十年后相继失去执政地位"这一问题,详细阐释了中国共产党通过全面从严治党破解大党独有难题的实践经验和内在原理。最后,何书记还向同学们推荐了《旧制度与大革命》《马克思为什么是对的》《持续执政的逻辑:从制度文化发现中国历史》等拓展阅读书目,并鼓励同学们在本科学习阶段养成阅读的好习惯。

在提问交流环节,同学们踊跃发言,问题涉及全面从严治党、高校管理、职业规划和发展等多个领域,何书记结合课程内容和自身工作经验,进行了耐心讲解。

(二)教学感悟

2022级新闻学专业于凡添:

双师课堂请到学校党委副书记何鹏程老师来给我们讲课,何老师的教学和工作经验丰富,能够让同学们学到很多知识,让我对全面从严治党有了更深入的认识。他能够给我们文科类学生提供很好的学习和阅读建议,以独特和多样的视角来分析问题,愿意聆听学生的问题和建议,我觉得双师课堂很有意义,可以多开展几次。

2022级数据新闻专业孔梦甜:

两位老师针对全面从严治党这一主题,从不同角度进行讲解,从原因到做法,再到思考和感悟。同学们在课堂上能够感受到老师们自身的思考,不断分析问题,给我们呈现出一堂生动的思政课。同学们既学到了很多知识,也领会到了两位老师不同的思考角度,在课上踊跃发言互动,课堂氛围良好,期待接下来的双师课堂。

2022级社会学专业张诗月:

课堂中,老师会主动和我们互动,考察我们对全面从严治党的了解,整个课堂氛围特别好。老师上课讲的内容十分精彩,对我们日后的学习和工作都大有裨益。另外,老师推荐给我们阅读的书籍，甚至对大学学习做出的指导，我都记在心中，十分感谢两位老师。

2022级新闻学专业王思雨：

上完鲜活的双师课堂让我们有了更深刻的领悟：一个饱经沧桑而初心不改的党，才能基业长青；一个铸就辉煌仍勇于自我革命的党，才能无坚不摧。只有坚持全面从严治党永远在路上，党的自我革命永远在路上，才能在新的赶考路上，继续创造新的奇迹。

国家安全，人人有责

(一)现场教学报道

2023年5月18日的"习近平新时代中国特色社会主义思想概论"双师课堂上，李增泉副校长与马克思主义学院姜国敏老师围绕"维护国家安全和社会稳定"这一主题开展讲解。

李增泉副校长向同学们提出了两个问题作为讲课开端：大家觉得国家安全包括哪些方面的内容？大家所在的专业、未来所从事的工作会涉及国家安全问题吗？针对同学回答当中提到的经济安全和经济信息、经济政策的保密问题，李增泉副校长进而展开论述：习近平总书记关于总体国家安全观的论述为我们正确认识国家安全问题提供了根本遵循，在我们现在的时代，国家安全的内涵和外延有了比历史上任何时候都要丰富的内容，包括它的时空领域也比历史上任何时候都要宽广，我们面临的国家安全问题更多更复杂。

李增泉副校长结合我国经济社会发展进程中的一些实例，针对地方债背后的金融安全问题、无人驾驶汽车背后的网络安全问题、芯片技术"卡脖子"背后的科技安全问题等进行了深入浅出的分析，强调了既要警惕"黑天鹅"事件，也要防范"灰犀牛"事件的安全治理理念。

在讲课的结语部分，李增泉副校长向各位同学寄语：我们所从事的专业不仅仅涉及社会发展、经济发展的问题，更重要的是它也关乎我们国家的安全，我们能不能做到习近平总书记关于"统筹发展和安全"的要求，是我们民族能不能真正屹立于世界民族之林、能不能推进复兴大业的关键所在。

马克思主义学院姜国敏老师接过"维护国家安全和社会稳定"的话题，讲授了既要打好防范和抵御风险的有准备之战，又要打好化险为夷、转危为机的战略主动战的议题，包括要在全面掌握风险成因、有效化解风险振荡、及时中止风险演化等方面着力防控风险，并在此基础上深入把握防范化解重大风险的内在规律，善于在危机中育先机，于变局中开新局。姜国敏老师遵循习近平总书记参加十二届全国人大三次会议上海代表团审议时的讲话，分析了创新社会治理对于维护国家安全与稳定的意义。

（二）教学感悟

2022级国际会计ACCA（中外）专业韩舒雨：

国泰民安须思危，富国强兵防未然。作为财大学生，维护国家安全是我们的责任。通过这节课的讲解，我们了解到了金融危机对国家安全构成的威胁，网络安全和科技安全的重要性不容忽视。在这个机遇与挑战并存的时代，我们应关注金融风险，加强网络和科技安全意识，为国家安全和经济发展做出贡献。

2022级金融统计专业许成玮：

当前的时代面临着前所未有的巨大变局，"黑天鹅"事件和"灰犀牛"事件频发，给每个人的生活和未来产生了深远的影响，也对国家安全提出了重大挑战。李增泉副校长提出，经济管理类学科不仅关乎企业和组织的运营管理，也对国家的经济稳定和安全发展起着关键作用。在当前动荡不安的环境下，我们需要认识到自己所学专业的重要性，明确自己的定位和责任。与此同时，我们需要紧跟时代的步伐，关注国家安全所面临的新问题和新挑战，不断学习和提升自己的知识和技能，更好地适应和应对不确定性和复杂性，为国家安全保障做出积极的贡献。

2022级投资数学双学位专业辛甜：

进入新时代，我国面临更为复杂多变的安全和发展环境，面临更为严峻的国家安全形势。通过李增泉副校长的讲解，我了解到国家安全不仅是军事力量的保障，更包括经济、社会、文化等各个方面的稳定。正如李校长所说:"面对国家安全风险,要防祸于未萌,治乱于未乱,消未起之患。"作为大学生,我们应该积极学习专业知识,提升自身素质,为国家的发展贡献力量。只有每个公民都积极履行自己的责任,我们的国家才能安全稳定、繁荣昌盛。

回到经典 悟透原理

——体悟"能""行""好"

(一)现场教学报道

2023年11月26日,上海财经大学党委常委、常务副校长徐飞教授走进上财武东路校区T6教室的"马克思主义基本原理"课堂,通过"书记双师课堂"与马克思主义学院张錾老师一同为同学们讲解恩格斯的名篇《社会主义从空想到科学的发展》。

张錾老师以"不够聪明,还是命中注定"为导入,分析了19世纪初的空想社会主义者为什么无法提出科学社会主义理论——"不成熟的理论,是和不成熟的资本主义生产状况、不成熟的阶级状况相适应的",从这个意义上说"时势造英雄"。同时,"天才的作用"也不可忽视,因为"真理往往掌握在少数人手里"。空想社会主义理论中的天才萌芽,是科学社会主义的重要思想源泉。

随后,徐飞副校长走上讲台,在张錾老师的前序讲解和同学们对欧文、傅里叶、圣西门等空想社会主义者的生平及其成败讨论的基础上,以马克思主义的科学性、人民性、实践性、开放性为线索,对《社会主义从空想到科学的发展》做了精彩剖析,进一步说明了中国化时代化的马克思主义"为什么能""为什么好""为什么行"的问题,带领同学们走入一个全新的学习维度。在与同学的积极互动中,徐飞副校长也分享了自己对《国际歌》的切身体会;并向同学们传达了"有之以为利,无之以为用"的深刻洞见,引导同学们在大学期间应开展更多、更深入的经典阅读,提升自己的阅读品位和道德境界。他叮嘱同学们,"经典阅读"是一种有效的

深阅读。经典,代表了所在时代的最高智慧,是经受住岁月考验而历久弥坚的人类精华,值得用心去"深阅读"。但说到读经典,很多人很可能因其太过博大或高深而望而却步。阅读大部分经典的确并不轻松,当读者的学识积累和思维训练还没有达到应有程度的时候,要读懂进而领会先贤圣哲的闳博睿思和学理旨趣,注定是充满艰辛和挑战的过程。然而,正是因为经典本身的博大精深和阅读过程中的丰富性和挑战性,才能够带给读者最大的收获与享受。最后,他鼓励同学们要有志气和勇气,通过"读经典、悟原理"的方式,真学、真懂、真信、真用马克思主义。

(二)教学感悟

2022级国际金融法专业何雨凝:

不同于以往的思政课,张銮老师在课堂上的讲解真正带领我走进了一百多年前的世界,我们逐字逐句分析马克思的历史原著,体会一切理论的动因和内涵。正如徐校长所强调的,要悟原理、读原著,体会理想的光芒和思想的光辉。有时,我们往往被功利浮躁的风气裹挟,而忘了"有之以为利,无之以为用"。青年人应当永远保持敏锐的历史洞察力,脚踏实地、胸怀天下,以己之学投入更广阔的社会实践中去。

2022级计算机技术专业李霁玲:

张銮老师课堂上以空想社会主义为主题,生动有趣地让我们学习了它的历史进步性及其局限性。从课堂独特的教学方式和内容出发,徐飞副校长强调了大学思政课的必要性,阅读马恩经典著作,能够让我们更加深刻地认识和领悟马克思主义的理论逻辑、历史逻辑与实践逻辑。在平实却又权威的言语中,让我们从根本上领略了马克思主义真理的科学魅力,认识到青年人应主动关注时代、思考前路、服务社会。

2022级国际金融专业朱湛：

在课堂上和张鋆老师一起研读《社会主义从空想到科学的发展》，我们感受到了经典著作背后深邃的思想以及严谨的语言。接着又有幸听到了徐飞副校长的分享，深觉当今学生应该沉心静气，认认真真看几本有思想、有洞见的好书，而非把精力倾注于一些零碎的娱乐。

2022级社会学专业张诗月：

听完张鋆老师的课程讲解，我了解到各个时代都有其"天才"，时代在不断发展进步，处于新时代的我们，更要把握时代机遇，实现青春价值。徐飞副校长强调，"有之以为利，无之以为用"，既要把握有用之用，也要看重无用之用。在学习的道路上，我们要少点功利性、多点超越性，多读经典、多悟原理，通过理论与实践相结合，走好我们的人生路；通过学好思政课，奠定思想基石。

经济发展中的文化力量

(一)现场教学报道

2023年11月29日,上海财经大学党委常委、副校长李增泉教授走进科技实验大楼B115教室的"中国近代史纲要"课堂,同马克思主义学院殷飞飞老师一起探讨"中国经济中的传统文化的力量"。

首先,殷老师从中国近现代史的角度,谈及不同历史发展阶段中华优秀传统文化所蕴含的时代精神。中华优秀传统文化铸造了伟大的中华民族精神,这一民族精神的主旋律在不同历史条件和不同情况下形成了不同乐章。从中国近代史发展历程来看,新民主主义革命时期有红船精神、井冈山精神、长征精神、延安精神等;社会主义革命和建设时期有抗美援朝精神、大庆精神、红旗渠精神、"两弹一星"精神、载人航天精神等。在当代社会经济运行中,中华优秀传统文化所蕴含的民族精神力量同样发挥着与时俱进的作用。事实上,发掘中华优秀传统文化的力量,本质上是中国企业崛起和经济发展的本土化路径,是中国式现代化道路的必然要求。

随后,李增泉副校长走上讲台接过话筒。他说,要想真正理解中国经济或中国式企业的运行规律,就要从中国自身的制度及文化谈起。他以中国本土运动品牌"安踏"公司的运营模式为例,分析"安踏"家族企业的运营特色,及以亲朋好友作为其经销商及代理商的利弊影响。李增泉副校长说,"浑水"公司做空"安踏"失败,正是因为他们不了解中国企业的本土化

特色。一方面，安踏创始于福建省晋江市这一拥有丰厚的宗族文化底蕴的地区，当地的文化传统形成了该公司坚守诚实经商、公平交易的商业道德。另一方面，具有中国特色的社会关系网络也制约着企业秉持良好经营、诚信经营的理念，而不至于利用关系之便进行道德欺诈进而酿成道德风险，家族及亲朋好友建构的关系网络，成为中国市场下企业自身发展的重要资源之一。总之，理解中国公司的商业模式，不能简单照搬西方理论，而是要深刻理解其所植根的中国社会结构与文化土壤，在对中西方经济的分析和思考过程中，要深入理解中西方市场环境的差异及其产生的原因，读懂实然状态背后的逻辑和结构，从本质分析现象，而不能简单机械地全盘否定或全盘照搬。

校党委宣传部部长、马克思主义学院党委书记曹东勃教授也在课堂上进行了补充分享。他建议同学们学会发现经济运行中的文化符号、文化元素、文化表达，在文化自觉的基础上坚定文化自信。他还以日前国内 14 所高校老师联合做"丢钱包"实验为国人诚信度正名、与西方学者理性对话的案例，阐释了中外文化表达的异同和学术研究的重要意义。曹老师还鼓励同学们努力学习专业知识，提升对社会的洞察和对文化的理解能力，更加全面地打开"黑箱"，更好地把握沉潜在经济运行背后的深层力量。

(二) 教学感悟

2022 级商务英语专业沈葆祺：

课堂上，殷飞飞老师从中国近现代史发展历程引出中华优秀传统文化在不同历史时期所蕴含的中国精神和中国力量，激发了同学们的思考：在当代中国企业运行中，中华优秀传统文化发挥了怎样的作用？李增泉副校长深入浅出地解释了中国市场乃至中国经济在东方文化环境下的特点。曹东勃老师进一步阐释了理解文化差异、增强文化自信的重要性。只有在扬弃的过程中秉持民族自信，才能更有定力。这次双师课堂内容丰富，收获很大。

2023级ACCA专业谢冬梅：

殷飞飞老师和李增泉副校长的精彩授课，让我体悟到了中华优秀传统文化的魅力。文化兴则国兴，文化强则国强。不仅国家软实力的提升需要文化的发展，中国经济也蕴含了深刻的文化力量。同时，曹东勃老师的分享也让我对学习到底学什么有了更深刻的思考——学习中我们应该有更广阔的视野，不要拘泥于知识本身，而要探索与其相关的方方面面。

2023级ACCA专业胡瑞芸：

李增泉副校长围绕"经济中的文化力量"进行授课，在课堂上为我们阐述了"理解经济要理解中国制度"这一观点。李校长在课堂上用安踏集团的"做空事件"引入主题，并针对这一事件进行分析，阐述了中国企业、中国经济中体现的中国观念、中国文化，让我们从一个全新的视角看到了中华传统文化的力量。在课程的最后，曹东勃老师也分享了自己的观点，鼓励我们将文化纳入自己的学业和视野，鼓励我们重视文化的力量。殷飞飞老师最后提到了新文化运动时期辜鸿铭的《中国人的精神》一书，认为中国人是世界上最有"温情"的民族，重视人与人之间的情感链接。

2022级商务英语专业张家宁：

传统文化与企业发展相结合，团结一致的互助精神与现代经济的严谨缜密相辅相成，李增泉副校长如同带着各位同学进行了一场时光之旅，从古老的中华文明精神，到今天的现代企业文化。我意识到，传统文化所蕴含的价值观念和行为准则，在当今企业的人文关怀和团队凝聚中发挥着重要的作用。这样的观点颠覆了我对传统文化的浅显认知。随后，曹东勃老师的发言使我意识到西方对中国的一些刻板印象亟须破除，向世界讲好中国故事任重道远，也让我认识到要从自身做起，发挥自身的语言优势，向世界发出我们的声音。殷飞飞老师提醒我们，本土化是中国式现代化的重要意义，而中华优秀传统文化如何与马克思主义理论相融合，在现代社会中发挥精神引领作用，是我们进行文化软实力建设的重要着力点之一。

跨文化视野与国际人才培养

(一)现场教学报道

2023年12月13日下午,姚玲珍副校长走进马克思主义学院张孟雯老师"马克思主义基本原理"的课堂,聚焦国际组织后备人才培养的上财实践,为同学们带来一节以"文明间交流互鉴,国际化人才培养"为主题的双师课堂。

姚玲珍副校长的第一个问题是询问同学们是否关注了11月25日国家留学基金管理委员会在上海财经大学举办的联合国机构宣讲咨询活动;第二个问题是问大家有没有3个月以上的出国交流经历,以及是否有想要出国交流的意愿。

姚玲珍副校长就这两个问题与大家展开了交流,引出了当日讲授的主题。她说坚持国际文化交流既是建设社会主义文化强国的要求,也是培养高层次国际化人才的必由之路。姚玲珍副校长介绍了上海财经大学国际组织后备人才培养项目,围绕"聚焦财经·交叉复合·跨界协同"的主题,详细介绍了该项目的背景、目标、主要做法、创新之处以及项目成效,包括制订"2+1"培养方案、协同国内国际教育资源、构建三层次国际实习平台等。

之后,就上海财经大学国际人才培养的实践,姚玲珍副校长与同学们展开了亲切交流。三位同学从自身的学习和发展出发进行了提问并得到了耐心解答与中肯建议。最后,姚玲珍副校长勉励大家积极参与国际交流,培育广博的国际视野,走向更高水平的发展舞台。

接着,张孟雯老师以马克思的生平为例,讲述了马克思的国际性修养对其理论形成有重要的影响。马克思从德国古典哲学、法国空想社会主义、英国古典政治经济学中吸收了丰厚的思想资源,又对英国的社会经济状况有深入的调研和认识,同时还亲身参与欧洲的社会革命实践。我们在当今的文化发展中，更加需要吸纳多种文明成果中的有益成分，坚持从本国、本民族实际出发，坚持取长补短、择善而从，在不断汲取各种文明养分中丰富和发展中华文化。

(二)教学感悟

2022级大数据专业王琰霏：

今天下午在双师课堂上，姚校长系统地为我们介绍了上海财经大学国际化人才培养项目，详细地回答了同学们关于拓宽国际视野、走向国际的意愿的问题。她的分享让我第一次了解到上财还有这样直接接轨联合国官方机构的机会，真的为有相关兴趣的同学提供了一个高水平、系统化的交流平台，也给我未来的学习规划和人生选择提供了一个值得考虑的全新视角，很有幸今天能了解到这些信息。

2022级大数据专业李嘉鑫：

姚校长的讲解，带我们回顾了上财国际组织后备人才培养项目的发展历程，以及目前取得的丰硕成果。这让我联想到面对当下错综复杂的国际形势，我国乃至世界都更需要具有家国情怀和国际视野的人才，以此跨越文化隔阂，推动交流合作。同时，随着我国改革开放的不断深入，为了进一步与世界交融，我们需要不断夯实专业基础，培养国际视野，用自身的学识和才干，为构建人类命运共同体和促进全球的可持续发展贡献自己的一份力量！

2022级大数据专业任相宇：

姚校长对我校国际组织人才培养项目的介绍十分全面，尤其是人才培养的特色和优势。随后，姚校长建议我们试着将目光看向国外，开拓国际视野，以助我们确定日后的职业规划。在课堂的最后，姚校长亲切地解答了几位同学的问题，着重强调了国际化的重要性。"大门一旦打开就无法关上了"，国际化的浪潮不可阻挡，因此我们更应该加强专业学习，培养国际视野，促进文明交流互鉴。

重新思考理论学习

(一)现场教学报道

2023年12月14日下午,第二教学楼108教室里,由方华副校长和王岩老师共同讲授的"毛泽东思想和中国特色社会主义理论体系概论"课采用"翻转课堂"的形式,组织了来自2022级保险精算和国际金融与银行等专业的同学们学习毛泽东的经典著作《论十大关系》,并进行了热烈讨论。

朱湛同学开场提出了对《论十大关系》背景和问题解决方法的思考,引出了课堂上的第一个讨论点。他的发言引发了同学们对毛泽东"调查就是解决问题"方法论的深入探讨。储昱祺和姜奕廷同学分别就《论十大关系》中提到的工业与农业的平衡,以及经济发展中不应忽视基本生活资料生产的重要性发表了见解。他们的观点反映了经济发展需要全面考量社会的各个方面。曾子洁和陆凌淇同学则从中国国情出发,强调了重工业、轻工业、农业在国家发展中的重要性。他们提出的观点,不仅体现了对历史经验的吸取,还展示了对中国特色社会主义道路的深刻理解。

方华副校长对学生们的观点进行了精辟总结,并抛出了关于工业和农业发展顺序的问题,引导学生们进一步思考。欧阳优子同学回应了方华副校长的问题,深入探讨了农业在整个生产体系中的重要作用。

方华副校长最后从三个方面深入分享了他对《论十大关系》的理解,强调了这一著作在经济建设探索时期的价值。他还鼓励学生们将理论与实践相结合,通过社会调查研究来深化对专业知识的理解。

这次课堂不仅是对《论十大关系》的深度解读，也是一次对毛泽东思想和中国特色社会主义理论体系实际应用的讨论。通过学生的热烈讨论和老师的深入指导，这堂课不仅是一次知识的传递，更是一场思想火花的碰撞。

(二)教学感悟

2022级国际金融与银行专业娄咏妍：

方老师一针见血地指出了我在思考理论方式上的问题，关于"实地考察"的实践建议也给了我很大的启发，告诉我在得出结论前应该去深入调研。

2022级保险精算专业高孟思远：

方老师根据《论十大关系》提出的历史背景，旁征博引，结合我们在上海财经大学学习的经验，启发我们：大学的学习，应该深入实际，理论与实践相结合，千万不能从理论到理论。这节课对我改进学习方法提供了重要帮助。

2022级国际金融与银行专业尹悦灵：

方老师对我们讨论《论十大关系》中的疑惑，给予了耐心细致的分析与解答。我最开始是结合现实生活对"十大关系"中的第一个和第二个关系进行分析和总结，但在听完方老师的剖析后，发现自己对《论十大关系》经典的解读，太浮于表面，不够通透。

文化自信与时代创新

(一)现场教学报道

2023年12月11日,朱鸣雄副书记走进二教301教室马克思主义学院周杰老师主讲的"马克思主义基本原理"课堂,周老师以"坚定文化自信,创造属于我们这个时代的新文化"为题展开讲授。

课程开始前,周杰老师邀请朱鸣雄副书记为本学期辩论赛的获奖者颁发纪念品。这次辩论赛是"马克思主义基本原理"课程的一部分,旨在通过实践教学活动,提高学生们的综合素养。辩论赛选题为"去哪里更重要还是和谁去更重要?"和"美是客观存在还是主观感受",采用国际辩论赛通用的新加坡赛制和奥瑞冈赛制进行。本学期经过全班票选,最终选出2支最佳辩论团队、4位最佳辩手和15位最佳发言人。

颁奖结束后,朱鸣雄副书记开始了本学期双师课堂的主题讲座。作为一名"上财老学长",他通过"文化、自信、坚定、创造、宏观、中观、微观"七个关键词引导同学们深入理解文化的传承与发展。他分享了《长河千帆过——中华文化思想源流》等著作,以及孙冶方、马寅初等财经专家的文化传承,强调文化是历代传承下来的宝贵财富。同时,朱鸣雄副书记通过讲解上财校训"厚德博学,经济匡时"的历史文化故事,生动地阐述了文化在宏观、中观和微观层面的内涵。

朱鸣雄副书记最后强调,"朝前走,不要往后退",勉励学生们要秉持科学理想信念,坚定文化自信,与时代共进,助力中华民族现代化文明不断发展。

(二)教学感悟

2022级统计实验班张致远：

在今天的双师课堂上，朱书记分享了他对文化和自信的深刻认识，结合"上财老校长"孙冶方先生以及校友、学长学姐的故事，与同学们进行互动问答。这不仅丰富了同学们对上财文化的理解，也增强了大家的荣誉感、归属感和自豪感。通过生动有趣的方式，师生一起深入解析了原本抽象乏味的名词和概念。朱书记以上财人的视角，展现了文化自信的内涵，并传递给了同学们对于学校、国家、文化的坚定和自信，引导同学们在习近平总书记领导下的新时代中成为自信的大学生、上财人。

2022级经济数学双学位专业李振瑞：

聆听完朱书记所讲的文化自信，我深感自豪和振奋。作为一名上海财经大学的学子，我深刻体会到上财文化对我们每个人的意义和影响。上财的深厚底蕴和独特的学科教育，不仅能让我接触到各个领域的优秀学者，还能充分发挥自己的潜力，培养对学术研究的兴趣。面对未来众多的竞争者，上财文化就是我自信的根基。文化自信还让我意识到自身的社会责任和使命，"厚德博学，经济匡时"是我们的校训，作为学校的一员，我也肩负着同等的责任，在学习和成长的过程中我们更应关注社会问题，为社会的进步和发展贡献一份力量。上财的文化自信激励着我们不断追求卓越，给予我们自信和勇气，更让我们相信自己拥有无限的潜能。未来，我将秉承文化自信，坚持努力，为上海财经大学的荣耀添砖加瓦！为社会发展和祖国建设贡献自己的一份力量！

怎样在工作中做一个好财经人

(一)现场教学报道

2023年12月4日18:00,何鹏程副书记来到三教402教室的"思想道德与法治"课堂,与马克思主义学院佘超老师一起为同学们讲授"怎样在工作中做一个好财经人"。

佘超老师在课程开始时提出了关于如何成为优秀建设者的问题,强调恪守职业道德的重要性。佘老师提到,正确的劳动观念和职业道德是职业生活的核心,涉及从业人员与服务对象、职业与职工,以及职业之间的关系。

作为一名上财学子,今后我们都将成为一名财经人,那么,我们应该怎样在工作中做一个好财经人?又应该怎样恪守财经职业道德?何鹏程副书记对这些问题进行了深刻讲解。何鹏程副书记在讲座中深入解读了职业道德的重要性,强调它是经济活动中非正式约束的关键,能有效引导道德行为。他还结合校训"厚德博学,经济匡时"讲述了创校校长郭秉文先生与校名题写者陈云同志的故事,强调诚信、清廉等品质的重要性,并鼓励学生传承上财的优秀文化品格。

此外,何鹏程副书记就如何"扣正'职业道德扣'"提出建议,强调作为上财人应持续秉承校训精神、传承廉洁基因、发扬厚德传统、践行匡时使命。他还鼓励学生们追求有高度、有境界的人生。在课程将要结束时,何鹏程副书记以两句对自身影响较深的名言警句作为课程总结。他表示,我们坚守道德不是为了将来的幸福,而是为了现在所拥有的幸福;一个人的职业生涯是很长的,只有坚守职业道德、坚守操守的人才会走得更远。

在学生分享交流环节,傅卓研、马文泉和邢开然三位同学分享了他们对财经职业道德的认识和遵守方式。随后,何鹏程副书记结合课程内容和个人经验,对同学们的观点进行了细致解读和回应。

最后,何鹏程副书记叮嘱学生们,在面对社会复杂性时,要坚守职业道德底线,提高灵活解决问题的能力,并在职业生涯中保持诚实守信,成为一名优秀的财经人。

(二)教学感悟

2023 级金融统计专业邢开然:

本次的双师课堂于我而言是一场非常别开生面、记忆深刻的思政课。在课堂上,何鹏程副书记用通俗易懂的语言,用真实发生的案例,用多年以来积累的经验,让我获得了一次在网络和课本上都无法获得的鲜活的、真实的、有实践价值的"职业道德"分享。何书记讲述的"崇高之理想""自律之信念""持之以恒之意志",让我收获颇丰。

2023 级保险精算专业韩旸:

何鹏程副书记的课堂不是局限于书本知识,而是用自己多年的从业经历,向我们展示了如何成为一位清廉正直的优秀金融从业者,我希望在我未来走上就业岗位后能够依旧铭记他今天所讲授的内容,争取做一个好财经人。正如最后佘超老师所讲,何鹏程副书记今晚的授课内容可以让我们一生都受益。

2023 级保险精算专业徐韵斐:

很有意义的一堂课!何鹏程副书记的讲述很亲切也很真诚,我们切身感受到了职业道德的重要性,身边人的真实故事,也让我感受到了职业道德与我们的距离很近。何鹏程副书记与佘超老师一起讲的这堂课坚定了我的信念,让我在未来的职业道路上,坚守底线和原则。

历史连接现实

(一)现场教学报道

2023年12月6日,校长助理、金融学院党委书记刘莉亚走进"中国近现代史纲要"课堂,与马克思主义学院刘凝霜老师一同为同学们带来了一场"历史连接现实"的精彩讲解。

刘凝霜老师讲述了新中国成立以后,面对来自国内、国际的复杂形势和严峻考验,中国共产党和人民政府为建设新中国所采取的一系列政策措施。其中,重点以"银元之战"为例,向同学们介绍了新中国的第一场经济战役,并通过讨论"新中国工业化的战略选择"问题,强调了实现国家工业化这一战略目标的重要性和必要性。

通过回顾历史,不难发现,经济金融建设始终是党和国家发展的重要工作之一。随后,刘莉亚教授走上讲台,在简要回顾历届全国金融工作会议内容的基础上,以"第六次中央金融工作会议学习"为主题,把同学们的目光和思绪从"历史"引入"现实",并结合许多丰富的金融实践案例,具体从金融地位、监管与风险、金融高质量发展、金融安全、资本市场、地方金融监管、金融机构、金融对外开放等多个视角,引导同学们走入了一个专业的学习维度。她总结了第六次中央金融工作会议有几个重要"首次",即首次更名为"中央金融工作会议",首次提出"金融强国",首次明确"中国特色现代金融体系",首次提及"房地产监管新模式",首次强调"国家金融和经济安全"。最后,刘莉亚教授鼓励同学们把专业学习、职业选择、人生理想与党和国家的重大战略相结合。

(二)教学感悟

2023级金融统计专业熊毅堃：

双师课堂是一种新颖有效的课堂模式，通过校领导走进课堂的方式，既让我们有了一个与校领导接触的契机，又使我们能有机会聆听专家教授们的精彩分享。双师的上课形式，为课堂增添了几分趣味性和多样性。刘莉亚教授对第六次中央金融工作会议精神的专业解读，既贴合了时事热点，也从金融的角度介绍了其所传达的信号，令商科生的我们受益匪浅。其中，令我印象最深的是关于加强金融监管方面的介绍，刘教授语重心长地告诫我们要遵守法律法规、坚守职业道德，做一名合格的财大人。

2023级经济学专业卫子惠：

在课堂上，我了解到党和政府提出优先发展重工业的战略眼光和伟大决策，从而带领中国经济发展壮大。在刘莉亚教授的授课中，我了解了中央金融工作会议在金融方面提出的重要内容。虽然这些对我来说略有陌生，但作为经济学的大一新生，我还是很高兴听到这些内容，看到新时代党和政府对金融发展的重视，增强了我将来学习专业知识的信心与动力。总之，这节双师课堂让我受益匪浅，我希望在大学四年中努力学习知识，不断提升能力，为国家未来的经济发展贡献绵薄之力。同时，我真心希望可以经常开设双师课堂，丰富课程形式。

2023级经济学专业施宇茜：

刘莉亚教授的讲座内容非常翔实，通过对比2017年和2023年两次中央金融工作会议的内容，让我了解到了我国近5年来金融行业的发展状况、存在的问题和未来的政策导向。例如，加强对中小金融机构的监管等。刘教授也提及了国内外的金融时事和未来行业有巨大发展潜力的部分，如数字经济和科技金融，这也为我未来的职业规划提供了方向。

共忆"三中全会":从宏大历史到个体经历

(一)现场教学报道

2023年12月18日下午,本学期最后一场"书记双师课堂"压轴亮相,上海财经大学校长助理、党委常委、组织部部长刘庆生老师走进"中国近现代史纲要"的课堂,与马克思主义学院李灵玢老师一起聚焦"三中全会",给同学们带来了一堂别开生面的主题分享课。

李灵玢老师首先抛出"45年前的今天中国发生了什么大事"的问题,引导同学去回忆1978年十一届三中全会,接着简要介绍"三中全会"召开的目的与作用,以及自十一届三中全会以来历届三中全会的历史背景、核心议题与决议内容,通过找"相同"与"不同"的方式指出每届三中全会都有其独特的历史任务,每届主题内容既有承接也有变化,但万变不离其宗,都是为了国家富强、人民幸福。

在接下来的"三中全会你、我、他"的讨论中,由同学们填写的"三中全会"问卷调查结果被公布,绝大多数同学认为"三中全会"对自己和家人都产生了重要影响。

此时,刘庆生老师接过话筒,以"同学"的身份和在场师生分享了他自己感受最深的几届"三中全会":刘老师从十一届三中全会谈起,讲到位于家乡贵州的三线建设工厂在1978年后如何在市场化转型的过程中实现自身的转型,进而呈现当年家电市场如火如荼的发展状态。提到十二届三中全会时,刘老师联系学校由上海财经学院升格为大学的这段校史,讲解社会主义商品经济的新定位如何为财经高校的全新发展打开空间。提及十四届三中全会时,刘老师从"上财人"的视角回忆起填报志愿时如何根据国家经济的发展形势选择了经济学方向。在论及最近几届三中全会的时候,刘老师以"过河"为喻,生动形象地解释了中国的体制改革为何会"由浅入深""由深入浅"。面对学生关于学习和求职的问题,他殷切叮嘱同学们在大学期间要注重读书、体育、美育,开拓视野,全面发展,度过充实的大学生活;并鼓励大家不要安于现状、得过且过,也不要盲目地焦虑浮躁,而要放眼长远,把握历史大势,坚信中国发展的光明未来,并为之做好充分的知识储备和思想准备。

本次"双师课堂"通过对历届"三中全会"的多角度解读与分享,融合了时代与个体,沟通了历史与现实,增进了师生间的交流,实现了思政课程的入耳、入脑、入心。

(二)教学感悟

2023 级工商管理专业刘熙蕾:

双师讲堂,带来的是"1+1>2"的呈现效果。李老师通过分享课前问卷调查结果将我们领入了三中全会的深入学习中。刘老师结合亲身经历谈三中全会、谈国家经济形势、谈上财学子如何完善自我,娓娓道来,引人入胜。相较于高谈阔论专业知识和理论,老师的叙述方式更加平易近人,是有温度的、有关怀的,而非冰冷的,从点点滴滴中让我们体悟到改革开放这一宏观的政策、宏大的命题是怎样影响每一个个体的,令人深感触动。

2023 级国际经济与贸易专业周靖恺:

这次双师课堂最打动我的地方,在于刘老师将国家总体战略方针、时代背景等外部环境与我们大学生个人的未来发展相结合。在这个时代下,大家的学习方向越来越功利化,选课的主导因素不是自己的兴趣,而是某个老师给分怎么样、作业量大不大。然而在成绩之外,我们不能忽略个人主动学习、提升自我综合素质的意愿。正如刘老师所说,在未来发展的格局下,学习的广度越发重要,我们要广泛学习,将本专业的内容与当下时代话题相结合,正如 30 多年前的上财一样,只有把握住时代的潮流,才能取得成功。

在改革中做忠诚、干净、勇于担当的党的青年生力军

（一）现场教学报道

2024年6月3日上午，校党委常委、组织部部长周国良（现任校党委副书记、组织部部长）走进武东路T5教室，以"新时代全面从严治党进行时"为主题，与马克思主义学院符豪老师一起为同学们带来了一堂别开生面的"习近平新时代中国特色社会主义思想概论"课程。

适逢全党开展党纪学习教育活动之际，符豪老师以此切入，讲解了中国共产党人为跳出治乱兴衰历史周期率所做的努力：毛泽东同志找到"民主"这条道路，让人民来监督政府；新时代以来，党找到了"自我革命"这个答案，以反腐败进行最彻底的自我革命。党的十八大以来，各方面反腐力度空前加大，成效显著，《中国共产党纪律处分条例》是加强党的纪律建设的基本法规，为全面从严治党提供了更严密的制度保障，也为同学们了解管党治党最新要求提供了窗口。

随后，周国良老师从四个方面对全面从严治党的最新要求进行讲解，他语重心长地表示，同学们进入财经相关行业工作，要严于律己，始终强化风险意识，严守财经纪律、廉洁纪律，这就需要我们对全面从严治党的理论学深悟透。要敬畏规律、敬畏制度。制度不仅告诉大家能做什么、不能做什么，还告诉大家怎么做、如何更有效地做事。党纪学习的重要意义就是以制度建设帮助年轻党员成长，帮助大家防控风险，成长为祖国的建设者和社会主义接班人。绝大多数同学在10—20年之后可能会成为金融企业、国有企业或政府机关党员干

部，因此必须对我们党的建设基本理论和实践有最深入的了解，对全面从严治党这个鲜明的党建主题有深刻的认识，对人生道路的选择做出准确判断，在社会实践中为党和国家发展贡献力量。

课程结尾，周国良老师总结，全面从严治党的目标之一，是要培养一批为人民服务的忠诚、干净、勇于担当的干部，上财学子一定也会成为这支队伍中重要的生力军。历史的重任就在各位的肩头，只有树立远大理想，秉持理想、信念、初心不断成长，才能成为值得党和国家信任、不负党和人民期望的财经栋梁人才！

(二)教学感悟

2022级经济法专业窦泰然：

这次"书记双师课堂"不仅形式新颖，而且内容充实、富有启发性。它像一颗璀璨的明珠，镶嵌在原本就精彩纷呈的"习近平新时代中国特色社会主义思想概论"课程中，使之更加熠熠生辉。通过这次学习，我深刻认识到，在新时代全面从严治党的背景下，我们作为青年学子，应当更加坚定地拥护党的领导，深入学习党的政策方针。衷心期盼"双师课堂"这一创新的教学模式能够在上财持续发扬光大，为更多学子带来智慧的启迪和心灵的滋养。

2022级国际金融专业张君帅：

周国良老师在向同学们介绍我党从严治党事业的同时，不忘向我们提供宝贵的人生建议，使我受益良多。令我印象深刻的是最后的同学提问环节，在谈到人情与从严治党时，周老师结合自身经历和入党誓词向我们诠释了何为"随时准备为党和人民牺牲一切"，令人振奋。

2022级国际金融专业薛雨禾：

周老师从中纪委二十届三中全会精神，党纪学习教育，打造忠诚、干净、勇于担当的高素质专业化干部队伍以及把制度建设贯穿到党的各项建设之中等方面诠释了全面从严治党的纵深发展，教导我们以合规为先，在任何情况下坚决杜绝一切利益瓜葛。作为上财学子，在未来从业生涯中要坚定不移跟党走，推进清廉金融文化建设，弘扬金融清风正气，本次全面从严治党的教育学习让我获得很多启发。

新一轮增量政策激发中国经济发展新活力

(一)现场教学报道

2024年12月5日下午,校党委常委、副校长刘莉亚教授走进三教304教室"中国近现代史纲要"的课堂,与马克思主义学院副教授刘凝霜共同授课,为同学们带来了一场"历史连接现实"的精彩讲解。

自新中国成立以来,经济发展始终是党和国家建设的重要工作之一。刘莉亚教授首先走上讲台,以"新一轮增量政策的经济逻辑与研究问题"为主题,通过分析2024年9月以来召开的几次重要经济工作会议的精神和政策导向,向同学们介绍了当前我国新一轮货币政策和财政政策在宏观调控中的定位,并从"货币政策配合增量财政政策实施,协同空间扩大""货币政策助力提振资本市场,创设结构性政策工具""货币+财政组合拳助力房地产止跌回稳"三方面,解读了新一轮增量政策协同实施的具体实践与逻辑分析,由此引导和鼓励同学们及时关注党和国家的大政方针、最新理论成果,拓展学习维度。

紧接着,刘凝霜老师把同学们的思绪从"当下"引入"历史",带领同学们回顾自新中国成立以来我国经济政策的历史演进和经济建设的经验成效。刘老师以新中国成立初期面临的问题与考验为历史背景切入,阐述了党在过渡时期的总路线,并就如何理解和认识当时中国选择的社会主义工业化道路和重工业优先发展战略作为课堂讨论,鼓励同学们积极发言、分享观点,在此基础上引导同学们进一步理解社会主义基本制度在中国建立起来的重要意义。

(二)教学感悟

2024级会计学专业董昕瑶：

"双师课堂"能将众多来自不同领域但具有一定关联度的知识融合在一堂课中,使同学们的思绪徜徉在古今中外之间,这种具有创新性的教学方式使同学们对所学知识的记忆更加深刻。刘莉亚教授对我国宏观经济政策、货币政策的调整做了切中肯綮的解读,为我打开了经济学殿堂的大门。

2024级会计学专业张之瑜：

"双师课堂"的授课模式让我在学习"中国近现代史纲要"课的同时,进一步了解到与我自身专业更加相关的、经济领域发生的历史事件及影响。这也带给了我启发,我在大学学习的课程都可以与自身的专业融会贯通,构建起自己的知识体系框架,培养不同的思维方式,让自己能够从更多角度去思考问题、解决问题。

2024级会计学专业赵王尧：

这节课使我在学习中国近现代史的同时,对我国财经领域改革的历史也有了更加深入的认识。刘教授通过生动的案例,为我们详细地讲解了中国财经领域的改革,我也对我国的货币政策、财政政策等政策制度的制定有了进一步了解。此外,刘教授还讲授了我国房地产行业在财经领域的相关变革,如财税政策的改变对房地产市场的刺激作用和深远影响等,令我印象深刻,让我了解到财经领域的改革对各行各业都有着重要意义。

2024级会计学专业孙诗曼：

"双师课堂"是一种创新的教学形式,这堂课让我有了新的体验与想法。两位主讲老师都是学科领域的专家,教学经验丰富,授课方式生动有趣,极大地拓宽了我的学习视野。

推动改革开放再上新台阶

(一) 现场教学报道

2024年12月12日下午,校党委常委、副校长刘庆生走进"毛泽东思想和中国特色社会主义理论体系概论"课堂,与马克思主义学院王伟杰老师共上一堂课,本次课程的主题是"改革开放与邓小平理论"。

王伟杰老师首先向同学们介绍了上海财经大学思政课改革创新品牌——"双师课堂"的背景、内涵与实施方式。接着,他从改革的经济动因、农村政策转向、对外引进的扩大、出国考察潮等多个维度阐述了改革开放的缘起。

随后,刘庆生老师走上讲台,以改革开放见证者和参与者的身份,分享了他的深刻感悟。他首先从自己家乡贵州的三线建设工厂谈起,追溯了改革开放给家乡和整个社会带来的深远影响。在谈及如何理解改革开放时,他引用了"不管黑猫白猫,能捉老鼠就是好猫""摸着石头过河"以及"社会主义的本质论"等关键理论思想,为同学们揭示了这一伟大历史变革的核心要义。他特别强调,2024年7月召开的二十届三中全会具有里程碑意义,将推动改革开放再上新的台阶。课程的最后,刘老师向在座的同学们表达了真挚期望,鼓励大家培养多方面的能力,以适应新兴技术带来的巨大变革,更好地实现个人的人生价值。

(二) 教学感悟

2023级工商管理专业彭家琨:

这节以"改革开放与邓小平理论"为主题的思政课,由刘庆生副校长与王伟杰老师共同

授课,刘庆生副校长分享了自己成长在改革开放的初期,工作在改革开放进一步深化的进程中的故事与所思所悟,他讲到个人不被时代吞没而能做的就是提升自己的能力,德智体美劳全面提升,这让我进一步加深了对未来个人发展的思考,"双师课堂"将校领导的实践经验引入课堂,打开了我的眼界。

2023级保险学专业刘盈盈：

今天的课堂采用了一种非常新颖的方式授课——双师授课。不同于常规课程的单一视角,双师授课可以让我们从不同的角度观看"改革开放与邓小平理论"这段历史。由于刘老师经历过那个改革创新的时代,所以他能以更加生动的语言和自豪的情怀将邓小平"南方谈话"后的历史娓娓道来;而王老师是专业的思政课老师,所以授课内容更加专业。可以感受到,两位老师都为这节课程做了充足的准备,为我们带来了不同风格的授课方式。

2023级保险学专业张馨潼：

刘庆生老师围绕"改革开放与邓小平理论"的主题展开的生动授课,令我收获颇丰。在课堂上,他通过自己的亲身经历为我们阐述改革开放的艰难过程,同时也通过生动的实例展示了改革开放带给经济及国际格局的积极作用,这让我对改革开放的历史背景和巨大成就有了更深刻的理解。改革开放不仅仅是中国经济腾飞的起点,更是中国社会、文化和人民生活改善的重要助推力。作为新时代青年,我们不仅要感恩前辈们的奋斗,还要在新时代的背景下发挥自己的力量,为祖国建设铺路架桥,为祖国发展添砖加瓦!

以正确的择业之道实现高质量充分就业

(一)现场教学报道

2024年12月16日下午,校党委常委、统战部部长褚华来到一教211教室的"思想道德与法治"课堂,与马克思主义学院佘超老师一起为同学们讲授"上财青年的择业之道"。

佘超老师指出,当前的青年就业面临着阶段性的压力和职业适应过程中的进一步挑战。就业关乎民生福祉,不仅牵涉大学生自身和千家万户的利益,也影响国家和社会的发展。习近平总书记对此高度重视,在2024年的二十届中央政治局第十四次集体学习中,他强调了促进高质量充分就业的重要性,并明确了劳动者自主就业、市场调节就业、政府促进就业和鼓励创业的方针。

在这个背景下,就业择业尤为重要。作为上财学子,我们应该怎样选择职业?现阶段我们需要为顺利走进职业生涯做哪些准备?褚华部长结合2024年中央经济工作会议与2025届全国普通高校毕业生就业创业工作会议的重要精神,向同学们详细解读了关于就业的重要战略部署,并深入剖析了当前的就业形势。强调在挑战与机遇并存的环境下,同学们需要紧跟政策导向,积极准备,提升自我,以正确的择业之道实现高质量充分就业。

褚华部长强调,就业是一个持续伴随生涯与职涯发展的过程,这要求我们应该不断学习积累、实践探索以及适时而适势的选择,而非仅仅作为阶段性的准备和抉择。在大学低年级这一职业生涯的起步阶段,我们应深入开展自我认知与职涯规划,明确自己的兴趣与潜能,树立家国情怀,紧跟时代步伐,形成正确的就业观与择业观。

最后，褚华部长强调，我们还要通过积极参加实践活动，探索多种可能性，以不断提升自身能力和交叉学科素养。就业是一个高度个性化的过程，其满意度取决于人与岗位的适配程度。因此，我们应勇于向有关专业人士提问与学习，积极寻求专业的指导与帮助，从而为自己将来的职业生涯奠定坚实的基础。

(二)教学感悟

2024级商务英语专业毛靖茹：

通过褚华老师和佘超老师的"双师课堂"，我学到了很多。首先，我们要通过国家政策了解形势的变化，紧跟时代潮流，了解目前的就业市场从而让我们能够选择有潜力的行业。其次，我认识到就业和学习并不是某一阶段的事，而是需要我们终身思考和学习的。作为大一新生的我们应该探索自己的兴趣爱好，找到自己的职业方向，为国家和社会做出贡献。

2024级商务英语专业严语彤：

在"思想道德与法治"课堂上，褚华老师与佘超老师一起为我们开展了一堂别开生面的"双师课堂"。褚华老师强调了紧跟时代步伐的重要性，鼓励我们要密切关注就业市场的最新动态，积极参与学校举办的生涯规划活动，尤其是要通过实地参观和座谈访问等形式，近距离体验企业环境、感受企业究竟做哪些工作、需要我们掌握什么技能等，以此加深我们对职业的认识与理解，从而明确自己的生涯规划方向。褚华老师以其丰富的经验为舵，为我们扬起了职业规划之帆，引领我们在生涯规划的征途上不断前行。

2024级商务英语专业张铭涓：

很荣幸今天能有机会听到褚华老师的讲课，令我受益匪浅。今天下午的课堂十分轻松愉悦，褚老师不仅向我们展示了近几年的就业数据，还分享了许多心得和职业规划建议，让我们对未来更加清晰和坚定。令我印象最深刻的是褚老师强调了自我认知的重要性,她鼓励我们要根据自己的兴趣选择未来的职业方向,不要过早给自己的人生设限。褚老师强调学习是终身的,这也使我更加坚定了不断学习、持续提升自我的决心。十分感谢褚华老师与佘超老师为我们提供的指导和帮助,我相信这些宝贵的经验和建议,将对我今后的择业与就业产生重要的影响。

二、教研心得

创新思政课组织形式,优化思政课教学内容

——"书记双师课堂"的教学启示

上海财经大学在过去数年来"书记系列"品牌和平台的基础上,在 2023 年新创设"书记双师课堂",由一位校党委常委或各级党组织书记加一位思政课教师组成,根据具体的讲授内容进行充分沟通打磨,呈现为课堂上的共同演绎和默契配合。通过"书记双师课堂"的方式,学校领导陆续走进结对的思政课教师课堂,第一时间将理论学习成果转化为宣讲党的创新理论的鲜活案例,将理论学习过程与走进师生、大兴调查研究过程无缝对接。到目前为止,包括校党委书记许涛、校长刘元春在内的全体领导班子成员多次走上思政课讲台,与马克思主义学院思政课教师共备思政课、共上思政课,助力推动思政课教育教学增质提效和改革创新。概括起来,上海财经大学"书记双师课堂"教育教学改革创新的经验主要体现在以下三个方面。

第一,发挥"关键先生"关键作用,创新思政课组织形式。青年大学生思维活跃,对新鲜事物有着强烈的好奇心与接受度。传统思想政治理论课授课形式较为单一,难以激发学生的兴趣和参与度。"书记双师课堂"采取"一名校党委常委+一名思政课教师"结对子的形式,针对课程某一专题结对备课、结对授课,能够充分发挥校领导等"关键先生"在学术素养和实践经历方面的独特优势,更能够增强思政课的影响力和感染力。这种思政课组织形式的创新,有助于吸引学生的注意力,是思政课教学改革创新的有益尝试。

第二,促进观点碰撞,丰富课堂教学内容。传统的思政课讲授形式由一位老师主导展开,由于老师的教育、学术、实践背景较为单一,难以形成对同一问题的多角度思考。"书记双师课堂"通过不同角色和专业背景的校领导、专业老师结对合作的形式,能够充分就某一问题展开多维分享、讨论和碰撞,在不同观点和思想之间的交流与辩论,有助于帮助学生从多个侧面思考和认识同一问题,加深学生对课程内容的理解,促进学生独立思考和批判性思维的形成。

第三,提高学生的参与度,增强学生获得感。提高思政课的针对性和吸引力,需要从提升学生在思政课教学过程中的获得感入手。"书记双师课堂"的创新设计从角色合理分工开始,两位老师在明确各自的角色和职责基础上,充分考虑最大化利用两位教师的专长,在共

同备课环节中确保教学内容的深度和广度,以及教学活动的连贯性。在实际授课中,充分利用校领导丰富的实际工作经验和教师的理论知识优势,通过案例研讨、分组讨论、答疑和提问等形式,鼓励学生提问和发表意见,增加课堂的实践性和互动性,学生的参与度和获得感明显提高。

三、理论探索

"书记双师课":"双师课堂"应用于思政课程的探索①

"双师课堂"教学模式有来自基础教育和职业教育两个不同学段的两种起源。将"双师课堂"应用于思政课教学过程,有助于落实"大思政课要善用之"和领导干部进课堂、上讲台的要求,也有助于推动学生身边的先进典型、榜样人物、优秀朋辈分享交流。上海财经大学探索创设"书记双师课"是"书记谈心"系列活动的纵深拓展,也是探索思政课"双师课堂"教学模式的具体实践,承载了"将思想政治工作做到学生心坎上""把青年工作作为战略性工作来抓"的重要功能。形成了三方面的实践经验:一是发挥"关键少数",创新思政课组织形式;二是"双师"互相配合,优化思政课教学内容;三是关注学生获得感,评估思政课教学效果。这一教学模式的进一步完善,需要精心做好课程的顶层设计;充分准备、双师沟通、配合默契;及时收集学生反馈意见;广泛吸纳各二级党组织负责人走进课堂。

(一)引言:"双师课堂"的两个起源

双师课堂,就其字面含义而言,系指两位教师共同完成授课的一种教学模式。从相关研究文献的整理来看,这一概念在基础教育和职业教育两个不同学段各有两个独立起源。

一是在基础教育阶段,受限于优质师资队伍的区域不均衡,当具备如下条件后,全国范围内逐渐兴起了"双师课堂"或称为"双师教学"的尝试。其一,互联网技术应用普及及随之而来的"互联网+教育"的浪潮。作为推动教育现代化变革的重要技术力量,互联网技术革命促成了传统教学模式的变革。网络技术让知识的世界也随之"变平"了,从最初的远程教育到当前的智慧化教学,云端的链接打破了教育的时空边界,推动了教育资源趋向区域均衡。其二,我国农村地区是基础教育发展的薄弱环节,中西部地区优质教育资源的供给严重不足。在脱贫攻坚的伟大历史进程中,教育扶贫是其中的应有之义,由此明确提出了义务教育均衡发展的目标要求。在东西部对口协作帮扶过程中,将发达地区优质师资通过互联网平台导入欠发达地区,借助于"双师课堂"的协同发力,达到"一块屏幕改变了乡村教育生态"②的效果,借助于互联网技术来弥补东西部在教育资源上的鸿沟成为可能。

---

① 本文发表于《党政论坛》2024年第2期,发表时有所改动,作者:曹东勃、王佳瑞。
② 程盟超:《教育的水平线》,《中国青年报》,2018-12-12(9)。

二是在职业教育阶段,受限于职业教育教师队伍自身对理论教学与技能实践方面存在"脱钩"的现实困境,为更好推进产教融合和产学研一体化,从校内教师理论讲解和校外企业跟岗实习的"两张皮"逐渐走向校外导师走进学校、走上讲台,与校内教师同上一堂课的"双师课堂"模式。《教育部办公厅关于做好职业教育"双师型"教师认定工作的通知》规定,将正式聘任的校外兼职教师纳入了职业教育"双师型"教师认定的范围内①,这意味着职业教育对于产教融合的规范化要求,不仅是对校外兼职教师身份的认定,也是对其职业教育人才培养工作的认可。此外,在应用型本科高校转型发展过程中,也赋予了"双师"队伍两种内涵:一是"双师结构",即校内专任教师与地方企业兼职教师;二是"双师素养",即校内任职教师既是讲师又是技师。② 高质量"双师"师资队伍建设的要求是培养本科层次应用技术型人才的关键,同时,在应用型大学理论课堂中,对"双师课堂"这种校内外教师共上一堂课的教学模式有了进一步探索。

(二)思政课程:"双师课堂"的拓展应用

思想政治理论课是用习近平新时代中国特色社会主义思想铸魂育人的主渠道。大学阶段的思政课重在增强学生的使命担当,而以单向度灌输为主的传统授课方式,已经不能满足新时代对于思政课高质量教学的全新要求。思政课教学改革创新的突破点在于打破两个"单向度":一是单向度的灌输说教,二是单向度的教师视角。这也就意味着需要引入其他维度,而从中央和教育部关于高校思政课教学和马克思主义学院建设的相关文件精神来看,也明确提出了这两方面的要求。2021年,中共中央办公厅印发的《关于加强新时代马克思主义学院建设的意见》强调指出,牢固树立全员、全程、全方位育人理念,建立协同育人机制,实现课程思政与思政课程同向同行、日常思政工作与思政课程同频共振。③ 2022年8月,教育部等十部门印发的《全面推进"大思政课"建设的工作方案》提出,要构建"大师资体系",建设"专兼结合"的师资队伍,积极聘请党政领导、科学家、老同志、先进模范等担任思政课兼职教师。④ 因此,基于"双师课堂"在我国基础教育阶段和职业教育阶段富有成果的实践应用,为我国高等教育阶段思政课改革创新过程中引入"双师课堂"教学模式提供了可资借鉴的宝贵经验。

第一,"双师课堂"模式有助于落实"大思政课要善用之"的要求。2021年3月6日,习近平总书记看望参加全国政协会议的医药卫生界、教育界委员时提出:"思政课不仅应该在课堂上讲,也应该在社会生活中来讲""'大思政课'我们要善用之,一定要跟现实结合起来。上

---

① 中华人民共和国教育部:《教育部办公厅关于做好职业教育"双师型"教师认定工作的通知》,http://m.moe.gov.cn/srcsite/A10/s7034/202210/t20221027_672715.html,2022-10-25。
② 李天源:《应用技术型本科高校教师"翻转"课堂的困境与出路》,《教育评论》,2015年第9期。
③ 《中共中央办公厅印发〈关于加强新时代马克思主义学院建设的意见〉》,https://www.gov.cn/zhengce/2021-09/21/content_5638584.htm,2021-09-21。
④ 《教育部等十部门关于印发〈全面推进"大思政课"建设的工作方案〉的通知》,https://www.gov.cn/zhengce/zhengceku/2022-08/24/content_5706623.htm?eqid=fc7bcf6c0004660b00000002645605fa,2022-07-25。

思政课不能拿着文件宣读,没有生命、干巴巴的。"①这实际上指明了高校思政课改革创新的重要方向。一是学校课堂与社会的"大课堂"有机融合。思政课的时空边界不应该局限于校内课堂,而是要拓展至企业、社区、红色基地、田间地头、工厂车间等广阔的社会天地。思政课是要将马克思主义的观点、立场、方法传授给学生,而脱离社会实际的空讲难免陷入凌空蹈虚、空洞无物、缺乏说服力的境地,只有将理论与社会现实融合起来,才能焕发思政课堂应有的活力。二是教材语言向教学语言、政策话语向生活话语的表达方式转换。政策文件的话语特征是精辟、凝练,也正因如此,它需要充分的解码,才能够为未经世事的青年大学生所理解,才能够有助于他们在抽象的政策意图和鲜活的社会现实之间建立起密切关联。这就对思政课教师的政治判断力、领悟力提出了更高要求。三是大思政课专兼职教师队伍的积极协同。"大思政课"虽然更加聚焦于"课",但这一"课"的时空场域是恢宏壮阔的,是旨在打破学校与社会之间有形无形的藩篱,打破课堂教学的时空限制。因此,大思政课的教师主体不再只有思政课教师,而是要充分调动校内各类师资和校外各行各业的优秀人才的积极性。

第二,"双师课堂"有助于制度化、常态化落实领导干部进课堂、上讲台的要求。领导干部走进高校、走进课堂、走上讲台,是中央长期以来高度重视高校党建和思政工作的一贯要求。2015 年,中组部、中宣部和教育部联合下发的《关于领导干部上讲台开展思想政治教育的意见》指出,要充分认识领导干部上讲台的重要意义,既是中央的明确要求,也是加强高校党建和思想政治工作的重要举措。② 2019 年,习近平总书记在学校思想政治理论课教师座谈会上强调:"学校党委书记、校长要带头走进课堂,带头推动思政课建设,带头联系思政课教师。"③2020 年,教育部第 46 号令中指出:高等学校可以实行思政课特聘教师、兼职教师制度。鼓励高等学校统筹地方党政领导干部、高等学校党委书记校长、院(系)党政负责人等讲授思政课。④《高等学校思想政治理论课建设标准(2021 年本)》中明确规定,学校党政主要负责同志每学期至少给学生讲授 4 个课时思想政治理论课。高校领导班子其他成员每学期至少给学生讲授 2 个课时思想政治理论课。可以说,"思政课教师+领导干部"的"双师课堂"模式,既是落实中央文件精神的重要举措,也是发挥思政课教师主体性、创造性的有效形式。首先,"双师课堂"中的领导干部,不仅是让各级党政领导作为一次思政课的参与者,更重要的是在日常教学过程中让学校党政领导履行带头上好思政课的责任和义务。领导干部利用思政课建设的第一责任人的特殊身份下沉到意识形态工作和思想政治教育第一线,既

---

① 杜尚泽:《"'大思政课'我们要善用之"(微镜头·习近平总书记两会"下团组"·两会现场观察)》,《人民日报》,2021-03-07(1)。
② 中华人民共和国教育部:《中共中央组织部 中共中央宣传部 教育部关于领导干部上讲台开展思想政治教育的意见》,http://www.moe.gov.cn/srcsite/A12/moe_1407/s253/201507/t20150731_197069.html,2015-07-27。
③ 《习近平主持召开学校思想政治理论课教师座谈会强调 用新时代中国特色社会主义思想铸魂育人 贯彻党的教育方针落实立德树人根本任务》,《人民日报》,2019-04-19(2)。
④ 《新时代高等学校思想政治理论课教师队伍建设规定》,http://www.moe.gov.cn/srcsite/A02/s5911/moe_621/202002/t20200207_418877.html,2020 年 1 月 16 日。

能提升理论的深度、高度与温度,也能把握高校思政课建设中的短板、思政课教师授课中的断点和青年学生思想的困惑。① 其次,各学校加强党组织对学校思政课的统一领导,落实党组织书记、校长带头抓思政课常态化机制,既是落实党中央对于加强新时代马克思主义学院建设的要求,切实加强党对马克思主义学院建设的领导,也是马克思主义学院内涵式发展、建设高质量思政课的有力支持。

第三,"双师课堂"同样有助于推进劳动模范、党代会代表、两会代表委员等各类身边先进人物、典型榜样走上讲台。榜样教育法是思想政治教育的主要实施方法之一。当前的思政课教学在运用榜样教育法时,更为常见的是教师自身以案例教学法的方式讲述各行业优秀榜样的先进事迹。从教育效果来看,相较于思政课教师的间接讲述,榜样走上讲台现身说法显然更具说服力、感染力,对学生产生的影响也更深刻、更久远。教育部多次强调,要鼓励高校统筹企事业单位管理专家、社科理论界专家、各行业先进模范以及名家大师和专业课骨干等讲授思政课。各行业先进模范、企事业单位管理专家等都可以成为思政课教师。以"劳模"和"大国工匠"为代表的先进模范走进高校思政课堂,可以将劳模精神和工匠精神融入高校思想政治教育中,进一步丰富思想政治教育课程的内容体系并与时俱进。企事业单位管理专家走进思政课堂,将学生职业选择、各行业道德规范教育等融入思政课教学,可以帮助学生树立正确的职业观。党代会代表、两会代表委员走进思政课堂,可以通过分享自身履职尽责的经验做法,让学生最直观地了解人民民主的深刻内涵。

此外,"双师课堂"还可以广邀优秀学生代表与教师联袂展示。向参军退伍返校大学生、支教大学生、优秀学生志愿者、学术之星等身边榜样学习,开展自我教育、朋辈教育,这也是高校思想政治工作的一条捷径。优秀学生代表走进思政课堂,担任"双师"中的"一师",结合自身成长成才历程分享交流,能够更加贴近学生,也更有助于转向以学生为主体的课堂教学。

(三)"书记双师课":"书记谈心"系列活动的纵深拓展

"书记双师课堂",是上海财经大学在2023年学习贯彻习近平新时代中国特色社会主义思想主题教育中推动领导干部走进课堂、走上讲台、开展调查研究的一项创新举措,也是过去数年来以"书记下午茶""书记面对面""书记备课会""书记讲习所""书记调研会"等"书记谈心"系列活动的一个新增品牌。"书记双师课堂"由一位校党委常委或各级党组织书记加一位思政课教师组成,根据具体的讲授内容进行充分沟通打磨,呈现为课堂上的共同演绎和默契配合。这种教学形式以往多为线上线下相结合,或校内教师与业界导师相结合,而作为"书记谈心"系列品牌中的一员,"书记双师课堂"被赋予了"将思想政治工作做到学生心坎上""全党要把青年工作作为战略性工作来抓"的重要功能。

"书记双师课堂"创意的源头,是上海财经大学自2018年以来为贯彻落实全国教育大会

---

① 张振芝:《论领导干部进高校讲思政课常态化机制建设》,《湖北社会科学》,2023年第3期。

精神搭建的书记谈心系列活动品牌,主要包括"书记下午茶""书记面对面""书记备课会""书记讲习所""书记手牵手"等。其中,"书记下午茶"立足于学校一线师生群体,以搭建校领导与海外归国教师人员交流互动的常态化机制为出发点,拓展了一线教师为学校发展改革建言献策的渠道,以其轻松、新颖、持续性的特点深受学校师生普遍欢迎。"书记面对面"旨在搭建校领导面向一线师生的交流平台,聚焦推动解决师生在思想、心理、生活、成长等方面的实际问题。"书记备课会"旨在推进学校思想政治理论课改革创新、落实习近平总书记关于"大思政课"的重要指示、推进"大中小学思政课一体化"建设工程,校领导和相关职能部门负责人走进马克思主义学院,与思政课教师开展集体备课、研讨综合改革。"书记讲习所"是新生开学典礼第一堂思政课的迭代升级,由校领导面向师生宣讲党的创新理论。"书记手牵手"主要聚焦于学校党委与地方党委的党建联建,推动学校区域化党建工作。

"书记谈心"系列活动连续开展5年来,学校思想政治教育工作逐步深入学校教学、科研、管理等各个方面,在师生中树立了良好的品牌声誉。"书记谈心"系列活动的生动实践表明,高校高质量开展思政工作需要找准着力点。一是落实高校主体责任。"书记谈心"系列活动始发于学校党委这一层级,此处的"书记"并不仅限于党委书记一人,而是扩展至党委常委、党委委员、各级党组织成员。自推出以来迅速拓展至各二级单位,打通了各个层级开展思政工作的壁垒,并进一步激活了基层党组织的活力。二是采取师生喜闻乐见的形式。"书记谈心"系列活动深入一线师生,构建多渠道、多样化的师生交流平台,针对学校教师,开展包括海归教师、后勤管理人员、辅导员、基层党务工作者、退休教师等在内的各类专题座谈会,聚焦高校教职日常工作生活关切点并以解决问题为导向;针对学生成长成才,以生涯教育、新生入学教育、毕业生教育等为切入点,为学生解答学业、生活、思想困惑,切实做到从"面对面"到"心连心"。三是促进"党建+思政课"的深度融合创新。学校党委要高度重视思政课教学工作,推动思政课程与课程思政同向发力。要落实中央对于校党委书记、校长走进思政课堂的要求,也要不断推动高校思政课改革创新。每学期开展"书记备课会",从校党委层面推动顶层设计,直面思政课建设在师资人才、课程建设、教师考评等方面的难点和痛点,联合各学校职能部门,共同推动思政课改革创新。

当前,高校党建工作明确提出了"一融双高"的新要求,即党建与业务深度融合,以高质量党建促进教育事业高质量发展。因此,各级书记(党务工作者)以更大力度主动抓思政课,特别是以常态化、制度化的形式走进课堂,与学生面对面开展思政教育,就是一种非常及时、必要、合宜的创新手段。上海财经大学以学习贯彻习近平新时代中国特色社会主义思想主题教育为契机推出的"书记双师课堂",是推动领导干部走进思政课堂的生动实践。从现有的实践探索来看,主要形成如下基本经验。

第一,发挥"关键少数",创新思政课组织形式。青年大学生思维活跃,有着强烈的好奇心和求知欲,对新事物接受度较高。高校思想政治理论课有着既定的课程体系,加之传统思政课授课方式较为单一,这就容易让学生对思政课产生"刻板印象",学生的"先入为主"会使得思政课的教学难度进一步增加。如何打破学生对于思政课固有的"偏见"？必须创新思政课教学组织形式,发挥"关键少数"的重要作用。校领导层面带头进课堂、上讲台,能够充分发挥这种"头雁效应"的引领作用,推动"书记双师课堂"走深走实。区别于讲座式的思政大课,不改变授课时间、授课地点、课程进度安排,校领导走进思政课堂,与思政课教师针对课程某一专题共同讲授。从教学组织形式上看,"双师课堂"本身有助于吸引学生的注意力,减少学生听课的倦怠感,加之校领导与授课教师的不同角色和专业背景,更能够增强思政课的影响力和感染力。"思政课的本质是讲道理,要注重方式方法。"[①]从这个意义上说,"书记双师课堂"是高校思政课教学方式创新的一种有益尝试。

第二,"双师"互相配合,优化思政课教学内容。形式与内容的辩证统一启示我们,教学形式上的创新要求教学内容也要做出相应调整。思政课本身具有鲜明的政治性,要想讲清楚中国共产党治国理政的道理,就必须将教材语言转化为教学语言。从思政课教学内容上看,既要紧扣教材,也要贴近学生实际。"双师"授课容易出现"两张皮"、各说各话的现象,因此,课前授课教师需要根据授课内容进行分工协作,思政课教师可以着重从学理性的视角进行理论分析,校领导则可以从通俗性的视角并结合学校发展、学生个人成长进行阐释。同时,在教学内容编排上要保持一定的连贯性,优化课程教学内容,启发学生自觉运用马克思主义的立场、观点、方法观察实际生活、解决问题。

第三,关注学生获得感,评估思政课教学效果。学生对于课堂教学的收获可以直观地反映出思政课的教学成效。大学生思政课获得感是评价高校思政课建设成效的重要标准,包括知识获取、方法掌握和责任确立等层次,其中,知识获取是基础层次,方法掌握是提升层次,责任确立则是升华层次。[②]通过"书记双师课堂",可以有效提升大学生思政课获得感。其一,课堂上通过课堂案例研讨、答疑和提问等方式加深学生对于理论知识的理解。其二,课后利用调查研究方法,通过座谈会、问卷等方式收集学生意见,根据学生意见及时调整并不断优化课程内容。

总之,谋划在先、行动在前、学以致用、知行合一,通过校领导班子带头深度参与"书记双师课堂",走入学生中间,别开生面的思政课程取得了良好成效。当思政课教师在课堂上以学校连续实施16年的"千村调查"为例讲解农业农村现代化这一问题时,鼓励学生到祖国最需要的地方深入实践、调研研究。许书记接过话筒,以"大力推动高质量教师队伍建设——我见证的历史片段"为主题,结合自身曾从事乡村教师服务和管理工作的经验,由他早年结识的几位优秀乡村教师的事迹说起,娓娓道来,将总书记关于教师队伍建设的重要论述特别是对乡村教师的关怀爱护进行了透彻讲解。"300多万乡村教师始终是1 800多万教师中工作艰辛、责任重大、使命光荣的一支重要队伍。15年来,上海财经大学研究生支教团的同学

---

① 《习近平在中国人民大学考察时强调 坚持党的领导传承红色基因扎根中国大地 走出一条建设中国特色世界一流大学新路》,《人民日报》,2022—04—26(2)。

② 周丽君:《内涵、价值、路径:刍议大学生思政课获得感的提升》,《教育理论与实践》,2023年第3期。

们,以真情真知,得到了贵州、云南、甘肃等支教所在地孩子们的真心喜爱,真正做到了把青春写在祖国大地上。"① 由此,鼓励学生将实现个人价值与服务国家战略有机结合,将青春梦想融入时代浪潮。

自主题教育开展以来,学校领导班子成员纷纷携手结对思政课教师走上讲台,结合主题教育读书班集中学习,把深学细研、学思践悟的学习结果转化为政治引领、模范带头的理论基础,分享实践调研工作经验,教育引导学生坚定理想信念。学生普遍对"书记双师课堂"的教学效果表示肯定,认为两位教师同堂讲授,切入角度不同,生命体验丰富,又能互为呼应,希望这类"联袂出演"可以在更广范围内经常性出现。

(四)余论:完善"书记双师课"模式的若干思考

"书记双师课堂"的探索刚刚起步,还存在诸多有待完善之处。就总体设计和技术细节而论,可以在如下四个方面加以注意。

一是必须精心做好课程的顶层设计,精准嵌入课程教学框架之内,不能临时起意、即兴发挥,不能迁就领导、反客为主,必须避免"两张皮"。思想政治理论课是落实立德树人根本任务的关键课程,采取"书记双师课堂"的教学模式并非削弱其学理性,而是整合和创新思政课话语解释力。学校党政领导干部讲授思政课具有先天优势,能够将学校发展的顶层设计有机融入思政课堂中,更好地启迪学生思考个人、学校与国家发展之间的关系,实现以理服人。思政课教师要整体做好课程教学的顶层设计,从教学目标出发,把握课堂进度,适时做好理论的补充和阐释。

二是必须充分准备、双师沟通、配合默契,做到无缝对接、合理分工、相得益彰,不能各自表述,避免首尾不能相顾。"书记双师课堂"是"双师课堂"在高校思政课教学实践上的拓展和应用。大多数情况下引入"双师课堂"是为了弥补教育资源的短缺、引入优质师资力量等,与普遍意义上的"双师课堂"不同,"书记双师课堂"是由内向外发力,思政课本质上是以课程内容为根本,所有的教学手段、教学形式都要服务于教学内容。因此,双师之间的有效沟通、分工协作、默契配合是完成一堂高质量思政课的前提条件。

三是必须及时收集学生反馈意见,召开多种形式的学生座谈会,根据实际不断改进方案,提升学生的获得感、满意度。"书记双师课堂"要充分把握不同高校学科特色和学情特点,通过学生座谈会等方式及时听取学生对于思政课学习的想法和意见。基于当期"双师课堂"的教学实践,在期末召开学生代表座谈会,学生针对教学内容及案例、师生互动交流、深度探究式学习方法等方面提出合理化建议。此外,要完善思政课教学改革,创新学生评价反馈机制,搭建多渠道、多样化的学生反馈机制平台,为思政课改革创新提供更加客观的基础数据材料。

四是必须进一步吸纳各院系党组织书记走进思政课,扩充"书记双师课堂"的师资队伍,

---

① 刘晶晶:《主题教育"知行并进",新设"书记双师课堂"》,《青年报》,2023-05-22(2)。

满足学生对于"书记双师课堂"教学频次的需求。通过一个学期"书记双师课堂"的教学实践,学生代表对"书记双师课堂"的评价多以形式新颖、内容十分有益、课堂氛围良好、期待接下来的双师课堂等正向反馈为主。不难看出,推出"书记双师课堂"的实践教学不仅提升了学生思政课获得感,而且激发了学生对于思政课堂的兴趣。因此,"书记双师课堂"要走深走实,各二级学院党组织成员的"加盟",思政课程与课程思政的碰撞交流,是一个极有必要且大有可为的新的空间。

第三章
思政主题大课

  思政主题大课是高校为落实立德树人的根本任务,围绕一个明确的主题内容,有计划、有组织地采取集中上大课、思政课专题讲等多种形式,并由师生共同参与的翻转式思政课堂,可供选择的主题内容包括财经、党建、支教、参军、法治等多个领域。思政主题大课作为高校落实习近平总书记"'大思政课'我们要善用之"的基本要求,是深化高校思想政治理论课改革创新的重要举措。上海财经大学十分注重思政课教学资源的整合、运用与转化,积极推动校内外优质思政育人资源对接学校思政课教学,并逐渐使之常态化、制度化、专业化。目前,在多个部门的指导与支持下,马克思主义学院每学期都会举办多次的思政主题大课,邀请包括研究生支教团成员、优秀退伍大学生、生产建设一线先进模范等进入课堂。

一、教学实录与感悟

"坚守使命百年路 经济匡时再启航"主题党课

(一)现场教学报道

2021年6月25日,上海财经大学举办的庆祝中国共产党成立100周年主题党课在校艺术中心大礼堂激情开讲。本次主题党课是上海市教卫工作党委系统"伟大工程"系列示范党课之一,也是学校党史学习教育的重要活动之一。上海市教卫工作党委书记沈炜,教育部高校党建工作联络员、复旦大学原常务副校长陈晓漫,上海市教卫工作党委组干处负责人、兄弟院校组织部门同仁、校领导班子成员、中层干部、党支部书记、师生党员代表共600余人参加活动。

时长90分钟的主题党课由上海财经大学党委书记许涛和师生、校友代表共同讲述,分为"红色基因代代传""一切为着建设祖国""改革开放闯新路""不忘初心育英才"四个篇章,以舞台剧、情景讲述、"书记面对面"等形式生动展现了百年来一批批上财人坚守初心、经济匡时的爱党爱国事迹。

党委书记许涛深情讲述:与党同心同行,培育匡时人才是矢志不渝的使命

"我们党的一百年,是矢志践行初心使命的一百年,是筚路蓝缕奠基立业的一百年,是创造辉煌开辟未来的一百年。""党的历史是最生动、最有说服力的教科书。"许涛书记首先带领广大师生党员重温习近平总书记在党史学习教育动员大会上的讲话,指明党史学习教育的重要意义。

许涛书记回顾了百年党史,道明了共产党人的初心与使命。从1921年到2021年,中国共产党的一百年是筚路蓝缕、艰苦创业、砥砺前行、充满神奇的一百年,是在苦难中铸就辉煌、转折中开创新局、奋斗后赢得未来的一百年。百年来,中国共产党人始终坚守"为中国人民谋幸福,为中华民族谋复兴"的初心和使命,生动诠释与践行着"江山就是人民,人民就是江山"的庄严承诺。

许涛书记动情述说:"今年也是上海财经大学东迁上海办学100周年。百年来,一代代上财人以求真务实、坚忍不拔的意志品格,与国家、民族的发展前途休戚相关、荣辱与共;百年来,一代代上财人以经世济民、匡时守正的使命担当,为国家经济发展、社会进步不遗余力、精益求精;百年来,一代代上财人以立德树人、培育英才的不懈追求,为中国高等财经教

育的萌发勃兴、创新发展书写了独特篇章。正是相通的使命意识使得一代代上财人能始终与党的事业同频共振,为中华民族复兴贡献力量。"

节目《星星之火奠信念：第一个党支部的成立》重现了我校第一个党支部成立的历史场景。1945年5月26日,一场秘密的宣誓仪式在如今上海市江苏路480弄月村82号的一幢花园小楼内举行,在我校会计学系学生党员蔡秀坤(现名周池碧)的引导下,同班的吴廷珠、任应博两位女生在吴廷珠的外祖父家宣誓加入中国共产党。正是在这次会议上,费瑛代表上级党组织宣布成立中国共产党上海商学院支部。舞台剧重现了当年的历史情境,"为共产主义事业奋斗终身,党的利益高于一切,遵守党的纪律,不怕困难,永远为党工作……"76年前的这一句句誓言令人动容,表达了上财人跟党走的初心与决心。我校第一位党支部书记,故事主人翁之一,96岁高龄的周池碧也来到了现场。

"书记面对面"重温改革瞬间：奋斗创新报党恩

"书记面对面"是我校党建品牌活动，主题党课请来了尉文渊、赵晓菊、龚仰树三位嘉宾与许涛书记进行微访谈。三位嘉宾对上财人紧随中国共产党，对中国资本市场改革建言献策的历史过程进行了回顾，道出了特殊历史时期上财人的匡时使命。同时，作为学生、同事、亲属，三位嘉宾分享了与我校知名校友、我国金融改革创新和对外开放的重要推动者、权威见证者和直接参与者——龚浩成老先生相处的点滴时光，在对往事的回忆中我们看到了两代上财人跨越时空的精神传承和责任担当，一棒接着一棒干，"一切为着建设祖国"，这样的信念已经植根每个上财人的心中。

情景讲述展现几代接力：匡时志代代相传

节目《真理之光:马克思主义经济学的传播及中国化》中,人事处程霖回顾了我校孙冶方、许涤新、胡寄窗、谈敏四位学者对马克思主义经济学的传播和中国化的接力与创新。

节目《参军参干,抗美援朝》《到边疆去,到祖国最需要的地方去》,档案馆(校史馆、博物馆)喻世红老师与"育衡宣讲"学生讲解员通过对上财学子抗美援朝、支援边疆的深情讲演,深刻演绎了上财学子对"经济匡时"校训精神的践行,对"一切为着建设祖国"诺言的担当。讲述过程中,我校1951年第一批参军参干、抗美援朝学生张曾浩、徐德桓也来到了现场,回忆了当年的历史情景,勉励莘莘学子在盛世年代也要肩负"上财人"的使命。

节目《立志报党恩,建功新时代》中财经研究所张学良、马克思主义学院党委书记曹东勃、图书馆刘金涛、参军学生郑天昊等带来情景讲述,分别从智库育人、千村调查、元阳扶贫、投笔从戎等多维度展示了上财人在新时代听党话、跟党走、感党恩的先进事迹。

之后,许涛书记对党课进行了总结:百年来,上财人以"经济匡时"的使命感积极参与到共产党人"为中国人民谋幸福,为中华民族谋复兴"的伟大实践中,在西北、在东北、在华北、在边疆,上财人将汗水滴落在祖国的每一寸土地上,每一个角落都留下了上财人的印记。进入新时代,学校提出"到21世纪中叶初步建成具有鲜明财经特色世界一流大学"的宏伟战略目标和新百年"三步走"战略蓝图,继续扎根中国、放眼世界、立德树人、追求卓越,全面开启鲜明财经特色世界一流大学建设新征程,为实现中华民族伟大复兴的中国梦做出上财人新的、更大的贡献!

最后由许涛书记领誓,上海财经大学光荣在党50年老党员、二级党组织书记以及新党员面对党旗,庄严宣读入党誓词。全场起立合唱《没有共产党就没有新中国》,主题党课在慷慨激昂的歌声中结束。

(二)教学感悟

2018级市场营销专业覃仟灵:

坚守使命百年路,百年来一代代上财青年秉持着"一切为着建设祖国"的初心,遵循祖国

的召唤,到祖国最需要的地方去,始终与党的事业同频共振,不断追求卓越、服务人民、奉献国家,为中华民族伟大复兴贡献力量。历史是最生动、最有说服力的教科书,通过本次党课,我认识到上财的先辈在改革开放、经济建设、科学研究、脱贫攻坚重要事业中不断创新,为我国的经济社会建设做出了巨大的贡献。经济匡时再启航,在"两个一百年"的历史交汇点上,我作为一名上财预备党员,立志践行时代和上财赋予我的历史使命,建功新时代!

"中央金融工作会议精神解读"主题大课

(一)现场教学报道

为深入学习贯彻习近平新时代中国特色社会主义思想和党的二十大精神,贯彻落实习近平总书记关于深化思想政治理论课改革创新和"大思政课"的重要指示批示精神,推动落实"时代新人铸魂工程",实施"大思政课"建设工程推进行动,切实增强我校师生政治理论素养,校党委学工部/研工部、宣传部、马克思主义学院联合开展形势与政策思政大课系列教育活动。2023年12月15日下午,宏观经济学家、上海财经大学校长刘元春教授以"中央金融工作会议精神解读"为主题作专题报告。报告会在我校艺术中心举行,各学院、所、系学生代表,思政课教师、辅导员及附属中小学教师代表等近千人聆听了刘元春校长的精彩报告。

刘元春校长从中央金融工作会议缘由、核心任务、会议主题、"金融强国"与金融高质量发展面临的问题、加快建设"金融强国"和"金融高质量发展"的路线与方针、"八个坚持"的理论与实践总结六个维度系统阐述,详细解读了中央金融工作会议精神,深度剖析了我国当前金融工作面临的形势挑战和金融高质量发展的方向路径。

刘元春校长以中国金融改革主要历程为切入点,深入阐述了本次中央金融工作会议的基本情况以及核心任务,即贯彻落实党的二十大和二十届二中全会精神,研究部署加快建设金融强国,全面加强金融监管,完善金融体制,优化金融服务,坚定不移走中国特色金融之路,推动我国金融高质量发展,为民族复兴伟业提供有力支撑。

刘元春校长结合丰富的案例、翔实的数据,从新时期新阶段金融的战略性地位、战略目标、部署重点、战略方向和路径四个方面深度剖析本次中央金融工作会议主题。他提及金融强国是社会主义现代化强国的核心组成部分;金融是国家核心竞争力的重要组成部分;中国已经成为金融大国,具有迈向金融强国的各种条件。

刘元春校长深入分析了当前金融高质量发展面临的问题,并系统阐述了金融强国目标的路线与方针。他表示,做好金融工作必须坚持和加强党的全面领导,以习近平新时代中国特色社会主义思想为指导,以加快建设金融强国为目标,以推进金融高质量发展为主题,以深化金融供给侧结构性改革为主线,以金融队伍的纯洁性、专业性、战斗力为重要支撑,以全面加强监管、防范化解风险为重点,坚持稳中求进工作总基调,牢牢守住不发生系统性金融风险的底线,坚定不移走中国特色金融发展之路。

随后,刘元春校长明确阐释了中央金融工作"八个坚持"的理论与实践总结,他表示,习近平总书记的重要讲话,科学回答了金融事业发展的一系列重大理论和实践问题,是习近平经济思想的重要组成部分,是马克思主义政治经济学关于金融问题的重要创新成果,为新时代新征程推动金融高质量发展提供了根本遵循和行动指南。

最后,刘元春校长勉励上财师生并为师生代表赠送专著《读懂双循环新发展格局》,他表示,生逢伟大时代、肩负民族复兴光荣使命,上财学子应发扬"厚德博学,经济匡时"的校训精神,提升政治素养和专业素养,用学理讲政治,用专业讲政治,增强能力本领,服务国家社会,以一流财经人的行动助力中国特色金融发展,积极投身中国式现代化建设的伟大进程中。

(二)教学感悟

2023 级金融学专业秦伦博:

今天下午,我有幸聆听了刘元春校长对中央金融工作会议精神进行解读的一堂思政大课。刘校长从金融强国建设的作用与意义、面临的机遇与挑战、发展路线与方针等方面,对会议精神进行了细致解读与剖析。听完刘校长的讲解,我深刻体会到金融事业发展对中国式现代化强国建设、民族复兴的重要意义,进一步坚定了跟党走中国特色金融之路的信心与决心，也更加坚定了努力学习专业知识并应用于实践，知行合一，做复合型金融人才的志向。

2023级马克思主义基本原理专业王淑媛：

刘校长的报告深入浅出地解读了中央金融工作会议精神，深刻阐述了金融强国的内涵，使听完这堂思政大课的每一位上财师生都受益匪浅。作为马克思主义学院的学生，我意识到民族复兴不是简单的GDP上涨，我们应该在加强经济理论知识学习的同时，不断提高自身的政治素养，从更高的站位上不断推动全面发展。

"向毛泽东学调查研究"主题大课

(一)现场教学报道

为深入开展学习贯彻习近平新时代中国特色社会主义思想主题教育,认真贯彻落实《关于在全党大兴调查研究的工作方案》,2023年4月24日,一场别开生面的思政主题大课在上海财经大学艺术中心举行。新余市博物馆(罗坊会议和兴国调查会纪念馆)馆长高增忠研究员应邀作以"毛泽东兴国调查的实践及时代意义"为主题的报告。马克思主义学院全体师生和校内本科生代表共近千人参加了本次学习活动。马克思主义学院副院长刘洋主持本次学习活动。

高增忠馆长主要围绕毛泽东兴国调查的历史背景、经过、历史意义、时代价值等问题展开讲述。他指出,毛主席之所以要进行兴国调查,一是革命形势发展的需要;二是对寻乌调查进行补充;三是土地政策调整完善的需要;四是制定反"围剿"战略方针的需要。他还指出,毛主席在此次的兴国调查中收获很大,主要表现为:一是加深了对农村土地状况的了解;二是纠正了过去一些认识与做法;三是加深了对根据地情况的了解,对诱敌深入,打破敌人的进攻起了重大的作用;四是明确了农村各阶级的思想政治工作路线;五是为土地革命总路线的完善提供了科学依据;六是提出并回答了作风建设的重要性、必要性和紧迫性问题。

最后,高增忠馆长指出,毛泽东兴国调查方法对新时代开展调查研究具有重要的方法论意义。研究兴国调查的现实意义重点就是了解毛泽东兴国调查的方法。这些方法主要包括:和群众做朋友、虚心向群众请教、充分依靠和相信群众、注重调查技术、要调查更要研究。毛泽东通过兴国调查,丰富了"没有调查,没有发言权"的科学论断,发展了毛泽东的群众路线思想。报告的最后,高增忠馆长用这样一句话总结:新时代要弘扬兴国调查精神,进一步提高调查研究能力。

(二)教学感悟

2022级马克思主义基本原理专业黄栋梁：

从毛泽东同志提出"没有调查,没有发言权"的重大命题,到习近平总书记作出"调查研究是我们党的传家宝,是做好各项工作的基本功"的深刻论断,体现了重视调查研究是党的优良传统和作风。细致、扎实、深入的调查研究,铺就了中国发展的谋事之基、成事之道。正值青春年华的我们,应当学习党的领导人一心为民、对党忠诚、任劳任怨的崇高品德,扎扎实实下足调研功夫,在新征程中书写青春担当。

"投身绿色军营 助推强国建设"主题大课

(一)现场教学报道

2023年4月4日下午,上海财经大学马克思主义学院"思想道德与法治"教研室在上海财经大学艺术中心举办了以"在报效祖国的征途中放飞青春梦想"为主题的春季学期主题大课。这是我校马克思主义学院学习贯彻习近平新时代中国特色社会主义思想主题教育工作会议精神的一次重要体现。

"思想道德与法治"教研室范静老师参与并指导了此次主题大课,本次主题大课由李敏老师主持。我校入伍返校的邵红泽、胡孝天、董霄、许梦秋四位优秀学子担任主讲嘉宾,我校"思想道德与法治"教研室全体教师、大一大二学生共计750余人共同学习了本次思政主题大课。

来自上海财经大学法学院的大四学生邵红泽以"青春推上枪膛,军营放飞梦想"为主题,从"为什么参军""军营是什么样的""退伍后有何感受"三个方面展开演讲。谈及参军初衷,内心深处隐藏已久的对军人的执念是邵同学选择当兵的最大原因,他牢牢记得许多影视作品中的红色台词,盼望有朝一日能以"一身戎装镇守一方"的方式来报效祖国、服务人民,邵同学用"感激、感谢和感恩"来表达自己退伍后的感想。他感激自己当初做下的决定,才能变成更好的自己;他感谢部队,给了他锻炼的机会和一群炽热可爱的战友;他也感恩父母的默默牵挂和无言支持,让他成为现在的自己。最后,邵同学勉励在场的所有学生,要永远跟党走、奋进新征程。由此,表达了他"退役不退志、退伍不褪色"的信心和决心。

来自上海财经大学统计与管理学院的胡孝天是一名大一学生。他回忆了自己的求学之路和参军历程,用朴实、生动的语言娓娓道来。他说:"在部队的两年里,经历了多次转岗,到过工地,和工人同志一起搬过水泥,当过基层战士,也干过机关文书、公务员,总结今天能够取得的成就,最大的原因不是聪明,而是从未厌弃过自己干的任何工作,从来没有后悔过自己干的任何工作。"他坚信,一个人如果热爱生活,要从热爱工作开始;一个人如果热爱祖国,要从干好工作开始。胡同学向我们分享了"做苦事、用苦心、成大志"的三点体会。第一,入伍的经历让他明白,哪怕干砸一件事、干失败一件事,也是收获,比不做的收获要大,需要主动把自己"逼上墙角"。第二,他回忆起自己在参军入伍的两年里,没有比别人更好的条件,之所以能多看一些书、多做一些笔记,就是利用了别人看电视的时间、聊天的时间。第三,不能仅仅把学习当作敲门砖,还要通过学习不断提升自己的格局,自觉承担起实现民族复兴的重任。最后,胡同学对自己的军旅生涯表达了怀念与感恩,也希望在座的同学们都能不忘初心,不要忘记自己从哪里来、要往哪里去。

第三位是来自会计学院研一的董霄同学,曾服役于中国人民解放军空军部队。董霄同学以"很庆幸,我的青春有穿过军装的样子"为主题展开分享,主要包括军旅概述、军旅后的蜕变、考研来到财大和自己的军旅生活感悟四个部分。谈及入伍初心,一方面,董同学说自己的外公参加过抗美援朝,自己的血液里流淌着红色基因;另一方面,随着自己渐渐长大,看到女兵们英姿飒爽的样子,让她非常向往,想要成为她们中的一员。在部队的两年生活里,带给她的不仅是身体素质、军事技能的提高,在各种大事、小事的影响下,她的思想也得到了洗礼,她深深热爱着自己用青春守护着的祖国,也更加懂得了感恩。在董霄同学看来,"大学生入伍有利于实现个人的全面成才,军营是一所'大学校''大熔炉''大舞台',可以使我们尽展才华、建功立业。军队教育比学校书本教育更有实际效果,更能深深影响今天的大学生情感,培养我们的历史责任感以及为国家、民族的献身精神"。经历部队生活的她,明确了自己到底想要什么,变得不畏惧自己做的每一个选择,变得更加不怕吃苦、更加自律、更加严格。

最后,是来自金融学院的大二学生许梦秋,他曾于武警上海总队服役,分享的主题是"永远做党和人民的忠诚卫士"。他向同学们分享了自己入伍之初的一些难忘的时光,特别是在

新兵连的日子,新兵连的主要目的就是实现从一个地方青年向合格军人的转变,在新兵连,他经历了许多令人难忘的第一次,"第一次穿上军装、第一次摸到真枪、第一次感受到战友情、第一次体会到职责的光荣"……新兵连结束后,他被分配到了基层连队中,这是更严格的训练,需要向更高的标准看齐。他把在基层连队的训练概括为四句话:辛苦的训练、不屈的精神、严格的标准和真挚的友谊。这样的信念支撑着他完成后来的进博会警卫安保工作、上海国家会展中心方舱医院建设等任务。退伍不褪色,许梦秋同学也把"青史如镜,鉴照峥嵘岁月;初心如炬,辉映复兴之路"这句话送给自己、送给同学们,希望每一名青年大学生也要感到重任在肩、激情澎湃,努力学习科学文化知识,永远做党和人民的忠诚卫士。

四位同学分享结束后,与听课的学生们进行了热烈互动。有部分同学主动走到前台就参军入伍的基本条件、发展方向等问题向四位主讲嘉宾进行请教,主讲嘉宾围绕同学们关心

的问题一一进行了详细解答。

"思想道德与法治"教研室李敏老师对大家的分享进行了点评和总结。她指出,如何将个人理想与社会理想结合起来,成为有理想、有本领、有担当的时代新人,这些优秀的退伍大学生用他们的实际行动给出了响亮的回答,他们练就过硬本领,锻造坚强意志,充分展现了我们新时代大学生在实现中国梦的实践中放飞青春梦想的决心和勇气。正如党的二十大报告中指出的,广大青年要"立志做有理想、敢担当、能吃苦、肯奋斗的新时代好青年",四名退伍大学生的精彩分享饱含深意,给予我们启迪,青春需要在全面建设社会主义现代化国家的实践中绽放绚丽之花。最后,同学们也纷纷表示通过这次思政主题大课的学习,已对中国军人和军旅生活有了更为深入的认识,希望能为国家、为社会奉献自己的青春力量。

(二)教学感悟

2022级经济学专业张圣研:

在课堂上,学长学姐们对参军生活的分享让我对军营有了不一样的认识。我对其中的一句话印象很深刻:在军营有很多的第一次,第一次逐渐变成了每一次,而每一次又都是第一次。学长学姐在大好的青春时光里,选择在军营中磨炼自我意志,同时为祖国贡献自己的一份力量,退役后也在宣传方面竭尽所能,我也不禁反思自己,在未来的岁月里,我要以什么方式锻炼自己,以什么方式为祖国贡献自己的微薄之力?我现在还没有答案,但是学长学姐的言行是我前进的方向。

2022级经济学专业宋佳音:

今天我们听了退伍大学生对军营生活和从军两年对自身影响的讲座,了解到军队中的点滴和国家对军人的优待政策。有学长讲到,自己本来碌碌无为,但在军队中找到了属于他独有的自信与荣耀;也有学姐讲到,自己流淌着军人的红色血液,想通过入伍继承这份光荣。娓娓道来的生动述说,让我仿佛置身于军队之中体会每一次艰苦的训练,观察高精尖设备的使用和实战演习,感受到温暖的友情与值得思念的亲情。

2022级经济学专业姚竣腾:

他们的讲述让我更近距离地了解到了军营生活,认识到他们为什么想参军以及给他们带来的蜕变。从他们铿锵有力、充满自信的话语中,我感受到了他们坚定的信念和作为一名退伍军人的自豪。几乎每一位学长学姐选择当兵都是源于内心深处埋藏已久的一种对军人的执念。他们坚定自己的理想信念,不怕艰苦,毅然决然选择参军入伍,保家卫国。

"在实现中国梦的实践中放飞青春梦想"主题大课

(一)现场教学报道

为了深入学习贯彻党的二十大精神,进一步全面推进"大思政课堂"建设,上海财经大学马克思主义学院"思想道德修养与法律基础"教研室在学校教育技术中心的支持下,于2022年10月18日在云端成功举办了以"在实现中国梦的实践中放飞青春梦想"为主题的线上思政"千人云课堂",有效地将党的二十大精神融入高校思政课教学。

"思想道德修养与法律基础"教研室范静老师主持了本次主题大课,上海财经大学第二十三届研究生支教团的高欣、方清远、李泓玮、王天艺四位同学担任主题大课的主讲嘉宾,我校"思想道德修养与法律基础"教研室全体教师、大一新生共计1 000余人参与学习了本次思政主题大课。

生于东部,成长于东部的金融学院高欣,选择西北地区的甘肃作为支教地点的原因是希望增加人生的体验,实现儿时的教师梦想,见识"西部大开发"下的大西北,希望贡献自己的青春力量助力祖国西部建设。她讲述了剪纸社团教室里的"阻断贫困代际传递"、围墙横幅上的"不让一个学生因家庭条件困难而失学"等标语的故事;她还讲到只有深入基层才能真正体会到这些标语的深刻内涵,高质量教育在山区难能可贵,贫困地区家庭条件复杂,教育压力主要在学校,因此,老师们要像父母一样照顾学生。支教团也会开展多种多样的活动,比如,"筑梦行"等一系列能够体现上财人风貌的活动。她表示作为当代青年能够健康成长以及进入上财学习,就要有使命担当,做一个对社会有用之才。

法学院的方清远分享了自己前往贵州省道真仡佬族苗族自治县支教的经历和收获。她说只有亲身经历了才能了解边远地区的学生现状。作为一名支教老师，她以自己的专业能力把思想政治教育带进课堂，以自己的知识讲解激发学生们对知识的渴求、对大学的渴望。她讲到通过此次支教经历，她的语言表达能力、时间统筹能力、人际交往能力等都有了较大提升。同时，这些经历也让她感受到自信、爱与被爱、善于赞赏的重要性，从中也体味到了奉献的可贵。

"用心做一件事，肯定会得到认可。"统计与管理学院的李泓玮分享了自己在云南省红河州元阳县思源实验学校支教工作的点滴。他讲述了在备课、教学等工作环节中的感悟与成长。他站在老师的角度，提到教案、板书、课件、教研等各个教学细节都要具有科学性、系统性。他还以自己的亲身经历提醒同学们"要上好一门课"的注意事项，特别是如果想成为一名优秀教师，就需要经历常年的磨炼。希望同学们能常怀感恩之情，经常看望恩师。最后，他还分享了元阳县与上财的十年山海情谊，以及上财与元阳对点帮扶的感人故事。

支教团团长王天艺以青年的视角分享了自己的人生选择，"我更希望将所学与祖国乡村振兴战略相融、与更广大的人民相关，脚踏实地去奋斗。用真才实学支撑理想信念，做匡时济民的上财人"。她分享了自己从上财出发，到西部去，到孩子们身边，到更多人身边，最后回到上财再次启程的故事。她深刻体会到新时代对青年的要求已经潜移默化地融入了自己的生活。当得知作为一名理科生被安排讲授语文和历史科目时，她说："每走一步，对我而言都是一次挑战。"她在一年的支教中不断学习、勇于突破自我，教学能力得到了很大提升，同时对青年的使命担当也有了更深的领悟。她希望同学们能够以微薄之力建设祖国，响应青年组织对青年的呼唤，选择有价值、有意义的生活方式，不惧挫折、不畏挑战。

之后，支教团的同学与大一新生进行了热烈互动，同学们对支教活动充满了好奇，积极举手向支教团请教，针对支教活动中让人感动的事情、遇到的困难、心态调整等问题，支教团的优秀学子都以自己的切身感受一一进行了解答。最后，支教团成员表示，能到祖国需要的地方，也会更爱自己的祖国。学生们纷纷表示收获良多。

最后，范静老师对大家的分享进行了点评和总结，她对这四位同学的精心准备与精彩分享表示衷心感谢。支教团们的分享让大一新生们对中国乡村教育和山区孩子的学习生活有了更为直观的了解，也对支教工作有了更为深入的认识。第二十三届支教团成员展现出了上财人的青春热情和青春风采，希望大一新生向学长学姐学习，将青春写在祖国大地上，将青春之花绽放在祖国最需要的地方。

正如习近平总书记在党的二十大报告中所说："广大青年要坚定不移听党话、跟党走，怀抱梦想又脚踏实地，敢想敢为又善作善成，立志做有理想、敢担当、能吃苦、肯奋斗的新时代好青年，让青春在全面建设社会主义现代化国家的火热实践中绽放绚丽之花。"我校第二十三届研究生支教团的四位优秀学子，牢记习近平总书记的殷殷嘱托，他们胸怀报国热情，毅然暂时放下学业、远赴西部支教一年，让自己最美好的青春在西部绽放。今天，这四位优秀

上财学子在云端为大一学生分享了他们远赴偏僻山区支教的感人故事,生动诠释了新时代青年如何在报效祖国的征途中放飞青春梦想。

主题大课结束之后,同学们感受颇丰,纷纷表达了自己的感想。通过此次主题大课,他们听到了支教团学长学姐的分享,让自己对支教有了更为真实全面的认识,同时也给未来的选择指引了方向。部分学生表示,希望自己能向学长学姐一样到祖国需要的地方,奉献自己的力量。

(二)教学感悟

2022级金融学专业冯熙源:

个人与祖国同呼吸共命运,花一年时间到祖国需要我们的地方去,这是对我们这一代人的呼唤。我已准备好在优秀学长学姐的引领下追随他们的脚步,完成青春那平凡又壮丽的答卷。

2022级金融学专业黄家逸:

"怀着包容和善意看待身边的每一个人,让自己处于积极情绪的良性循环中。"这是我今天感触最深的一点。聆听学长学姐的分享,让我的内心也坚定了许多,并期待自己能有如此的机会,去传递温暖、回馈社会。四位学长学姐的分享生动精彩,为我埋下了一颗奉献社会、回报国家的种子。

2022级金融学专业潘誉文:

正值青春年华的我们,总会一次次不自觉地望向远方,对远方的道路充满憧憬,尽管忽隐忽现、充满迷茫。但我希望,能有一天,可以真正站在那片苍凉的土地上,让那片土地焕发新生。

"诚信：用行动书写好自己的人生档案"主题大课

(一)现场教学报道

为进一步全面推进上海财经大学"大思政课"建设，稳步推进《上海财经大学思想政治理论课综合改革3.0方案》具体实施，2024年4月22日至5月8日，上海财经大学马克思主义学院"思想道德与法治"教研室与我校干部人事档案工作办公室，将人事档案与诚信教育相结合，联合举办了以"诚信：用行动书写好自己的人生档案"为主题的SUFE大思政课，有效地将"档案诚信教育"融入课堂。

从2021年4月至2024年，"档案诚信教育"主题课程已连续开展3年，深受广大同学的喜爱和欢迎。此次SUFE大思政课以档案诚信意识培养为主要内容，前后共开展了13场。干部人事档案工作办公室主任刘雪苏及沙菲、张起帆、付颖静4位老师担任主讲嘉宾。

"档案诚信教育"主题课程主要是引导学生深刻体悟人事档案所蕴含的诚信价值,用真实的人事档案书写人生档案的"纯度""亮度"和"厚度",进而更深入地体会诚信价值观的重要性,更好地发挥社会主义核心价值观的引领作用。在课堂上,4位老师充分发挥各自的专业知识特长,为学生全面讲解了人事档案的基本知识、重要作用、管理要求以及转递办法等内容,重点阐述了人事档案所蕴含的诚信价值。

同时,四位主讲老师还结合近年来在工作中遇到的实际问题,列举了社会上危害较大、典型突出的干部人事档案造假案例,深入分析了档案造假的不诚信行为所造成的危害。最后,号召同学们秉持校训精神,弘扬诚信文化,积极践行社会主义核心价值观,用自己的行动书写好自己的人生档案。

此外,本次SUFE大思政课还增加了体验式教学环节,干部人事档案工作办公室事先精心准备制作了近50卷模拟人事档案,并将其带进了课堂,以模拟档案的形式让人事档案走近学生。从而让学生在翻阅一份份模拟档案中,切实了解人事档案所体现出的诚信要求。

　　课堂授课结束后,老师们与学生进行了互动交流,耐心地解答疑惑,使得学生对一知半解,却与自己的一生息息相关的人事档案有了更为深入的了解。尤其是对"诚信人生档案"的重要意义有了切身的认知和体会。

　　此次 SUFE 大思政课的举办旨在引导学生要深刻体会人事档案的诚信价值,让诚信价值观有效地融入大学生的学习生活之中。

(二)教学感悟

2023 级工商管理专业张心仪:

　　这节主题大课展示了个人档案管理的重要性,以及诚信在档案编写中的关键作用。诚信档案就像是每个人的一张"信誉名片",是我们品德和信誉的体现。在我看来,档案不仅是记录个人生涯和工作经历的工具,更是维护社会秩序和历史真实性的重要资源。每个人都应该珍惜自己的诚信档案,做到言行一致、诚实守信。

2023 级法学专业麦梓峰:

　　参加了关于"诚信档案"的主题大课,我对诚信的重要性有了更深刻的理解。我不仅学习了人事档案的构成,还通过模拟档案样本,对档案的具体内容有了直观的认识。老师通过案例,如学生在校期间的处分记录,生动地展示了诚信记录对个人档案的影响,让我认识到了诚信在个人发展中的关键作用。老师强调了"规范"和"诚信"在档案管理中的核心地位,让我明白了档案中的每一项记录都可能对个人未来产生重大影响。

2023级国际经济与贸易专业陈嘉宁：

在人生档案主题大课上,老师不仅给我们传阅了不同的模拟档案,还通过视频和纪录片让我们更直观地理解了人生档案的意义。通过这堂课,我深刻感受到了诚信的重要性。它不仅关乎个人的声誉,更关乎社会的和谐与稳定。我决心在未来的生活中,时刻保持诚信,用真诚和正直书写自己的人生档案。这堂课让我更加珍惜每一次经历,也激励我不断追求更高的品质。

2023级工商管理专业黄燕婷：

听完这节关于"诚信档案"的主题大课,我深刻明白了诚信的重要性,学习了如何填好一份人事档案。老师为了让我们更加真实地了解人事档案,给我们带来了两份样本,并让我们翻阅。我们知道了哪些材料会被纳入人事档案以及如何填写人事档案。我们应该守住诚信、守住底线,诚信填写个人档案！

2023级工商管理专业张雨杭：

在本次主题大课中,老师详细介绍了人事档案的分类、作用和意义等,还结合案例与视频生动地介绍了诚信对档案管理和个人职业发展的影响。此外,老师还带来了空白的学生档案与干部档案模板给我们传递翻看。诚信是建立良好档案关系的基础,也是个人学业与职业发展的重要保障,只有做到诚实守信,才能赢得他人的信任和尊重。通过这次课程,我深刻认识到了诚信的重要性,在今后的工作和生活中,我将更加注重培养自己的诚信意识,重视自己的档案。

2023级数量经济(中外)专业陈焌炜：

听完这节关于"诚信档案"的主题大课,我对诚信的意义有了更深刻的领悟。在这堂课上,我们不仅研究了人事档案的结构,还通过档案样本,进一步了解了档案内容的具体构成和组成成分。通过案例分析,如学生在校期间的违纪记录等,老师生动展现了诚信记录对个体的重要影响,强调了"诚信"在档案管理中的核心地位。无论是在学术上还是日常生活中,我都要严格遵守规则,保持诚信。

"开展主题教育,助力上财学子提升法治素养"主题大课

(一)现场教学报道

为深入开展学习贯彻习近平新时代中国特色社会主义思想主题教育,推动新时代法治宣传教育融入高校思政课教学,2023年5月9日,上海财经大学马克思主义学院"思想道德与法治"教研室特邀浦东新区人民法院陆家嘴人民法庭副庭长俞硒,在学校艺术中心为上财学子作了以"法律,与我们的生活"为主题的思政大课。

"思想道德与法治"教研室范静老师参与并指导了此次主题大课,李敏老师主持了本次主题大课。我校"思想道德与法治"教研室全体教师、大一大二学生共计750余人共同学习了本次思政主题大课。

俞法官先是结合自身经历分享了法律人的学习和工作生活,澄清了社会对法律人的几种误解,并以三个真实案例讲述了在日常生活中法律人是如何进行维权的,以此引出法律的重要作用。此外,俞法官也向同学们普及了法院系统和案件基本诉讼流程。

然后,俞法官结合之前热播剧《底线》里的各种案例,系统地向同学们诠释了法治思维的内涵:一是规则至上,法律是一种调整人们行为的社会规范。二是法律与道德,解释了法律与道德的关系,当情和法产生冲突时法院应该如何判决。三是公平正义,法律的作用包括个人规范作用和社会作用。四是权利保障,在行使权利的时候,要有清晰的边界意识。五是价值衡量和利益衡量,在法官眼中,案件不只是个人和个人之间的纠纷,而是不同的社会群体之间的冲突,必须把视角放在更大的环境当中。六是程序正义,要区分法律事实和客观事

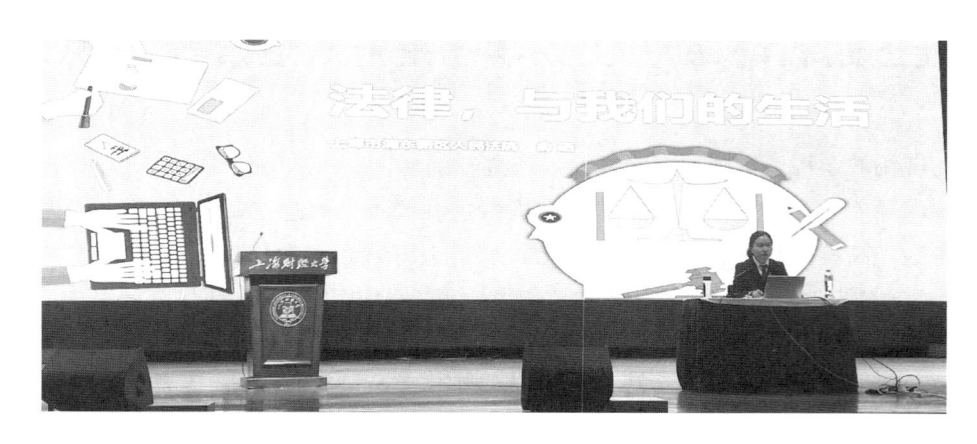

实,完整的正义应该包括实体正义和程序正义。

俞法官之后又分享了与日常生活相关的法律知识,通过讲解高空抛物入刑、校园借贷、网络言论、打赏主播、追星风险、网络购物等法律热点问题,提醒同学们网络并不是法外之地,一定要谨慎行使自己的权利。

随后,俞法官还与同学们进行了热烈互动。同学们就当下的一些新闻热点向俞法官提出了自己的疑问,比如童话大王郑渊洁的商标维权、70多岁的老人劳动维权、7天不满意退货规则淘宝店执行等问题,俞法官都耐心地进行了解答。经过学习与互动,同学们认识到了提升法治思维的重要性。

本次思政主题大课极具学理性和趣味性,同时与同学们的生活紧密相连,引起了同学们的热烈反响。通过此次学习,同学们对法律工作有了更为深刻的了解,明确表示要加强法治思维的培养、运用法律维护自身权益和社会公共利益,做一个新时代的守法人与护法人。

(二)教学感悟

2022级财政学专业魏兰懿:

此次主题大课让我意识到了法治于己于国的重要性,在今后的生活中我也会培养自己的法治思维。

2022级财政学专业张欣然:

法律乃是治国理政之重器,聆听了法官关于许多法律案例生动而专业的讲解,我内心感受颇深。

2022级财政学专业穆润泽:

通过这次主题大课的学习,我明白了法治不仅是一种行为准则,更是一种思维方式和生活方式。

2022级财政学专业叶楚豫:

原本以为法律是枯燥的、是高高在上的,但是经过俞法官的介绍,我发现其实法律就在我们身边。

二、教研心得

主题大课：思政小课堂与社会大课堂互补衔接的桥梁

主题大课是实现思政小课堂与社会大课堂互补衔接的重要桥梁，也是提升高校思想政治理论课教学质量的重要一环。长期以来，上海财经大学十分重视思政主题大课的建设与推广，并连续多年举办思政主题大课，目前已经形成了可资借鉴的优秀案例和有益经验，为进一步推动上海财经大学思政课改革创新奠定了良好的基础。

第一，主题大课具有主体的广泛性、内容的丰富性等特征。一方面，思政课教师是思政主题大课的组织者与引导者，大学生是思政主题大课的主讲者与享受者，这一双重主体的思政课教学有助于提升大学生对思政课的亲切感。比如，在以"研究生支教""大学生退伍返校"为主题的思政大课中，均是由学生担任主讲嘉宾。另一方面，思政主题大课是基于大学生喜好、思政课教学规律，并根据课程的教学内容要求而自主设计的开放型教学模式，重点是要不断丰富思政主题大课的内容。比如，上海财经大学举办的思政主题大课涉及志愿支教、参军入伍、法治宣传、诚信档案等多个话题，有效地提升了思政主题大课的教学质量。

第二，主题大课注重突出大学生的实践需求与学校特色。一方面，思政主题大课应紧紧围绕满足大学生的实际需求展开，从大学生的日常生活学习中寻找典型话题，围绕此话题精心设计大课内容，让大学生得到实实在在的收获。比如，马克思主义学院与干部人事档案工作办公室共同开展的"诚信：用行动书写好自己的人生档案"思政主题大课，能够有效引导学生深刻体会人事档案的诚信价值，更好地发挥社会主义核心价值观的引领作用。另一方面，高校可以结合学校特点，整合校内特色优质育人资源，并在重要时间节点开展独具特色的思政主题大课，进而提升大学生思想道德素质。比如，在全国学习宣传贯彻党的二十大精神热潮之时，"思想道德与法治"教研室举办以"在实现中国梦的实践中放飞青春梦想"为主题的线上思政"千人云课堂"；在全党大兴调查研究之际，马克思主义学院开展"向毛泽东学调查研究"的思政主题大课。

三、理论探索

"大思政课"教育资源转化的方法论思考[①]

习近平总书记指出:"'大思政课'我们要善用之,一定要跟现实结合起来。"[②]"跟现实结合,善用'大思政课'",就是要在明确的教育目标导向下,协同多元主体、延展时空范围、扩增资源要素、整合教育内容、构建教育合力,从而更好地落实立德树人根本任务。其中,扩增教育资源,即充分开发、转化可供"大思政课"利用的多样资源,并使其能够得到高效运用,是关系思想政治理论课(以下简称"思政课")育人、合力形成与育人实效提升的枢纽环节,需要明确其开发、转化的方法论,因为资源不会自然而然地成为教育资源,必须经过人们的选择、归类、综合和凝练。这里,探讨"大思政课"教育资源开发转化的方法论不是要借用某些哲学方法去解释资源本身,而是试图厘清和正确处理资源开发、资源转化与资源利用过程中的基本关系。这些基本关系涵括"大思政课"教育资源转化的整体布局和具体编排、教育资源转化的同质解读和异构表现、教育资源开发转化的周期性和长期性、教育者的集中阐释和受教育者的自觉"发现"等。

(一)教育资源转化的整体布局和具体编排

从"大思政课"要求出发,可供开发转化与利用的教育资源形式是多样的、内容是广泛的,多样且广泛的教育资源具有多样的属性及功能,要求资源利用者在资源转化过程中应进行整体布局,同时也要求做规范化、精细化与个性化的具体编排。

1."大思政课"教育资源转化的整体布局

所谓教育资源转化的整体布局,是指在明晰多样资源之间可能存在的某种逻辑关系的基础上实现教育资源的有机组合。面对可资利用的丰富的教育资源,如何将它们作为一个逻辑整体并有机组合是"大思政课"教育资源转化首先应考量的问题,而将多样资源作为一个逻辑整体就应明晰不同资源之间的逻辑关系。多样资源之间是存在一定逻辑关系的。如人们通常认为稀缺的物质资源是一个组织具有竞争优势的重要条件,但随着人们知识的不断更新、创造能力的不断增强,稀缺的物质资源可能存在被新的物质资源所替代的情况。此

[①] 本文发表于《思想理论教育》2022年第10期,发表时有所改动。作者:李敏。
[②] 《"'大思政课'我们要善用之"(微镜头·习近平总书记两会"下团组"·两会现场观察)》,《人民日报》,2021-03-07。

时,知识资源与人力资源便成为创造新的物质资源的条件,而要实现对人才资源的有效开发,则需要好的制度作保障。这里不难看出,知识资源可以改变物质资源的价值,人力资源是知识资源生成的主体条件,而制度资源是人力资源得以有效发挥的保障,它们之间的逻辑关系就成为人们有机组合资源的重要依凭。

"大思政课"可资转化的资源是多样的,明晰它们之间的逻辑关系是有效组合资源并得以高效运用的前提。把握"大思政课"多样资源之间的逻辑关系,可遵从如下路径:一是以"大思政课"可资转化的教育资源内容为基点,探索多样资源之间的逻辑关系。以教育资源内容为基点,"大思政课"可资转化的教育资源可划分为课程内资源与课程外资源。就课程内资源而言,它包含如"经典思想理论资源、学术研究成果资源、教材资源、社会实践生活资源"等素材性资源,以及如"课程赖以实施的情境、场域和环境设施"等条件性资源。[①] 就课程外资源而言,五千余年的文明史、百余年的政党建设史、七十多年的新中国建设史、四十多年的改革开放史生成了丰富的资源,如制度资源、组织资源、政治资源、人力资源、知识资源、精神资源、理论资源、社会心理资源等,它们都可能成为"大思政课"转化与利用的重要资源。从"大思政课"教育资源内容出发,"大思政课"可资转化的教育资源之间的逻辑关系至少有这样几个层次:首先是对课程内资源与课程外资源之间逻辑关系的把握。这里,需要把握的重点是课程内资源是思政课的基石,课程外资源应围绕课程内资源的布局进行相应补充与支持。其次是对课程内资源之间逻辑关系的把握。这里需要把握的重点是教材资源是思政课的依据,经典思想理论资源是教材资源的灵魂,学术研究成果资源为教材资源提供解释力,社会实践生活资源是教材资源的延伸与补充。它们需要有机结合起来,形成思政课教育资源体系。习近平总书记指出:"思政课教师在教学中要把统编教材作为依据,确保教学的规范性、科学性、权威性……教材给出的是教学的基本结论和简要论述……需要做很多创造性工作。"[②]同时,还应注意素材性资源与条件性资源的有机结合,在时间、空间、具体场景、具体方法运用等资源的有机组合中提升思政课的实效性。再次是对课程外资源之间逻辑关系的把握。这里需要把握的重点是课程外资源始终以其与课程内资源的相关性为依据而对其进行开发、转化与利用。二是以"大思政课"可资转化的教育资源性质为基点,探索多样资源之间的逻辑关系。"大思政课"开发、转化与利用教育资源既面临对"正能量"资源的传播与利用,也面临对"负能量"的批判,因此需要坚持辩证的思维方式来合理地掌握不同性质之间教育资源的逻辑关系。习近平总书记指出:"任何社会任何时期都会有各种问题存在,要教育引导学生正确看待、辩证认识、理性分析现实问题,辨明大是大非、真假黑白,在对社会假恶丑现象的批判中弘扬真善美。"[③]

在充分把握多样教育资源逻辑关系的基础上,推进教育资源的有机组合是善用"大思政

[①] 董雅华:《善用"大思政课"促进教育资源转化:意涵、问题与进路》,《思想理论教育》,2022年第4期。
[②] 习近平:《思政课是落实立德树人根本任务的关键课程》,《求是》,2020年第17期。
[③] 习近平:《思政课是落实立德树人根本任务的关键课程》,《求是》,2020年第17期。

课"的重要内容。在推进教育资源组合过程中,既存在基于逻辑而实现价值最大化的理性决策,也存在不求决策最佳方案而只求结果满意的满意决策理论。就"大思政课"教育资源的有机组合来看,既存在对教育资源的理性安排,也存在追求教育实效性的满意决策。对教育资源做理性选择在于思政课的政治性与意识形态性规定教育资源转化的性质、内容、方式、范围等;对教育资源做基于结果的满意决策在于思政课的本质规定教育资源转化的目的就是要助力将"道理讲清楚"。

2."大思政课"教育资源转化的具体编排

在上述整体布局的基础上,又产生了具体编排的要求,这种具体编排可能循着规范化、精细化和个性化的发展路径而不断深化。一是以制度规范"大思政课"教育资源的开发与转化。"大思政课"面对的资源涵括积极资源与消极资源、高品质资源与一般资源,教育资源开发转化的规范化重点体现在以制度保障积极资源以高品质形态得到有效整合与利用,消极资源得到有效转化或剔除。在保障积极教育资源得到有效整合方面,中共中央、国务院印发的《新时代爱国主义教育实施纲要》《新时代公民道德建设实施纲要》均彰显了对爱国主义教育资源、道德教育资源开发与转化的保障作用。2022年7月,教育部等十部门印发的《全面推进"大思政课"建设的工作方案》(以下简称《方案》)更是明确指出对思政课知识体系、课程群、教材体系、实践教学资源、网络平台资源等的优化升级。二是构建资源转化模型,助力精细化实施。具有可操作性的教育资源转化模型是"大思政课"教育资源得以精细化实施的重要路径。如资源编排理论认为持续竞争优势源自企业的资源、能力和管理者能力的组合[①],于是构建了资源管理模型。"大思政课"教育资源得以有效开发与转化也需要考量教育资源整合能力,从而探索资源转化路径。以教育目标为指引,构建资源转化与开发的编排模式可助力"大思政课"教育资源精细化实施。三是围绕教育目标,针对教育主体与教育对象做个性化编排。不同的教育主体开发与转化的教育资源是不同的,这就需要教育主体结合自身的特色与优势开发与转化教育资源。同时,教育对象的特征、成长成才规律、成长成才过程也要求教育主体在教育资源转化的过程中做个性化编排。

(二)教育资源转化的同质解读和异构表现

"大思政课"教育资源的系统集成需要兼顾教育资源转化的同质解读和异构表现。同质解读是指"大思政课"教育资源转化客观上存在性质要求的一致性,这一要求规定在相关教育资源的概念内涵与规范要求等方面具有统一性;异构表现是指"大思政课"教育资源转化在性质要求一致的基础上,还应重视教育资源形态的丰富性与教育资源解读方式的多样性等。

1."大思政课"的育人实践需重视教育资源转化的同质解读与异构表现

"大思政课"的育人实践涵括思政课程的教学实践、课程思政的教学实践、社会与家庭的

---

① 张青、华志兵:《资源编排理论及其研究进展述评》,《经济管理》,2020年第9期。

育人实践等,要使多路径的育人实践提质增效,就需要高度重视教育资源转化的同质性要求与丰富性组合、多样性解读。就思政课程的教学实践而言,所面对的课程内资源重点集中于理论资源、学术资源、社会实践资源、历史文化资源等方面,目前各门课程对于理论资源与学术资源等都在一定程度上实现了各有侧重、有的放矢,这在一定程度上增强了思政课程的内在合力。但需注意的是,各门思政课程在开发转化社会实践资源、历史文化资源等方面应避免重复性与形式化。各门思政课程应重视围绕自身的教学主题与教学重点开发转化相关资源,并对自身的知识性做深刻解读,以此实现资源的高效利用,提高育人成效。

就课程思政对教育资源的转化而言,专业课教师在对学生进行思想政治教育时,对政治原则的遵守、对价值规范的把握必须是一致的,这里的重点在于专业课教师对教育资源的丰富性组合与多样性解读。一般而言,理工科教师在教学过程中,应该遵从本学科的教学规律,形成自己的教学风格,以教师的专业水准、职业道德为学生夯实"智"的基础,培养"德"的品格。而哲学社会科学教师由于课程内容跟思政课教学内容有更紧密的联系,所以在思想政治教育中有更大的发挥空间。但我们也会发现,由于学科差异与教学规律的差异,一些理工科教师在开展思想政治教育,如爱国主义教育时,不少是围绕本学科著名科学家的爱国主义经历和事迹开展分析的。这种教育方式从单独某门课程来看,无疑是可行的,但如果表现在大部分课程教学中,就可能给学生造成一种同质化、同构化的感受,学生也就可能产生"审美疲劳"。更须注意的是,思想政治教育以系统的专业知识为基础,需要经过比较系统的专业训练才能厘清相关概念、相关理论的联系与区别,也才能更好地完成教育教学任务。因此,在课程思政建设过程中,一方面需要重视在教育资源转化过程中对专业性的精准把握,另一方面也需要重视对教育资源的有机组合但非重复性使用、规范建设但非形式化使用。这也就提出了课程思政与思政课程在同向同行过程中对教育资源转化的要求,即从教育性出发,追求教育资源转化的同质性与多样性的有机统一。

2. 以"教育性"为基础推进"大思政课"教育资源转化的同质性与多样性的有机统一

"大思政课"的实质是要加强思政课建设,它仍然以马克思主义理论教育为核心任务,以学生成长成才规律为教育遵循,以为党为国培育时代新人为教学目标。"大思政课"依然具有政治性与教育性。"大思政课"的政治性要求始终把握政治方向、坚持政治原则,教育性则要求各种育人活动始终围绕教育目标来开展。在秉持政治性的基础上,从教育性出发,推进"大思政课"教育资源转化的同质性与多样性的有机统一,则成为用好、用活教育资源的重要遵循。

以"教育性"为基础推进"大思政课"教育资源转化的同质性与多样性的有机统一,应围绕立德树人根本任务展开。"教育的目的是要培养道德性格的力量"[1],而知识是影响道德品格培养的要素。使学生对知识产生强烈兴趣并由此产生坚强的行为意志,是培养道德品格

---

[1] [德]赫尔巴特:《普通教育学》,李其龙译,北京:人民教育出版社,2015年版,第13页。

的重要路径,但须强调的是,对知识产生兴趣必须是多方面的,它包括"对经验的兴趣与同情的兴趣,对事物的联系与规律性的思辨的兴趣,对真、善、美的审美兴趣"①等,在多样且平衡的兴趣中形成思想范围,从而明大德、守公德、严私德,成长为时代新人。由此可见,"大思政课"教育资源转化的同质性与多样性的有机统一离不开对知识与德性相互关系的把握。从思政课程与课程思政的教育资源转化来看,应追求的是以思政课程重点完成把握政治方向、积淀政治素养与道德素养等教育任务为基础,以课程思政重点完成夯实道德教育、丰富专业知识、提升文化素养等教育任务为拓展与补充,做到思政课程有知识、有内涵,课程思政有明晰的价值导向,更好地实现课程资源的有机整合。这种有机整合是以明晰价值导向为遵循,从而在分类管理或分类教学的基础上实现课程思政与思政课程的同向同行。

(三)教育资源开发转化的周期性和长期性

"大思政课"教育资源转化应考虑周期性与长期性问题,即教育资源转化利用的时效性,这不仅关系教育资源转化的成本与质量,也关系教育资源体系的构建、教育资源功能的有效发挥。

1. 把握"大思政课"教育资源转化利用的周期性与长期性的重要价值

在资源开发转化过程中,存在教育资源开发转化的成本低但持续发挥绩效的周期长,以及资源开发转化成本高但时效周期短的资源开发效应。因此,"大思政课"在教育资源开发转化中应注重对其周期性与长期性的把握。

第一,教育资源开发转化的周期性与长期性关系"大思政课"教育资源体系建设。"大思政课"面对的可资转化的教育资源是多样的、动态的。习近平总书记指出:"鲜活的思政课素材,正是亿万中国人已经书写和正在书写的时代篇章。"②如何从多样资源中选择出高质量的资源并将其建设成结构合理、形态丰富、质量优质、适用广泛的教育资源体系是教育资源开发转化的重点,也是高效运用教育资源的前提。从周期性与长期性视角探索教育资源体系的建设,旨在建设以经典思想资源为核心,学术研究成果资源为支撑,教材资源为依据,课程资源为载体,社会实践资源为补充,并与时空资源、技术资源高度匹配的资源体系。这要求从教育资源转化的周期性与长期性的维度把握教育资源体系中各要素的"变"与"不变"。

第二,教育资源开发转化的周期性与长期性关系"大思政课"教育资源价值能否得到充分挖掘。教育资源价值得到充分挖掘意味着教育资源不仅满足教育者与教育对象的需求,还得到教育者与教育对象的选择。从教育资源转化周期性与长期性维度挖掘教育资源的价值,其重点应把握教育资源是否在合适的时间满足了教育者与教育对象的需求,是否更长时间地满足了教育者与教育对象的需求。这也对教育资源转化提出了要求。习近平总书记多次提出要深度挖掘历史资源,激活社会生活资源等,这在一定程度上表明要重视教育资源转

---

① [德]赫尔巴特:《普通教育学》,李其龙译,北京:人民教育出版社,2015年版,第14页。
② 《"'大思政课'我们要善用之"(微镜头·习近平总书记两会"下团组"·两会现场观察)》,《人民日报》,2021—03—07。

化的质量以及教育资源转化的周期性与长期性。

2. 把握教育资源开发转化的周期性与长期性的重要维度

把握"大思政课"教育资源开发转化的周期性与长期性,应重点从时空维度、高质量维度、广适用性维度等进行探索。

第一,从时空维度把握教育资源开发转化的周期性与长期性。教育资源与时空相互作用,一方面,教育资源总是存在于一定的时空中;另一方面,教育资源的生成与演变也形成了自身的时空形态。就教育资源总是存在于一定的时空而言,它表现为时空为教育资源的生成、发展与演变提供条件,一定的教育资源总是在特定的时空条件下才具有生成、演变的可能,如人们常说"十月革命一声炮响,为中国送来了马克思主义",这正是从时空维度反映出马克思主义资源的发展以及它在中国的新征程。就教育资源生成与演变形成自身的时空形态而言,表现为教育资源的生成本身就是历史性的过程,它总是表现为过去形态、现在形态,更在寻求未来形态,而教育资源的时间形态又总是与空间相结合,具体表现为与地理空间、社会空间、网络空间、表象空间等结合,并以此生成属于自身的时空形态。如人们常说"十里不同风,百里不同俗",这正反映出一定的时空生成一定的习俗,而一定的习俗又塑造其自身的时空。如此,从时空维度把握"大思政课"教育资源开发转化的周期性与长期性,一方面要重视对可资转化的教育资源自身生命力的长度,另一方面也要重视对转化的教育资源的时空形态的塑造,以保障其可持续性。

第二,从高质量维度把握教育资源开发转化的周期性与长期性。教育资源开发转化的过程也是教育资源选择的过程,它需要以高质量作为保障。这主要体现在:在课程资源建设中,应打造更多"高水平思政'金课'""高品质思政课"等;在历史资源开发转化中,应讲好党史、新中国史、改革开放史、社会主义发展史;在学术资源开发转化中,应"加强学术资源库建设……打造中国特色、世界一流的学术资源信息平台"[①];在社会实践资源开发转化中,应立足中华民族伟大复兴战略全局与世界百年未有之大变局,激活社会大课堂。总体而言,只有以高质量为标准促成教育资源转化,才可能高效发挥教育资源功能,保证资源的长期性。

第三,从广适用性维度把握教育资源开发转化的周期性与长期性。教育资源总是在实践运用中才能发挥其功能和实现其价值,因此,需要从它是否具有广适用性出发来把握其周期性与长期性。广适用性主要体现在教育资源转化是否遵循教育教学规律、学生成长成才规律,是否适合不同阶段不同过程教学实践,是否适合于广泛空间的使用,等等。

(四)教育者的集中阐释和受教育者的自觉"发现"

"大思政课"教育资源的开发转化既需要教育者的集中阐释,同时也需要关注受教育者的自觉"发现",这既是受教育者作为教学实践参与者的需要,也是智媒时代思政课改革创新

---

① 《习近平在中国人民大学考察时强调:坚持党的领导传承红色基因扎根中国大地 走出一条建设中国特色世界一流大学新路》,《人民日报》,2022－04－26。

的需要。

1. 教育者的集中阐释和受教育者的自觉"发现"是"大思政课"教育资源转化应把握的重要关系

"大思政课"教育资源转化的目的在于完成立德树人的使命,要实现这一目标,就需要重视同为教育实践参与者的教育对象对相关资源的认知与发现。首先,教育对象对教育资源的认知与发现影响教育资源转化的实效性。教学实践是"教"与"学"共同作用的结果,而教育对象的"学"涵括教育对象对教育者传输知识与价值的接收、理解与认同,以及对自身实践的反思,其中对自身实践的反思常常成为教育对象"检验"教育者所传输知识与价值的依据。因此,要保障、提升教育资源转化的实效性就需要重视教育对象的"资源库",如此才可能提高教育者转化教育资源的空间与能力,也才可能对教育对象"资源库"进行匡正或优化。其次,智媒时代思政课改革创新需要重视教育对象对教育资源的自觉"发现"。智媒时代在给思政课带来新机遇的同时也带来了新的挑战。思政课改革创新的过程不可忽略对教育对象的关注,一方面,教育对象通过智能媒体获取资源的内容与形态无限丰富;另一方面,智能媒体也通过网络信息采集技术与算法推荐技术,针对教育对象的喜好、现实需求等持续推送类似信息,强化教育对象对所接收的信息的认知,这些信息既蕴含正确的价值观,也隐含不正确的价值观,更为值得重视的是它在一定程度上消解了思政课的教学效力。因此,基于教育者的集中阐释与受教育者的自觉"发现",重构教学共同体便成为智媒时代思政课改革创新的切入点。

2. 把握教育者集中阐释和受教育者自觉"发现"的重要维度

把握教育者的集中阐释,首先,应构建教育资源转化的多元主体,建设资源转化的生态格局。"大思政课"要求调动一切育人主体共同致力于育人实效性提升。习近平总书记指出:"要建立党委统一领导、党政齐抓共管、有关部门各负其责、全社会协同配合的工作格局,推动形成全党全社会努力办好思政课、教师认真讲好思政课、学生积极学好思政课的良好氛围。"[①]因此,明确教育资源转化的多元主体,并调动各类主体参与教育资源转化的积极性,搭建共建共享的交流与使用平台,从而形成类型更丰富、形态更多样、覆盖更全面、使用更便捷、合作更畅通的资源库,助力"大思政课"的提质增效。《方案》指出,要建设全国高校思政课教研系统、推进国家智慧教育平台建设使用、打造网络教育宣传云平台、构建大师资体系、多部门联合设立实践基地等,这无疑是对资源开发转化格局建设的优化推进。其次,提升教育者集中阐释的素养与能力。教育者集中阐释的素养与能力关系思政课教学的效力,它需要教育者展现自身的人格魅力、提升知识传授能力、增强话语吸引力。在展现人格魅力方面,教育者可通过在教育过程中自然真切地表现出诸如正直、坦诚、友善、宽容、精确、开放等人格特征,从而感召学生。教育者提升知识传授的能力,一是要夯实知识储备,做到知识的

[①] 习近平:《思政课是落实立德树人根本任务的关键课程》,《求是》,2020年第17期。

系统化与体系化;二是要精准掌握知识内涵,增强对知识的运用能力与创造能力。

把握受教育者的自觉"发现",应重点探索受教育者的"在场"。受教育者作为思政课教学活动的参与者与创造者,他们的自觉"发现"是"大思政课"教育主体资源的重要组成部分。实现受教育者的自觉"发现",需要保障受教育者的"在场"以及激发受教育者的自我教育与创造。习近平总书记指出:"青少年是最活跃的群体,思政课建设要向改革创新要活力。"[①]保障受教育者的"在场",就是要充分听取学生的意见,掌握学生的感性需求,在供给与需求之间找到恰当的平衡点,促进教育对象的主动学习。教育对象的主动学习与被动接受是完全不同的两种状态。"只有能够激发学生进行自我教育的教育,才是真正的教育"[②],也只有促成教育对象的自觉"发现",才更有可能增强"大思政课"的实效性。

总体而言,教育者与受教育者作为"大思政课"的重要主体资源,教育者要修炼自身人格、提升知识引领能力以及增强话语吸引力等;教育对象根据自身的感性需求,明确自身在中国特色社会主义实践场域中的责任与使命,从而积极主动地学习、创造,是"大思政课"需要转化的不可或缺的重要主体资源。

[①] 习近平:《思政课是落实立德树人根本任务的关键课程》,《求是》,2020年第17期。
[②] [苏联]苏霍姆林斯基:《给教师的建议》,杜殿坤译,北京:教育科学出版社,1984年版,第351页。

第四章
行走的思政课堂

"坚持理论与实践相统一"是习近平总书记在学校思想政治理论课座谈会上提出的关于思想政治理论课改革创新的具体要求之一。思政课实践教学是课堂理论教学的延续,是为了深化学生对课堂理论教学内容的理解而开展的重要教学环节。习近平总书记提出,要高度重视思政课的实践性,把思政小课堂同社会大课堂结合起来,在理论和实践的结合中,教育引导学生把人生抱负落实到脚踏实地的实际行动中,把学习奋斗的具体目标同民族复兴的伟大目标结合起来,立鸿鹄志,做奋斗者。

上海财经大学不断完善实践教学工作体系,通过创新实践教学形式、丰富实践教学载体、整合实践教学平台、深化实践教学内容等方式将理论知识学习与实践体验感悟融为一体,引导大学生走进基层、走向社会,在实践中检验真理,在实践中发展理论,进而促进大学生理论水平、思想素质和思维能力的全面提升。

一、教学实录与感悟

在"海派城市考古"中感悟人民城市的底蕴
——实践教学寻访虹口、杨浦街区

(一)现场教学报道

2023年4—5月,上海财经大学"习近平新时代中国特色社会主义思想概论"课程的部分学生在教研室主任姜国敏的组织和带领下,采取上海市近年来流行的"海派城市考古"文旅活动形式,分4批次前往虹口区四川北路街区、虹口区提篮桥街区和虹口滨江区域、杨浦区定海桥街区和杨浦滨江北段区域开展实践教学。

习近平同志在上海任职期间和担任中共中央总书记之后,一贯重视上海的城市建设和城市更新工作,特别是强调要对这座城市的历史、建筑、工业等历史遗产进行保护和活化利用。上海近年来兴起了"海派城市考古"文旅活动形式,这一形式很好地契合了习近平总书记对上海城市文化建设的重视,并被写入了2023年上海市政府工作报告。上海财经大学"习近平新时代中国特色社会主义思想概论"教研室从2020年开始,即遵循习近平总书记的重要论述精神,将"海派城市考古"的活动形式同实践教学工作相结合,以每学期3~4次、每次15~20人组队的形式,由教师带领同学赴虹口、杨浦等区域开展城市街区漫步和人文史迹寻访活动,切实感受上海的城市精神和"人民城市"底蕴,提高思政教学实效和学生获得感。本学期的实践教学活动在总结过去几个学期经验和同学反馈的基础上,结合上海城市建设和城市更新的进展情况,进一步优化和拓展了线路方案。

四川北路教学线路的一个考察重点是黄渡路李白烈士故居和沿途一系列日本侵华驻军遗迹,见证了近代中国遭受的帝国主义列强政治、经济、文化侵略,同时展现了中国人民特别是革命先烈顽强斗争的生动事例。另外,以多伦路文化名人街为线索,寻访鲁迅、茅盾、叶圣陶、柔石等文学家的活动印记,引导学生去了解他们熟悉的语文课文背后的作者的人生经历,进而加深对文学名篇的历史内涵的理解。实践教学团队尤其注意结合上海财经大学的校史文化育人功能,把活动的终点选择在了四川北路的一条支路厚德路上,以此勉励上财学子牢记"厚德博学,经济匡时"的校训,在今后的学习、生活和工作中努力前行。

提篮桥—虹口滨江教学线路的一个考察重点是围绕"上海浦"和"下海浦"的历史源头，探访上海城市文化之根，在一个上午的行走当中遍历上海农业文明时代生活样式和文化样态的遗迹和虹口北外滩街区在新时代的城市更新。另外，考察了虹口一带原犹太难民聚居街区遗址，上海在20世纪30—40年代接纳和保护了数万名逃离纳粹"魔爪"的犹太难民，中国人民同犹太难民守望相助的珍贵友谊，确证了习近平同志在2007年上海市第九次党代会上所作的报告中归纳的上海城市精神——"海纳百川、追求卓越、开明睿智、大气谦和"。

定海路桥—杨浦滨江北段教学线路的一个考察重点是寻访杨树浦路沿线棉纺厂、煤气厂、制皂厂、机器厂等一系列工业遗址，引导学生将眼前场景同教科书中所介绍的上海开埠、洋务运动、民族工商业发展、工人运动、资本主义工商业改造等知识点联系起来考察，从工业文明的发展史维度感受中国近现代史、中国共产党史、中华人民共和国史。另外，注重考察线路南北两端的定海桥和周家牌路两个居民社区，关注其中的生活场景和旧区改造工作，向同学展示近代以来工业厂区和工人阶级居住社区的伴生形态，并考察了新时代城市更新成果和未来建设方向。

(二) 教学感悟

2023级金融统计双学位专业关嘉琳：

"海派城市考古"不仅是一次简单的旅游体验，还是一次文化之旅、心灵之旅，让我对上海这座城市有了更深的感情，也让我对我们的传统文化和历史有了更深的敬意。我相信，这次活动将会成为我大学生活中难忘的一部分，并且激励我在未来继续探索和学习。

感受新时代人民城市新活力

——实践教学走进杨浦滨江

(一)现场教学报道

2020年10月6日,上海财经大学"习近平新时代中国特色社会主义思想概论"课程20余位同学,由任课老师姜国敏和课程助教带队赴杨浦滨江公共空间开展实践教学。

2019年习近平总书记在上海调研工作时,曾来到杨浦滨江进行考察并提出了"人民城市人民建、人民城市为人民"的重要理念,"习近平新时代中国特色社会主义思想概论"课程将这里作为本学期实践教学的第一站,正是要引导学生实地观摩杨浦区作为中国近代工业文明重要发源地的历史底蕴,切实感受新时代人民城市建设中赋予杨浦滨江的新内涵、新活力。

在实地寻访过程中,带队老师首先结合杨树浦路沿途的历史建筑和工业遗迹,讲解了其背后所折射出的中国现代化曲折进程和上海海纳百川、开放包容的城市精神。随后在以"红色启航"为主题的黄浦码头旧址,又向同学们介绍了周恩来、邓小平、聂荣臻、蔡和森、向警予等有志青年从这里出发赴法国勤工俭学、积极探索救亡图存新道路的事迹。

最后,实践教学团队一道参观了由杨浦滨江毛麻仓库旧址改建的艺术展馆里举办的以"遇见未来·上海维度"为主题的2020年上海国际摄影展,通过观摩镜头记录下的上海城市空间百态和人民生活的变迁,以及观摩展馆本身所代表的从"工业锈带"向"生活秀带"的转型,让同学们对未来充满了无限憧憬。

"习近平新时代中国特色社会主义思想概论"教研室经过筹划，采用全班分多批次就近出行的形式开展实践教学活动，并经过事先多次踩点，进行了行动路线和教学内容的合理化规划。本次杨浦滨江的实践教学，让同学们深刻领会了"人民城市"的红色底蕴，也在"习近平新时代中国特色社会主义思想概论"课程中切实提升了精神面貌。

(二)教学感悟

2020级数据科学与大数据技术专业谷炜：

"人民城市人民建、人民城市为人民"这一理念，深刻地体现了城市发展的根本目的与价值取向，强调了城市不仅是物质文明的体现，更是精神文明的载体。城市的一砖一瓦，都应承载着人民的期待与梦想，每一项规划与建设，都应以满足人民需求为首要任务。这要求我们在城市规划与建设中，广泛听取民意、尊重民意，让市民成为城市发展的参与者和受益者。同时，城市的发展也应注重公平与可持续性，确保公共资源的合理分配，保障每一个市民都能享受到城市发展带来的便利与福祉。这一理念的实现，需要政府、社会组织和广大市民的共同努力，共同营造一个和谐、宜居、充满活力的城市环境。

2020级数据科学与大数据技术专业兰一铭：

杨浦滨江作为上海的工业遗址，其改造和建设不仅展示了城市更新的活力，也体现了"人民城市人民建、人民城市为人民"的理念。在参观中，我被杨浦滨江的现代化设计与历史遗迹的融合所吸引。这里，工业时代的旧仓库、老厂房被赋予了新的功能和生命，成为艺术展览、文化交流和休闲活动的场所。这种创新性的改造，不仅保留了城市的记忆，也为市民提供了新的公共空间。这使我感受到，城市的发展不仅仅是高楼大厦的建设，更重要的是文化和历史的传承，以及对市民生活质量的提升。杨浦滨江的建设，展现了城市规划中对生态、历史、文化和市民需求的综合考量。通过这次参观，我更加认识到，我有责任和义务参与到城市的可持续发展中，为建设更加宜居、有活力、有文化的城市贡献自己的力量。

上海践行习近平经济思想探微

——实践教学寻访陈云故居、东方绿舟国防园

(一)现场教学报道

为了进一步传承和弘扬中国精神、推进"四史"学习教育,2023年5月6日,马克思主义学院"思想道德修养与法律基础"课程组范静老师与裴学进老师,分别带领2021级会计专业、财管专业和国际会计本科生共340余人,赴中共一大会址纪念馆、陈云故居、东方绿舟国防园开展实践教学活动,把思政小课堂同社会大课堂结合起来,缅怀革命先烈,强化思政教育,努力丰富同学们的历史感知,深化课堂教学内容,加强以爱国主义为核心的民族精神和以改革创新为核心的时代精神教育。

上午,师生一行参观了中共一大会址纪念馆。场馆内陈列着许多珍贵的革命历史文物,并且有动态多媒体等展示形式,更好地突出了主题,提升了展览的可看性。同学们跟随讲解员,详细了解了中国共产党为挽救国家和民族危亡而进行的英勇斗争和艰苦探索,以及中国共产党的产生、发展与成熟。展览厅内展示了中共革命前辈的照片和资料,我们看着一张张照片,不由自主地思考着它背后的故事。驻足在一件件展品前,感悟光辉历史,大家仿佛又回到了那个风雨如磐的年代。同学们时而庄重凝视、时而低声交流、时而感慨万千,真切地感受到了革命先烈们抛头颅、洒热血的英雄气概,深切体验到了今天的美好生活来之不易。参观结束时,同学们纷纷写下自己对祖国的美好祝愿。历史的红色旅程是由革命先辈们开创的,未来的红色旅程则要靠新时代的青年去开创,我们要肩负起新时代赋予的责任,不忘初心、砥砺前行。

下午，同学们继续前往陈云故居进行参观。陈云同志是伟大的无产阶级革命家、政治家，是杰出的马克思主义者，是中国特色社会主义经济建设的开创者和奠基人之一，是党和国家久经考验的卓越领导人之一。在讲解员的引领下，同学们怀着对老一辈革命家陈云同志的崇敬之情认真参观了纪念馆。参观过程中，同学们细细观看史料，一幅幅生动感人的图片，一篇篇弥足珍贵的文献，一件件凝聚着对党和人民款款深情的实物，让大家直观而真切地感受到了陈云同志优良而朴素的作风。各个展厅展出的图片、文献、实物等全面和真实地展现了陈云同志波澜壮阔的革命经历和他为中国革命和建设事业做出的历史功绩，给大家留下了深刻印象。陈云同志廉正而伟大光辉的一生指导我们如何继承先辈的事业，如何忠诚于党的事业，争做一名优秀的共产党员。

为增强同学们对我国国防安全的认识，一行人前往东方绿舟国防园进行参观。进入基地，庞大且壮观的模拟航空母舰给同学们带来了直观震撼，引导员带领师生进入模拟航空母舰内部，模拟航空母舰顶楼广阔的飞机跑道仿佛是在陆地，展示栏上面关于山东航空母舰和辽宁航空母舰的对比，让同学们深深感受到掌握自己的技术的重要性。讲解员还讲述了红军长征途中战士们的故事，先辈们历经磨难，依靠着顽强意志爬雪山、过草地；我们生活在和平年代，依然要将长征精神、革命精神谨记于心。武器展览区深受同学们喜爱，同学们认真观赏现有武器模型，对我国的国防事业表现出极大的关心。作为国家的栋梁，同学们表示不仅要在自己的专业领域做好，更要关心国家大事，关心国防安全。

本次活动让同学们感受到了革命先辈为了国家而做出的牺牲和面对困难表现出的顽强精神,今天的青年应传承和发扬先辈们的优良品质,为了国家富强和民族振兴奉献自己的力量。

(二)教学感悟

2022级财务管理专业边柳娜:

本次实践活动我们参观了中共一大会址纪念馆、陈云故居以及东方绿洲国防园,其中陈云故居给我留下了十分深刻的印象。陈云先生日常用品的展览区让我了解到了生活中的他,而那条长廊让我感受到了他的伟大。陈云先生在生活中的节俭,对生活的热爱让人津津乐道;在领导全国财政经济工作中表现出来的卓越才能,为毛泽东同志所赞扬,为全党所钦佩。在一般人的刻板印象中,财经人或许是功利的,是满脑子只想着如何赚钱的。陈云先生打破了这种刻板印象,他的财经才能是为了钱,却不是为自己赚钱,而是为了全国人民的幸福,为了中国的富强。他在生活中也不是无趣的,他喜爱书法,热爱评弹,也会给家人照相,是充满生活情趣与人文情怀的。在我看来,陈云先生给我们这批未来的财经人树立了正确的榜样,真正做到了"厚德博学,经济匡时"。

2022级会计学专业徐欣怡:

在中共一大会址的纪念馆里,墙上的两句话"民众觉醒,主义抉择""开天辟地,日出东方"深深地震撼了我的内心,联想到之前热播的电视剧《觉醒年代》,我对"民族觉醒了,中国才有希望"这句话有了更深的理解。在陈云纪念馆,我看到陈云穿着有破洞的衣服,听到讲解员说即使他的夫人和他在一个单位上班,他也让他夫人骑自行车上班,而不是搭乘政府分配给他的红旗牌轿车,他的清正廉洁让我感到敬佩。在东方绿舟国防园,我看着陈列着的各种武器,想起早上在中共一大会址纪念馆看到的一句话"落后就要挨打",在军事方面尤为如此，我们并不是生活在一个和平年代，而是生活在一个和平的国家。

2022级会计学专业何晓燚：

这次的实践课可以说是一次沉浸式的党史爱国教育体验。随着讲解的进行，具有现代感的科技与洋溢着历史气息的名人物品交相辉映，让我仿佛走进了过去那个思想激荡、群星璀璨的年代。以满目疮痍的圆明园起始，以载着希望的红船为终。3D投影技术让先辈们的音容笑貌穿越时光再现眼前，镶嵌着《新青年》杂志的玻璃墙设计给人强烈的视觉冲击，明灭闪烁的彩色灯光地图直观展现"星星之火，可以燎原"的党的发展过程。那些历史书上熠熠生辉的名字、那段英雄辈出的峥嵘岁月在这次实践活动中有了温度，让我感受到了心灵的洗礼与思想的激荡。

2022级财务管理专业饶桐菲：

交错的镰刀与锤子，成为一支红色队伍的起点，一场伟大变革的先锋，成为无数人记忆里的光。在那百年之后，一个秋日的绵绵雨雾里，一群青年来到中共一大会址，跟随前辈的脚步重走觉醒之路。我们通过那一代人留下的遗迹——纪念馆中展出的激扬的手书、铿锵的话语、质朴的衣着，还有种种传递红色声音的报刊等——来感受那段历史，更加深刻理解了革命之路。它不只是历史书上的几行文字，也不只是停留在纸面的宣言，而是几代人的理想。今天，红色的接力棒传到了我们这代人的手中，民族振兴的道路，也要由我们走下去，传递记忆里那不灭的光。

2022级会计学专业李雨桐：

在此次的实践教学活动中，令我印象最深刻的是中共一大会址。虽然我们无法在时间的坐标轴上和他们相遇，却因脚踩同一片土地而感到自豪。站在脚下这片土地上，我不禁想象百年前党代表们共同出席中共一大的场景，一次次讨论仿佛就在我眼前进行，一个个决议好似就在我面前通过。在参观过程中，我真真切切地感受到了建党历程的不易。在党的成立和发展过程中，让我感悟最深的两个字就是"初心"。在多方的质疑中，共产党前辈们坚守着自己的初心，坚信只有社会主义才能救中国，在质疑重重中坚守着自己的初心，在困难重重中用社会主义改造中国。作为新时代的大学生，我们要继承和发扬党的前辈们的精神，脚踏实地，为国家的建设添砖加瓦，为中国梦的实现贡献自己的力量。

2022级财务管理专业席艳欣：

在短短几个小时的实践教学中，我们一路走、一路看、一路感。作为一个文科生，从前我见到的历史在文字里、在书本中。我原以为自己对中共一大、五四运动、社会主义建设这些曾经背过无数遍的历史事件已经没有特殊的感觉，但是当我看到邓世昌使用过的藏书章、解放军战士用过的破旧的水壶、陈云前辈满是补丁的毛裤……我差点落泪，第一次感觉那段历史离自己那么近。我仿佛穿越到了那个战火纷飞的年代，同无数有志青年为了中国的美好明天而不惜牺牲一切。我深深体会到我们现在的幸福生活是无数革命先驱用生命才换来的。我想，作为新时代的青年，珍惜当下，迎难而上，就是对英魂最好的纪念。

2022级金融硕士专业沈一诺：

一大风云岁峥嵘，艰苦卓绝诉苦衷。

万众一心为匡时，报国壮志终成功。

陈云老将功不朽，革命改革有始终。

斑驳砖瓦引追思，教训青年记心中。

军舰基地威风凛，夯实军事方出头。

发展才是硬道理，强国一代我辈雄。

此次参观中共一大会址，令我印象最深刻的是寒冬战场上士兵夫妻轮流穿的棉裤——叠起来只有薄薄两层，打满了一个又一个巨大的补丁，但是在当时那个物资匮乏的环境下，这却是他们御寒的宝贝、是他们冬日里唯一的慰藉。这条棉裤带给我的冲击让我反思自己，反思在这样一个物质充裕的年代里，我在衣食住行上的所作所为是否辜负了前辈们的血泪。谨以此共勉，追古思今，珍惜眼前。

推动乡村振兴，建设美丽乡村
——实践教学赴奉贤区护民村

(一)现场教学报道

为推动乡村振兴战略实施，提升美丽乡村建设水平，激发当代青年的"三农"情怀，2023年11月8日上午，上海财经大学师生赴奉贤区护民村进行实地调研，以青春之力助力乡村振兴。本次实践教学由上海财经大学马克思主义学院王岩老师和王伟杰老师带队，并有幸邀请到护民村顾书记及村委会干部，共有40余名上海财经大学师生参与本次活动。

顾书记重点围绕"护民""富民"和"福民"三大主题为上财师生介绍了护民村的基本情况。护民村滨水而建，交通便利，产业以水稻种植、花卉基地和电商销售为主，以非物质文化遗产琉璃艺术园作为村庄特色。顾书记深情表示，护民村始终以增长村民福祉为己任，把护民、爱民落实到家家户户，从"护民"到"富民"再到"福民"是护民村的初心和使命。自党中央实施乡村振兴战略以来，护民村针对田、水、路、林、宅5个方面制定政策，推行乡贤文化，鼓励青年回乡创业，创新社区治理建立"属长制"，探索出了具有奉城特色的社会治理现代化新路径。

护民村第二站,顾书记带领师生参观了大伦琉璃艺术馆、宠嘟嘟萌宠乐园和宝熠花卉种植专业合作社。琉璃馆将非遗传承融合乡村发展,发掘非遗价值,将非遗元素融入社区建设,服务基层社会治理。在萌宠乐园,师生们考察了护民村宠物经济产业情况,了解到宠物经济产业为经济发展带来新的增长点。花卉种植合作社采用"党支部+企业+合作社+农户"的发展模式,集种植、销售、技术培训交流为一体,帮助周边农村贫困残障人士精准脱贫,并进一步推动了护民村由传统农业向特色种植业的转变。师生们在调研过程中深刻体会到了村民们对美好生活的追求与展望,以及乡村振兴给人民生活水平带来的巨大提升。

通过本次实践教学活动,同学们体会到了实施乡村振兴战略是建设现代化经济体系的重要基础,领略到了党和国家在乡村振兴中发挥的重要作用,更懂得了当代青年应担起己任,提高综合素养,传承乡村振兴精神,让祖国更加繁荣富强!

(二)教学感悟

2022级国际金融专业姜奕廷:

通过实地调研,我意识到乡村振兴不仅仅是经济发展,更关乎文化传承、生态保护和社会公平。这次经历让我更加坚定了用所学知识为乡村发展贡献力量的决心,同时也锻炼了我的沟通协调能力和解决问题的实际能力。我将这份感悟转化为行动,希望能够为乡村振兴贡献自己的一份力量。

2022级保险精算专业高孟思远:

参与上海奉贤护民村的实践调研,让我对乡村振兴有了更为直观和深刻的理解。护民村作为城乡结合部的典型代表,其发展模式和面临的挑战都具有代表性。护民村在生态保护和绿色发展方面的努力,让我看到了乡村振兴的可持续发展路径。这次实践调研,不仅让我增长了见识,更激发了我为乡村发展贡献青春力量的热情。

入故地学党史，寻踪迹感巨变
——实践教学寻访张闻天纪念馆、中国航海博物馆

(一)现场教学报道

2023年5月21日，上海财经大学"中国近现代史纲要"两个教学班共60余人在教研室主任韩炯老师以及黄飞老师、李灵玢老师的组织和带领下，前往浦东张闻天纪念馆和航海博物馆开展实践教学活动。

张闻天是中国共产党早期领导人之一，1925年加入中国共产党，历任中共中央宣传部部长、中央政治局常委、中央书记处书记、外交部第一副部长。

张闻天纪念馆位于上海市浦东新区祝桥镇川南奉公路4398号，包含张闻天故居和张闻天革命史迹陈列室两个部分。张闻天故居现在整体保护状况较好，南侧种植菜园，整体环境体现出浦东地区传统农村民居的风貌。修复后的故居占地面积686平方米，建筑面积495平方米。宅院前有菜园、绿树，后有翠竹、河沟，周围竹篱环绕，一派田园风光。这些都保持着张闻天青年时代的风格，具有浓郁的乡村气息和浦东传统农居特色。

张闻天革命史迹陈列室分十个展厅陈列了张闻天同志生前珍贵的253副照片、266件实物，展示了张闻天同志追寻救国救民真理和在党的各个历史时期做出重大贡献的光辉一生。

同学们跟随讲解员，从第一部分到第十部分依次了解了张闻天同志光辉、伟大的革命事迹。张闻天1925年加入中国共产党，同年赴苏联莫斯科中山大学、红色教授学院学习。1930年回国，1931年任中共中央宣传部部长，临时中央政治局委员、常委。1934年10月参加长征。长征期间，张闻天坚决支持毛泽东的军事主张，为挽救党和红军，实现党的军事路线的根本转变做出了重要贡献。延安时期，张闻天长期主管全党的理论宣传和干部教育工作，为推动全民抗战做了大量宣传和教育工作，为党培养了一大批干部。在1950年以后，张闻天转到外交战线，先后担任驻苏大使和外交部常务副部长，参加了当时我国一系列重大外交活动，为新中国的外交事业做出了显著成绩。

同学们深刻感悟了张闻天同志从出生到投身革命，为党和人民无私奉献的伟大人生。2022级计算机科学与技术专业庞雅萌同学感叹道："张闻天先生一生跌宕起伏，听着导游的讲解，看着一件件富有年代感的展品，我眼前仿佛出现了那位书生气浓厚，一心为党一心为国，不怕苦不怕牺牲的张闻天先生。"2022级保险精算专业王亦乐同学也说："参观张闻天故居，我了解到了一位信仰坚定的共产党员，他将自己的一生都奉献给了马克思主义理论研究和为人民服务的事业当中，正如张闻天所说，生命如流水，只有在它的急流奔向前去的时刻才美丽、才有意义。"

下午，同学们来到上海中国航海博物馆参观学习。上海中国航海博物馆是我国首个经国务院批准设立的国家级航海博物馆，占地面积24 830平方米，建筑总面积46 434平方米。它不仅展示着中国数千年的航海历史，还展现出了中国海洋文化和海洋开发的重要性。同学们在馆内专业解说员的带领下参观"寻巴记：中华文明多元一体系列展"以及船舶馆、海事与海上安全馆等常设展馆。

船舶馆主要展示现代船舶的结构与设备以及不同时代的造船技术。展示船舶结构时，制作了1∶6大型万吨级货轮高仿真剖面模型，船长约25米，高度贯穿两层展示空间。现代造船业区展示了现代大型船舶的建造和使用。近代中国由于经历了许多战乱和抗争，导致造船业的发展非常缓慢，直到20世纪50年代才开始蓬勃发展，成为全球第一大造船国。该展区使同学们在学习船舶建造历史的过程中，也以此为缩影加深了对中国近代史的了解。2022级外国语学院黄可晴表示："通过参观中国航海博物馆，我不仅深刻体会到了中国古代航海技术的先进和现如今航海事业的新技术，更感受到了其中传递的中国'热爱祖国、睦邻友好、科学航海'的精神。从郑和下西洋到远东国际贸易，从沙船、福船到航空母舰，中国的航海事业经历了辉煌和衰落，现如今又再一次不断突破自身、取得成功。通过这次参观，我对中国航海事业有了更深的了解，也深刻体会到了中国的航海精神。不论是古代航海家的拼搏精神还是现如今的科研人员的奋斗精神都是值得我尊敬和学习的。"

此次教学活动，丰富了同学们对近现代史的学习体验——走出教室，走进现场；走出教材，走进现实。在张闻天纪念馆的学习让同学们深刻体会了邓小平同志所说的"张闻天同志的一生，是革命的一生，是忠于党、忠于人民的一生"。在航海博物馆的参观学习促进了同学们对中国海防的思考，提升了同学们对中华民族共同体的认识。

(二)教学感悟

2022级数据科学与大数据技术专业李嘉鑫：

我们的课程实践活动于此就告一段落了，虽然只有一天的时间，但是"融通古今"的核心内涵贯穿其中，让我于各个角度去欣赏属于历史的美，并不断奋勇前进！

擦亮上财青春底色,争做知行合一的新时代青年
——实践教学走进"枪杆子与钱袋子"红色特展

(一)现场教学报道

为贯彻习近平总书记关于"创新课堂教学,给学生深刻的学习体验,引导学生树立正确的理想信念"指示,马克思主义学院"中国近现代史纲要"教研组结合2021年新版《中国近现代史纲要》教材教学目标,以"争做新时代知行合一的上财新人"为主题开展实践教学活动。2021年10月9日,来自2021级投资学、经济学专业近300名新生,在教研室主任韩炯老师的带领下,参观了"枪杆子与钱袋子"上海财经大学馆藏红色票据特展,将党史教育、校史教育融入情景教学,取得了良好效果。

同学们分批有序地参观了校史馆、商学馆、保险馆、货币馆等展厅,细致了解我校百年的历史变迁,近代以来商科、保险业的发展沿革以及不同历史时期根据地的经济政策等知识。同学们于校史馆中见证上财风雨中的百年变迁,于商学馆中了解中国近代商学的发展历程,于保险馆中学习中华民族保险业的发展,于货币馆中洞见中国从古至今货币的演变及其与社会生产方式的紧密联系。

观看一件件刻有时代痕迹的实物和一幅幅带有岁月沧桑的文史图片后,同学们的历史感和历史意识被迅速激活。有的同学驻足专注察看,有的同学不时拍照"打卡",有的同学在聆听展馆老师生动、细致的讲解后低声交流讨论。在校史馆,很多同学对我校历史上第一批校友的经历抱有浓厚兴趣,获知这些"老学长们"在各自领域做出的巨大贡献后,无不表示由衷的钦佩,并表示一定以他们为自己的榜样,把青春写在祖国大地上。

同学们重点参观了"枪杆子与钱袋子"上海财经大学馆藏红色票据专题展。该展从我校博物馆馆藏文物中精选近 150 件红色票据,包括土地税票、借谷证、红军粮票、工商税票等,给同学们留下了深刻的印象。专题展由"红色财经大事记""收拾金瓯一片,分田分地真忙""自己动手,丰衣足食"和"发展生产、繁荣经济、公私兼顾、劳资两利"四部分组成,在高冰冰副馆长和陈玉琴、花苑等老师的讲解下,同学们对土地革命战争时期、全面抗战时期和解放战争时期的土地政策、税收政策以及保障军事斗争、发展生产的各类经济政策有了比较全面的了解,对红色财经发展历程及其对新民主主义革命的重要贡献有了更深的认识。

2021 年是中国共产党成立 100 周年,站在"两个一百年"的历史交汇点,回顾中国共产党从诞生到发展壮大的光辉历程和故事,青年学子必须学好党史。红色票据描绘了我党红色财经工作的壮阔图景,体现了我党始终为人民利益和国家富强而不懈奋斗的初心。本次情景教学,激发了同学们对于中国近现代历史的兴趣,增强了做上财人的自豪感、使命感和责任感,坚定了对民族复兴进程不可逆转的强大信念,使他们受到了一次深刻的建党精神洗礼。

本次实践教学取得了良好的效果,情景教学模式受到好评。课后随机调研显示,67 名同学中,近九成同学系首次参加情景教学活动,92% 的同学表示本次情景实践教学对理解课程知识有帮助,认为"非常有帮助"的占六成以上。

(二)教学感悟

2021级经济学拔尖班洪嘉伟：

一枚饭票，见证了中国共产党艰苦奋斗的岁月，也印证了我军对铁纪的严格遵守。在解放战争时期，中国共产党更加系统地提出了"公私兼顾，劳资两利；发展生产，繁荣经济"的基本原则，为新中国的建立奠定了重要基础。此外，中国共产党不仅废除了原本的陋规，还建立了新的税收法则，使其更加合理和有效。这些都让我们体会到，中国共产党的伟大与智慧，中国军人的奋斗与刻苦。正是因为他们拥有如此多的优良品质，我们才能顺利地拥有"钱袋子"，并且在这个基础上获得了属于自己的"枪杆子"，创造了属于自己的辉煌。而我们现在，就是要铭记前人的辉煌，并且在此基础上，给出专属于我们的时代答卷。

2021级投资学专业孙亦婷：

从校史馆、商学馆、保险馆、货币馆，到"钱袋子与枪杆子"专题展，我所看到的一件件文物背后是一段段完整的故事，是历史的一个片段，它们诉说着时代的变迁。在中国的历史长河中，经济发展与人类进程息息相关。中国近代的经济变迁是在国门被迫打开，外商倾销、原有经济基础被破坏下，一批爱国仁人志士奋起抗争、抵御外来侵略的体现。

2021级投资学专业黄若家：

这一次参观的馆厅众多、内容丰富，使作为上财学子的我们对上海财经大学这所学校的百年校史有了更多的了解，对中国共产党在经济方面做出的努力也有了更深层次的理解，感受到了其与时俱进的创新精神、实事求是的务实精神。我们需要在党的领导下，秉持"厚德博学，经济匡时"的校训，为祖国的经济繁荣贡献力量。

2021级数量经济(中外合作)专业潘秝申：

通过此次参观，我更加懂得了自己作为经济学院学生的责任与担当，学习经济类的专业知识不仅是我以后工作时的职责需要，更是我奉献社会的一种方式。我将努力学习专业知识，成为一名优秀的共产党员，将财经知识变成为人民谋幸福的保障。

2021级经济学专业王靖元：

无钱不聚军，无信不赢心。钱袋子里出枪杆，红色金融筑后盾。货币与革命始终难分难解，经济与军事血脉相连，中国共产党人在早期的革命实践中，就深深地认识到金融与财经的重要性。这次实践教学活动对我产生了极大的教育意义，作为未来的财经人，我希望能运用自己的才能，为新时代的中国经济发展添砖加瓦，继续传承红色财经，延续光荣血脉。

2021级经济学专业高佳悦：

"枪杆子与钱袋子"是中国共产党建立新中国的两大成功要素，也是中国共产党建设国家的两大秘诀。"枪杆子"强了，可以保护中国领土不受侵犯，中国人民安居乐业；"钱袋子"鼓了，中国人民对共产党更加认可，更加积极地拥护共产党。在中国特色社会主义新时代，我们仍要注重"枪杆子"与"钱袋子"，加强国防建设，助力经济发展，实现中华民族伟大复兴的中国梦！

赓续革命精神 勇担时代使命

——实践教学开展"读史阅世、明志铸魂"系列活动

(一)现场教学报道

2020年12月6日,"中国近现代史纲要"课程组师生走进宝山,开展"赓续革命精神、勇担时代使命"红色寻根活动。在王志明、韩炯、黄飞老师的带领下,来自2020级的工商管理、会计和财务管理等专业近400名本科生参加了此次实践教学活动。

"历史是最好的教科书,历史是最好的营养剂。"随着"四史"教育和新文科建设不断升温,学好中国近现代史,变得更加关键。"中国近现代史纲要"课程是高校思想政治理论课的重要组成部分,是对学生进行思想政治教育的主渠道、主阵地。加强历史观教育,除了注重中国近现代史知识体系的学习和掌握,还应当帮助学生走出文本、走进场馆、走向生活,深入认识和了解国情世情,培养历史与现实相互贯通的精神。开展实践教学不失为一种有效的途径。

活动准备阶段,韩炯老师在课堂上比较详细地讲述了抗日战争的历程及其在中华民族复兴进程中的伟大转折意义,以及中国共产党何以在关键时刻成为民族抗战的中流砥柱。此外,韩炯老师还引导同学们探究如何超脱资本和艺术的劝诱,科学客观评价上海在抗日战争中的作用和地位。带着浓厚的求知欲、历史感和对英雄的敬仰之情,同学们踏上了这趟红色寻根之旅。

参观"艰苦卓绝"主题展,感受众志成城的抗战精神

淞沪抗战纪念馆是红色寻根之旅的第一站,也是重要的一站。上海淞沪抗战纪念馆新馆刚刚正式对外开放,是全国唯一反映两次淞沪抗战的专题纪念馆。"艰苦卓绝——上海抗战与世界反法西斯战争"主题展,是上海目前唯一一个全面反映上海14年抗战历史过程的主题展览。

入场后,同学们专心致志地观看,"艰苦卓绝"四个大字,镌刻在上海淞沪抗战纪念馆入口处的墙壁上。

展览除了通过1 600多件珍贵文物真实再现上海抗战历史,还通过沉浸式4D体验、主题变换雕塑、光影艺术装置等现代技术,帮助观众身临其境地体味历史的厚重。在2020级投资学专业的王炳杰同学看来,它们"无声诉说着上海抗战时期那些青山呜咽,草木含悲的日子,也深深烙印在中华民族的历史长河中。侵略者的残忍、敌军的野蛮暴行越是骇人听闻、令人发指,越发映衬出中华儿女们慷慨赴死、前仆后继的精神"。

很多同学特别关注"东京审判"部分,正如一位同学所言,这一篇章"让人体味到罪恶得到惩罚、正义得到伸张的历史正义感"。部分同学或者特别关注上海文化界的抗战救国活动,或者特别关注上海地区隐蔽战线的抵抗运动。巨幅文献式全景画《中国代表团签署联合国宪章1945》带给同学们巨大震撼。2020级王炳杰同学表示:"一张张图片展板、一段段史料讲述,浓缩了中华民族一步步走向伟大复兴时惊天动地、波澜壮阔的发展历程,展现了党和人民不屈不挠的奋斗征程,震撼寰宇、动人心弦。点点哀思共鸣,勾勒出我们这批同学的心理波动,也让我们更清晰地感受到身上流淌着的血脉基因。"

祭扫烈士陵园,铭记解放上海的英雄功绩

红色寻根之旅的第二站是上海解放纪念馆。1949年5月27日,上海正式解放,宣告了这座城市的新生,标志着盘踞在上海近百年的殖民统治彻底终结。

"长夜难明赤县天,百年魔怪舞翩跹。"上海解放纪念馆里,人民解放军前仆后继、浴血奋战的壮观画卷重现了那段红色记忆。那些为上海解放而英勇牺牲的7 613名解放军官兵,与无数的民族英雄一起,永远活在人民的心中。为了表达对英烈的深深缅怀,同学们手持康乃馨,面向英雄纪念碑鞠躬致敬,在国歌声中,重温那炮火连天的岁月和英勇壮烈的牺牲,意识到新中国的来之不易。随后,同学代表向英烈敬献花篮,同学们绕行纪念碑一圈,表达对革命先烈的哀思。

寻访吴淞炮台,感受民族复兴的来之不易

返程途中,同学们兴致勃勃地参观了位于吴淞口的吴淞炮台。吴淞炮台历史悠久,是近代抗击外来侵略的重要阵地。张天钰同学说:"锈迹斑斑的大炮让我想起了身负重伤的将军,用躯体守护着惨遭敌人无情凌辱的祖国。"在陈锴晴同学看来,陈设着抗击日军的"威慑之炮""机动之炮",解放上海的"爱民之炮""攻坚之炮",无言地展示出战争的残酷和战士们保家卫国的高尚情操。游乐场里孩子们的欢声笑语仿佛仍在耳畔响起,我忽然意识到:正是过去铁与血的牺牲与战争,才换来今日笑与歌的幸福与和平。原址为长江滩涂地,其陆地从20世纪60年代起由钢渣陆续回填而成,具有悠远的历史文化和丰富的人文景观。如今这里正焕发出勃勃生机,其周边湿地已经成为展示物种多样性和休闲的现代生态文明示范地,也是对我们国家"五位一体"建设理念的生动诠释。同学们认识到,个人成长与民族命运紧密相连,把祖国建设成为世界现代化强国,是大家义不容辞的责任。

同学们站在这片土地上,听着江面的浪花激荡,昔日的炮声似乎还在回响,站在历史的前沿回望,终于明白了牢记历史的意义。通过现场教学、实地参观、思考领悟,同学们对民族历史多了一丝敬畏、多了一份温情。张天钰感慨地说:"像这样的教学实践活动,将课上的理论知识化为了真实生动的景物,给我们提供了亲身接触历史的机会。历史激荡在我的脑海中,历久弥新。"王炳杰同学说:"我们深知,铭记历史是我们应尽的责任;但我们更应牢记,对历史最好的致敬,是开创更美好的未来。"

"读史阅世、明志铸魂"活动,遵照十九届五中全会精神和新文科建设精神,注重读国史察国情、理论与实践二元并举,旨在激发新时代青年的爱国之情和报国之志,增强历史教育的明志铸魂功能。

(二)教学感悟

2020级投资学专业陈锴晴:

抗日战争是中国人民反侵略战争从失败到胜利的伟大转折,是中华民族复兴的伟大开端。经过战争烽火考验的中国共产党,历经磨难而不衰,千锤百炼更坚强,成为领导人民救亡图存、顶天立地的伟大砥柱。2020年是抗日战争胜利75周年,也是联合国成立75周年。在展厅中呈现的油画与图片展览,再现历史瞬间,昭示战争灾祸,呼吁我们珍爱和平。

回顾百年党史，感知航海科技
——实践教学前往中共一大会址、中国航海博物馆

(一)现场教学报道

2023年6月3日，上海财经大学95名学生在任课老师夏明月教授、助教孙莹博士的组织和带领下，前往中共一大会址和中国航海博物馆回顾中国共产党的百年光辉奋斗历程，感知中国航海技术发展的无限魅力。

上午，在中共一大会址质朴而厚重的石库门建筑内，同学们认真端详着由陈望道翻译的国内第一版《共产党宣言》，通过一件件文物拨开历史的云烟，细致了解了中共一大召开的曲折历程，惊叹于中国共产党百年来取得的伟大成就，更为无数仁人志士前仆后继、艰苦奋斗的精神所鼓舞。

中共一大会址纪念馆新馆，由中共一大会址、宣誓大厅、新建展馆等部分组成。基本陈列展厅建筑面积约3700平方米，聚焦中国共产党建党初期在上海的革命实践，展出各类展品超1000件，其中实物展品600余件。在这里，一段段承载历史的影像与锈迹斑斑的文物无不揭示着旧中国人民的苦难。在许多次失败的尝试后，中国共产党站了出来，带领人民开辟出全新的道路。通过一组组坚实有力的数字与细致入微的讲解，同学们深刻理解了中国

共产党为何是历史的选择,并将中国共产党的初心与使命作为指引自身发展的理想灯塔。随后,同学们又参观了渔阳里中共中央机关旧址,探寻中国共产党的初心始发地。

下午,同学们来到滴水湖畔的中国航海博物馆继续参观。中国航海博物馆全称"上海中国航海博物馆",是我国首个经国务院批准设立的国家级航海博物馆,位于上海市浦东新区临港新城,占地面积 24 830 平方米,建筑总面积 46 434 平方米。中国航海博物馆旨在发扬光大"热爱祖国、睦邻友好、科学航海"的精神,大力弘扬中华民族灿烂的航海文明和优良的传统,展示中国航海事业的发展历程及其对世界航海科学发展的贡献,展示中国航海事业的新技术、新成就。在临时展厅,同学们赞叹巴蜀之地器物的珍奇,也被巴蜀人民血脉中流淌的美学追求与尚武精神所触动。在博物馆中,同学们见证了人类悠久的航海历史,并学习到了许多现代海事知识。

行程的最后,同学们参观了 5 月 22 日刚揭牌的"上海财经大学滴水湖高级金融学院",同学们有着浓浓的归属感和自豪感,感觉到了上财是我家,同时感受到了临港新城浓厚的创新氛围。

本次实践课活动,教师带领同学们了解了中国共产党建党、建国所历经的艰辛,以及在中国共产党的带领下中国所取得的巨大成就;此外,通过带领同学们参观上海中国航海博物馆,使同学们感受到了中国人民的不竭智慧与团结力量,更加激发了青年学生勇担时代复兴大任的责任感。大家表示收获满满,政治素质、道德修养得到了提升。

本次实践活动内容丰富,囊括历史人文、科学技术与未来城市发展等方面,从多个角度培养了学生的爱国主义情怀,同时积累了实践经验,从而有效提升了学生的综合素养。

(二)教学感悟

2022级社会学专业朱奕臻：

此次参观中共一大会址活动让我特别有感触，在中共一大纪念馆里，岁月静静流淌。中国共产党诞生的光辉历史仍然历历在目，承载首创精神、奋斗精神、奉献精神的无数先辈们，他们引领时代，奋发向上，展现了中国共产党人的精神风范。昔日他们处于乱世，仍以满腔热血开启新篇章；今时，我们生于盛世，更应以责任与担当开万世之太平。作为新时代的接班人，我们要肩负起历史使命，努力提高自身素养，树立终身学习的观念，通过不断学习来适应社会，坚定战略自信，高举中国特色社会主义伟大旗帜，奋力谱写全面建设社会主义现代化国家崭新篇章。

2022级经济学专业崔珂铭：

我刚进入中共一大纪念馆，就被庄严的氛围所感染，鲜红的党旗像火焰照耀着馆里的每一个角落，也照耀着每一个人，一种感动油然而生。展览厅里面摆放着中国共产党的历史文物，陈列着中共革命前辈的资料。展品集中反映了中国共产党早期领导人开展革命活动、筹建中国共产党的革命历史。空气因为历史的重负而变得凝重和肃穆，馆里的每一位参观者都放慢了脚步，眼眸中饱含着追思和敬仰，用心去体会、去品味一件件展品中铭刻的光荣与辉煌。

参观完展览厅，强烈的情感共鸣在心中激荡。在百年接续奋斗中，中国共产党团结带领人民开辟了伟大道路，建立了伟大功业，铸就了伟大精神，积累了宝贵经验，创造了中华民族发展史和人类社会发展史上的伟大奇迹。

2022级社会学专业宋思帆：

今天我来到了中共一大会址纪念馆参观。这个地方是中国共产党的诞生地，也是爱国革命家们团结奋斗、擘画蓝图的地方。馆内展览的历史文物和照片，让我受到了极大的震撼和启示。在参观过程中，我深深地感受到了那个时代的仁人志士们所经历的艰辛和他们的付出，他们为了民族独立和人民解放，抛头颅、洒热血，不惜牺牲自己的一切。

参观上海中国航海博物馆让我更加深刻地了解了中国在航海领域的卓越贡献，以及航海文化在中国的历史和地位。在博物馆里，我看到了各式各样的水手用具和模拟航海器材，还有大量珍贵的历史图书和文物，这些都让我对中国的航海史和航海文化有了更深了解。

2022级社会学专业洪明杨：

在6月3日这天，在老师的带领下，我们进行了一次不一样的"夏游"，参观中共一大的旧址与新址，尽管空间大小、布置等方面不同，但那时候的共产党人不畏艰难险阻，开天辟地的精神被体现得淋漓尽致。吃完午饭，我们来到了中国航海博物馆，在门口我便被它的设计感所吸引。在讲解员的讲解下，我了解到了关于古船的许多知识。

传承与弘扬中国精神

——实践教学赴龙华烈士陵园和浦东展览馆

(一)现场教学报道

为了传承和弘扬中国精神,进一步推进"四史"学习教育,2021年11月28日,上海财经大学300多名师生赴龙华烈士陵园和浦东展览馆开展实践教学活动。此次实践教学活动由"思想政治教育"教研室的范静老师和裴学进老师带队,是对思政课教学的一次重要创新。

总有一个时间节点,能够唤醒久远的记忆与沉睡的情感,让人们在历史的坐标中仰望崇高、砥砺精神。冬寒初至,龙华烈士陵园苍松挺立,气氛肃穆。全体师生怀着无比崇敬的心情肃立在烈士纪念碑前举行公祭仪式。从受领花圈的出发点到墓碑不过二三十米,祭奠人流拾级而上,绕碑缓行、默哀、鞠躬、献花。在龙华烈士陵园,安息着近1 700位革命烈士的英灵。当年,无数革命先烈被关押在这里,在牢房中,他们写下"龙华千古仰高风,壮士身亡志未穷。墙外桃花墙里血,一般鲜艳一般红"的豪迈诗篇,今天读来,依然是那么荡气回肠、催人奋进!

随后,老师和同学们参观了烈士纪念馆,其中陈列着各类珍贵文物、影像资料、文献、照片等。随着讲解员的逐一介绍,同学们瞻仰了一件又一件烈士遗物。在这个过程中,大家不仅感受到了烈士们打倒侵略者、建立新中国的决心,更感受到了烈士们对和平生活的向往、对党忠贞不渝的信念。

随后,同学们在老师的带领下参观了浦东开发开放30周年主题展,实地了解浦东开发开放30年的飞速发展。在展馆里,1 000多幅图片、33个视频、5部主题演绎片、1部4D影片、5套大型装置、4组实境还原置景以及近百款实物……全方位营造了沉浸式的参观氛围,多角度展示着浦东开发开放30年来肩负的国家战略、承载的时代使命。

本次的活动因疫情防控需要,两位老师带领同学们错峰出行,也是一次特别的体验。大数据1班李雅靖同学表示,"重温浦东30年的辉煌成就,缅怀革命先烈的英雄事迹,无一不让我的爱国情怀得到凝练和升华",在"行走的思政课堂"上,自己不仅加强了理论学习,提升了实践能力,而且更加懂得珍惜当下的美好生活。会计3班黄夏欣同学也表示:"实践教学是'讲好中国故事'的另一种形式,有些故事是真的要去实地看看才能有所体会;有些事迹、有些精神是值得我们刻进基因里永远钦佩和铭记的,我希望我们能永远感动、永远热泪盈眶。"

习近平总书记在学校思想政治理论课教师座谈会上,为高校思政课教学指明了方向。我校按照教育部的规定,不断深化思政课教学改革,充分落实实践教学。"思想政治教育"教研室反复讨论、完善课程教学新大纲和教学计划,引导学生积极开展实践调研活动,组织他们走出教室、走出校园、走向社会,打造"行走的思政课堂"。这一系列举措反映了新时代思政课教学的新特点,开辟了新时代思政课实践活动的新路径。

(二)教学感悟

2020 级投资学专业李涵:

参观浦东开发开放30周年主题展是一次深刻的历史教育和思想启迪,展览通过丰富的图片、模型和互动体验,生动展示了浦东从一片农田到现代化国际大都市的华丽转变。我被中国改革开放的巨大成就所震撼,同时也对那些敢于创新、勇于实践的前辈们充满了敬意。这次参观让我更加坚信,青年一代有责任继续推动国家的发展,为实现中华民族伟大复兴贡献自己的力量。未来,我希望能将所学知识应用于实践,为国家的现代化建设添砖加瓦。

2020 级投资学专业马一诺:

龙华烈士陵园是纪念英烈的圣地,于我而言,此次课程不仅是一次深刻的爱国主义教育,更是一次精神的洗礼。在这里,我们缅怀为国家独立、民族解放和人民幸福英勇奋斗、壮烈牺牲的革命先烈。他们的故事,如同一部部波澜壮阔的历史画卷,让我们感受到了革命精神的不朽和伟大。在参观过程中,我们被烈士们的英勇事迹深深打动,他们不畏艰难、不惧牺牲的精神激励着我们每一个人。通过这次活动,我们更加明白了今天的幸福生活来之不易,是无数先烈用鲜血和生命换来的。作为新时代的大学生,我们更应该珍惜当下,努力学习,为实现中华民族伟大复兴贡献自己的力量。同时,我们也要学会感恩,将先烈们的革命精神传承下去,让这种精神成为我们前进道路上的不竭动力。

厚植爱国情怀，传承中国精神

——实践教学赴宋庆龄纪念馆、四行仓库

(一)现场教学报道

为激发同学们的爱国情怀，自觉践行《新时代爱国主义教育实施纲要》，2020年12月5日，马克思主义学院"思想道德修养与法律基础"教研室夏明月老师及助教杨壁源、孙莹博士组织金融学院5个班级百名同学开展以"爱国主义教育"为主题的思政课实践教学活动，集体参观了宋庆龄纪念馆、四行仓库抗战纪念馆、上海鲁迅纪念馆。

上海财经大学马克思主义学院为深化实践教学改革，推进思政课理论性与实践性相统一，打造"行走的思政课"系列活动，引导学生主动参与社会实践，让大学生在实践中升华思想境界。

12月5日清晨，怀着崇敬的心情，思政课堂的师生们来到宋庆龄陵园瞻仰祭扫。全体师生排着整齐的队伍，迈着沉重而又坚定的步伐来到宋庆龄汉白玉雕像前，向宋庆龄深深鞠躬并每人献上一支康乃馨，以表深切的怀念之情。在《致敬曲》舒缓悠扬的旋律中，师生们缓缓走向墓区，向宋庆龄这位伟大的爱国主义、民主主义、国际主义、共产主义战士献上了鲜花，表达了师生心中沉痛的悼念和无尽的敬仰。

陵园的主体部分是以宋庆龄墓碑为中心的纪念设施，主要有平和端庄、静谧素雅的宋氏墓地，由邓小平亲笔题词的宋庆龄纪念碑，展示宋庆龄特有气质和风采的汉白玉雕像和全景式展示宋庆龄瑰丽人生的宋庆龄纪念馆等。纪念馆内的"寓情于史，以情传神"——宋庆龄

陈列，分六大专题，介绍了宋庆龄的家庭背景，以及她投身革命，为中国的独立、民主和富强，为世界和平和人类进步事业所做出的杰出贡献。这位 20 世纪的伟大女性，有着非凡的人生经历和丰富的情感世界，她的名字和中国近现代史紧密相连。她为中国民主革命、为建立新中国、为人类进步事业、为保卫世界和平不断奋斗，怀着自由、平等、博爱的理想，在革命事业、和平事业、新中国建设中都做出了卓越贡献，直至逝世都在关心中国的未来，师生们纷纷向她致以最崇高的敬意。

紧接着，师生又前往上海的战争遗址类爱国主义教育基地四行仓库。四行仓库展现了谢晋元团长带领 800 名英勇孤军死守四行仓库，掩护 50 万名中国军队撤退的英勇事迹，四行仓库保卫战的结束标志着中国抗日战争中的一场重大战役——淞沪会战的结束。

走近遗址墙广场，首先映入眼帘的就是那布满弹孔和炮痕的四行仓库的外墙，记录着那段壮烈的英雄历史——在淞沪抗战中，陆军 88 师第 262 旅 524 团 400 多名士兵在团长谢晋元的率领下，对外界谎称八百壮士死守闸北四行仓库四天四夜，其战斗事迹之英勇，爱国气节之豪壮，振奋国人，震惊世界。以这八百壮士为代表的广大爱国官兵在抗日战争中前仆后继、同仇敌忾，粉碎了日本"三个月灭亡中国"的狂妄企图，在中国人民抗战史上留下了英勇悲壮的一页。

四行仓库抗战纪念馆位于四行仓库一至三楼的西侧，占地面积 1 300 平方米，总建筑面积 3 800 平方米，其前身为四行仓库八百壮士抗战陈列室，扩建后包括序厅、"血鏖淞沪""坚守四行""孤军抗争"" 不朽丰碑"及尾厅六个部分。纪念馆以一封谢晋元在赴淞沪战场前写给妻子凌维诚的家书开篇，展现了以谢晋元为首的英雄们在国难当头，舍家为国的家国情怀，展现出对抗战必胜的坚定决心。

最后，思政课堂的师生们来到了上海鲁迅纪念馆，深入了解和学习这位伟大的文学家、思想家、革命家的爱国救民精神。鲁迅从青年时代起，就立下了"我以我血荐轩辕"的宏伟志向。他成为共产主义战士之后,便更加自觉地把自己的一切献给民族解放和社会解放事业,是一位将思想解放作为毕生使命的革命战士。"横眉冷对千夫指,俯首甘为孺子牛"正是他的爱国主义精神和崇高人格的生动写照。

上海鲁迅纪念馆大厅左手是一座高2.5米的鲁迅全身铜像,端坐在窗前。先生手执烟卷,神情肃穆,目光深邃,似在沉思。二层为鲁迅生平陈列展厅,馆藏文物主要由历年征集,以及鲁迅夫人许广平、鲁迅生前好友捐赠而来。展厅里可以看到鲁迅先生的手稿、衣物、生活用品,以及众多珍贵的照片,可以通过详细的图文介绍了解鲁迅先生的生平事迹和他伟大的人格。宽敞的大厅里,弧形的墙上排列着6幅浮雕,每幅高2米,宽1米,用黑玉石雕成。从新文学开山、新人造就者、文化播火人、精神界战士和华夏民族魂五个部分再现了鲁迅先生博大精深的精神世界和曲折的人生经历。上海鲁迅纪念馆参观结束后,师生步行前往鲁迅先生墓前悼念,随后,结束了一天的实践课行程,大家得到了一次深刻的爱国主义教育,心灵得到了洗礼,精神受到了鼓舞。

(二)教学感悟

2020级金融学专业付珉卉:

"唯有民魂是值得宝贵的,唯有他发扬起来,中国才有真进步。"本次实践活动让我受益匪浅,带我追忆过往……我们一行人在一览先贤们怀揣青春梦想,扎根祖国沃土,为国奉献的经历后,决心要为社会主义强国的建设添砖加瓦,为民族复兴的大势所趋铺路架桥!

2020级金融学专业张诗晗:

宋庆龄纪念馆介绍了20世纪伟大女性宋庆龄的一生,参观中我看到了她曾经穿过的旗袍,用过的一些生活用品,感受到了她是一位独立坚强的女性,关爱儿童,也建立了良好的外交关系。我觉得她身上有一种与众不同的魅力,她坚强、独立、自信的精神是值得我们学习的。在四行仓库和鲁迅纪念馆中,我们又分别看到了新中国的成立是建立在无数前辈的鲜血之上的,他们鞠躬尽瘁,死而后已,以己之躯守护着太平盛世,也守护着我们。

2020级金融学专业任梓瑶:

生命的路是进步的,总是沿着无限的精神三角的斜面向上走,什么都阻止不了他,为了寻求救国救民的真理,鲁迅先生走出故乡,在与黑暗社会的斗争中艰难跋涉,奋然前行,留在历史深处一个个厚重的足迹,见证了他不平凡的人生轨迹和成为一代思想文化伟人的心路历程。今日之幸福生活实属来之不易,这盛世是用无数先辈的鲜血和汗水谱写出来的。不忘烈士!不忘英雄!不忘历史!铭记民族之痛,才能开创新的未来!

2020级金融学专业庞思远:

来到四行仓库,我的心中满是悲愤。在过去,抗日战争期间的历史对我来说像是蒙上了一层朦胧的迷雾,但今天当我直面这段屈辱的历史时,我明白了自己身上所肩负的让中华民族伟大复兴的重大使命。前辈的血铸造了今日的中国,我们要心怀感激,砥砺前行。

推进乡村振兴，为共同富裕聚势赋能

——实践教学走进松江区黄桥村

（一）现场教学报道

2023年11月11日，上海财经大学"形势与政策"2045教学班近40名同学在邓波儿老师和张寒宇老师的带领下，参观走访上海松江区泖港镇、叶榭镇，深入乡村振兴示范村——黄桥村、都市农业生态循环体——家绿彩虹农场，体悟习近平新时代中国特色社会主义思想彰显的实践伟力。

理论武装，思想指引

党的二十大报告指出："中国共产党为什么能，中国特色社会主义为什么好，归根到底是马克思主义行，是中国化时代化的马克思主义行。"在前往松江区的大巴上，邓波儿老师为同学们讲授了一堂"行走的思政课"。她指出，习近平新时代中国特色社会主义思想以崭新的思想内容丰富和发展了马克思主义，开辟了马克思主义中国化时代化的新境界，是中国共产党在思想上更加成熟、理论上高度自信的集中体现。在习近平新时代中国特色社会主义思想的科学指引下，中国共产党团结带领人民砥砺奋进、开拓进取，推动党和国家事业取得了历史性成就、发生了历史性变革，尤其是我国广大农村发生了翻天覆地的变化。随着乡村振兴战略的全面实施和脱贫攻坚的深入推进，越来越多的农民群众走上了共同富裕之路。

立足实践,学深悟透

本次实践教学活动首站来到松江区泖港镇黄桥村——新时代上海党建引领农村集体经济发展创新实践基地,同学们在黄桥村工作人员的带领下,参观了"农为邦本,本固邦宁""欲筑室者,先治其基""改革创新,产业兴旺""以城带乡,协调发展"和"明确方向,再启新程"五大篇章,系统了解了上海党建引领农村集体经济发展的整体情况、典型案例及成效经验。同时,同学们在黄桥村村史馆中,通过观看纪录片和陈列物品,全面了解了黄桥村在乡村振兴中科学谋划,扎实推进"双试点"工作的探索之路。对此,同学们深刻认识到在习近平新时代中国特色社会主义思想的指引下,黄桥村阔步走向振兴、迈向富裕,展现出了乡村振兴的崭新面貌。

深入田野,植根大地

11日下午,老师和同学们来到都市农业生态循环体——家绿彩虹农场。同学们跟随农场农户走进田野,学习蔬菜种植知识,体验除草、采摘等农业生产劳作,提高理论知识,锻炼动手能力。在这一过程中,同学们体悟到实践是理论之源,而理论又反哺实践的道理。作为青年人更应扎根祖国大地,将贯穿习近平新时代中国特色社会主义思想的立场、观点、方法作为我们的行动指南和实践原则,将个人实践融入中国式现代化建设的时代洪流中。

学思并行,知行合一

习近平新时代中国特色社会主义思想以其耀眼的理论魅力、雄浑的精神伟力、强大的实践威力,引领着中华民族实现伟大复兴的追梦之路,照亮着社会主义发扬光大的振兴之路,昭示着人类文明进步的光明之路。追寻思想的火炬、感受理论的光芒,就可以看到思想的灯塔如何照亮一个伟大民族走向复兴的康庄大道。通过本次实践教学活动,同学们深刻领会了习近平新时代中国特色社会主义思想的世界观和方法论,深切体悟了习近平新时代中国特色社会主义思想彰显的实践伟力,并表示要努力成为担当中华民族复兴大任的时代新人。

青年是实现中华民族伟大复兴中国梦的生力军,肩负着建设社会主义现代化的历史重任。为更好地将党的二十大精神融入学校思政课程,不断深化实践教学改革,学校以"行走的思政课"的实践教学形式,引导和帮助青年学生在与现实相结合的"大思政课"中"受教育、长才干、做贡献",积极引导青年学生把个人成长与国家前途紧密结合,扎根中国大地,积极投身于社会主义现代化建设和中华民族伟大复兴的伟大实践之中。

(二)教学感悟

2023级数学专业张可:

本次实践教学活动让我充分领悟到了习近平新时代中国特色社会主义思想在乡村振兴中的指导作用,更让我感受到了社会主义制度的优势所在。通过农村集体生产,黄桥村实现了产业效率的最大化,实现了翻天覆地的变化,让人民在绿水青山中实现了生活幸福美满。家绿彩虹农场的观摩实践活动让我明白要将理论与实践相结合,我们的眼光不应该局限于"故纸堆"的方寸之间,要走出校园、走进田野,用一个个脚印踏出人生的边界,在一滴滴汗水中切实助力乡村振兴,为党和人民的伟大事业贡献自己的力量。

2023级数学专业刘异:

此次实践活动中,我们看到了现代化农业产业模式的应用、农民合作社的发展模式以及农田管理的高效运转。这些创新让我们深刻体会到现代化管理对农业发展的重要性,也让我们看到了农民合作带来的经济效益和社会效益。在家绿彩虹农场的农家乐活动中,我们亲身参与了种植蔬菜及采摘小番茄等农业活动。这种亲身体验让我们更加了解了农民的艰辛劳动和对土地的热爱。我们应该以自己的所学所知支持农村发展,推动农业现代化,提高农民的生活品质。同时,我们应该通过实践,将习近平新时代中国特色社会主义思想转化为实际行动,为实现乡村振兴贡献力量。

2023级数学专业余文祺:

黄桥村作为一个传统农业村庄,曾面临着农业产业落后、人口外流等问题,但在党和政府的帮扶下,黄桥村村民深入贯彻新发展理念,积极探索适合本地情况的发展道路,成功实施了一系列乡村振兴项目,包括农产品加工厂、农家乐旅游、农村电商等,为村庄发展注入了新的活力,成为上海市新农村建设的一道亮丽风景线。同时,我也意识到作为新时代的一名青年学生,应该积极参与到乡村振兴的实践中,通过创新思维、技术支持和志愿服务等方式,为农村发展贡献自己的力量。

2023级数学专业许奕彤:

今天的社会实践活动,不仅丰富了我们的实践经验,而且帮助我们深入了解了乡村振兴发展战略,意义深远。在家绿彩虹农场的果蔬采植让我真切感受到了农民的辛苦。大学生是乡村振兴的生力军,身为大学生,我们应该不断为乡村振兴助力,促进早日实现乡村振兴的发展战略。心存理想的青年,应用信念和知识去帮助需要帮助的人,尽己所能为家乡、为社会贡献绵薄之力,同时获得内心的充盈与成长。

2023级数学专业吴航飞：

非常荣幸能够参加本次"形势与政策"的实践课活动,我们体会到了在党的带领下,黄桥村在乡村振兴方面所取得的重大成就,在彩虹农场体验移植青菜以及采摘番茄,让我们对农村的了解不再拘泥于课本,更多的是走出课本,了解自然,亲近自然,敬畏自然。在实施乡村振兴的过程中,我们需要坚持农业农村优先发展的原则,加强农村基础设施建设等。通过本次实践活动,我不仅体验了味觉盛宴,同时也体验了视觉盛宴,更重要的是了解到了党在解决"三农"问题方面所做的一系列重大举措。

感悟中国式现代化中的乡村振兴

——实践教学走进世界级生态岛崇明

(一)现场教学报道

2020年11月29日,马克思主义学院"形势与政策"实践育人大课堂在刘洋和邓波儿老师的组织下在世界级生态基地崇明顺利开展。2020级数量经济班(中外)、数理经济班、财经数学实验班的本科生共计80余人参加了此次"田野思政"实践教学活动。此次活动是学校思政课实践教学的重要组成部分,在理论教学和实践教学的双重作用中增强思政课课程育人和实践育人的功能。

学习十九届五中全会精神,领悟乡村振兴新战略

在前往崇明的大巴上,两位老师给同学们普及了十九届五中全会中关于乡村振兴及崇明经济发展战略的相关知识,打造"行走的思政课堂"。党的十九届五中全会提出:"优先发展农业农村,全面推进乡村振兴。农业稳则天下安。没有农业农村的现代化,就没有国家的现代化;没有乡村的振兴,就没有中华民族伟大复兴。以习近平同志为核心的党中央高度重视'三农'工作,始终把坚持农业农村优先发展作为'国之大者'装在心中、扛在肩上、落到实处。我们要走好中国特色社会主义乡村振兴道路,让每一寸耕地都成为丰收的沃土,让每一片田野都充满着希望。"通过讲解,同学们对党的三农政策及崇明的经济发展战略有了全面把握,为此次"形势与政策"实践育人大课堂,"感受生态经济,助力崇明乡村振兴"提供了理论支撑。

参观长兴阳光海悦科创中心,感受上海绿色创智新高地

师生首先来到长兴阳光海悦科创中心,阳光城集团上海大区公司招商运营总监孙廷海先生代表长兴阳光海悦科创中心全体工作人员对上财师生一行的到来表示热烈欢迎。在科创中心讲解员的带领下,同学们对长兴岛规划发展展厅、城市展厅、众创空间进行了细致参观。讲解员从长兴岛的整体战略布局、地理区位优势、政府扶持政策等方面为上财师生一行进行了深入讲解。随后,孙廷海总监对同学们深切寄语,他表示,希望本次对长兴阳光海悦科创中心的参观,不仅能让同学们对长兴岛的产业布局和发展前景有所了解,而且能帮助同学们树立绿色创新观念,提高绿色科创意识。

走进崇明区竖新镇惠民村,调研生态农业发展新风貌

随后,师生来到崇明区竖新镇惠民村,对惠民村的生态农业进行了参观考察。在惠民村负责人的带领下,全体师生实地调研了崇明土布工作室和上海静捷蔬菜供应链,对惠民村的农业发展有所了解。随后,崇明岛竖新镇惠民村施诚书记做了精彩宣讲,以"乡村振兴"为主题,对惠民村建设状况、惠民村发展主线、农村工作不足以及未来愿景展开了探讨。施诚书记寄希望于上财学子,希望能将"经济匡时"与"乡村振兴"相结合,欢迎上财学生能与惠民村进一步交流学习,为农村发展注入动力。在整个调研过程中,全体师生积极参与,体验新农村生活,真切感受乡村发展变化,对中国农村当前发展的现实有了进一步把握,坚定了大学生增长智慧才干、在艰苦奋斗中锤炼意志品质的信心、决心和勇气。

(二)教学感悟

2020 级数量经济学专业郑昕同学:

通过参观长兴阳关海悦科创中心,使我真切理解了国家大力推进生态文明建设,倡导绿色创新,发展生态经济的意义所在。

寻忆百年党史，守正红色记忆

——实践教学走进上海财经大学校史馆

(一) 现场教学报道

2023年10月7日，"中国共产党历史"课程组师生一行100多人走进上海财经大学校史馆，先后参观"为真理而活着——孙冶方生平事迹展""枪杆子与钱袋子——馆藏红色票据专题展"等。

孙冶方是我国老一辈无产阶级革命家和著名的经济学家，也是我校的前身上海财政经济学院院长。今年是孙冶方先生诞辰115周年。虽然此前同学们对孙冶方了解不多，但上个月戏剧《孙冶方》在学校的展演，还是掀起了同学们学习孙冶方的小高潮。此次组织同学们参观"为真理而活着——孙冶方生平事迹展"就是期望通过具体了解一位共产党员的学术人生，达到对一代中国共产党人历史功绩、精神信念、品格风范的全面认知。此次担任孙冶方主题展讲解的是校史馆徐斌、杜越老师，韩炯老师做了补充讲解。

同学们在参观过程中，深切感受到孙冶方先生一生坚持追求真理的珍贵品格，也开始领会到做一名上财人的自豪感和使命感。商学院的何伊诺同学认为，孙冶方先生，在中华民族危机越发严重时投身救亡图存运动，孜孜不倦探索救国道路，他的一生都奉献给了社会主义经济建设，中国就是因为有许多像他这样的先辈才走向了繁荣富强。信息管理与工程学院的栾淼颖同学说："孙冶方的事迹令我印象深刻，一句追求真理让我感动，也让我有所体会。

我还在本子上写下了感悟,就是追求自己心中的真理。心中有理想,才能永远充满活力,孙冶方先生就是如此。学习历史,正是要学习这样的精神,学习这样的境界。"

孙冶方先生留给后人的不仅是一卷卷宝贵的学术著作,更重要的是矢志不渝探索真理的革命精神与勇于担当的刚毅品格。商学院的黄依琳同学表示,作为上财学子,自己一定以孙冶方先生为榜样,坚持追求真理,甘于奉献,学习孙冶方先生宽厚包容的品质,树立正确的价值观,真正做到"厚德博学,经济匡时"。

接着,同学们参观了"枪杆子与钱袋子——馆藏红色票据专题展"。此项专题展虽然在我校推出已逾2年,但对于2023级同学仍然新鲜。展览中呈现的党在土地革命时期、全面抗日战争时期和解放战争时期的土地政策、税收政策以及保障军事斗争、发展生产的各项经济政策,与课上讲过的苏币、边币以及苏维埃国家银行等知识点非常契合。同学们在总体了解党史的主题、主线等宏观层面的同时,也领略到从苏区到边区党开展财经工作这一专业领域的发展状况,以及中国共产党人的红色财经精神与创新品质。

作为对新民主主义革命时期红色财经学习的拓展,同学们还兴致勃勃地参观了上财校史馆的"货币馆"。

"中国共产党历史"限选通识课,是马克思主义学院本学期为加强本科生思想政治教育和通识教育而推出的"四史"教学改革项目之一,只有以切实可感的方式帮助学生走近党史人物,理解党的决策,守正党史记忆,才能更好地帮助学生把握党史主题主线,培育红色基因,赓续红色血脉。历史不是过去,历史就在当下。正如统计与管理学院潘瑜承同学所言:"通过参观校史馆,我更加了解到学校的历史、文化和教育精神,这让我更加热爱我的学校。同时,我也意识到自己作为一名学生,应该珍惜学校的传统和文化,努力发扬学校的精神,为自己的未来和国家的繁荣做出贡献。"

(二)教学感悟

2023级工商管理专业孙本林：

中国共产党具有极高的政治与经济智慧，带领人民进行反帝反封建斗争，始终维护人民利益。特别是借谷证，党信守承诺，归还百姓粮食，做到了一诺千金；百姓不愿意让政府归还粮食，则体现了百姓对党的拥护。这种军民鱼水情在当代是仍需要传承的，我们应该在党的领导下，一同走向共同富裕，实现中国式现代化。

2023级国际贸易专业门怡霏：

红色票据馆中"枪杆子与钱袋子"的标题本身，就阐明了革命与经济之间的联系，我国不同历史阶段不同的经济政策反映了当时的国情，通过对中国近代经济历史的重新回顾，使我对当下的发展有了新的感触与启发。

2023级商务分析实验班高雨涵：

一段段历史、一个个故事随着一张张泛黄残破的票据在我们面前呈现。饭票、粮票……每一张能保存到今天的票据背后，都承载着浓浓的军民鱼水情。虽然旧时的条件非常艰苦，物质生活非常简陋，但是革命前辈们和百姓协同一心，都在以自己的方式支持革命，便足以点燃一场燎原之火。

追寻复兴足迹,筑牢信仰根基

——实践教学走进中共一大、四大纪念馆

(一)现场教学报道

2021年11月17日,马克思主义学院韩炯老师带领"思想政治理论课教学与研究"班级2021级博士、硕士研究生近50人,赴中共一大纪念馆、孙中山故居、四行仓库纪念馆、中共四大纪念馆开展实践教学活动,把思政课堂延伸到红色场馆和爱国主义教育基地,将党史学习、中国近现代史基本问题学习与情境体验相互结合,让理想信念深入青年学子心灵。

参观途中,韩老师组织同学们围绕建党活动和建党精神展开研讨。博士生谷琰如就中国共产党成立早期的历史做了讲解。谷琰如关于先有党还是先有党员的提问,极大地调动了大家的兴趣。她向大家讲述了《中国共产党宣言》的起草和围绕中共一大闭幕时间的相关争论等党史细节。博士生陈东炜就如何认识洋务运动问题做了讲解,旧民主主义革命期间,中国不同社会阶层的代表先后进行了救国道路的探索。地主阶级洋务派以"自强、求富"为口号,创办了一批军事和民用工业,并与"清流派"进行了政治较量,取得了一定的成果,但由于其指导思想"中体西用"的历史局限,不愿触动封建地主阶级的根本利益,未能实现强国之梦。

韩炯老师点评认为,两位博士生同学的讲解体现了正确的党史观,内容新颖,有学术味道。两位同学都认识到了,党领导中国人民开展反帝反封建的新民主主义革命对中华民族复兴的重大转折意义。实践证明,历史和人民选择了中国共产党。没有中国共产党领导,民族独立、人民解放是不可能实现的。韩老师补充指出,中国共产党的创建是一个持续完善的过程,包括中国共产党早期组织的成立、中国共产党一大和中国共产党二大,经历了由局部到全国、由非正式成立到正式创建的过程。中国共产党的先驱们创建了中国共产党,形成了伟大的建党精神,百年共产党的伟大成就和历史经验都可以从伟大建党精神中获得佐证。

师生一行首先来到中国共产党的精神家园——中共一大纪念馆。走进展馆,映入眼帘的第一个场景是伫立着的13位代表的铜像,他们昂首阔步、意气风发。展馆以时间脉络为主线,以"初心使命"贯穿全篇,生动展现了中国共产党百年来的伟大成就。一件件珍贵文物、一个个场景,诉说着中国共产党带领中国人民为实现民族独立和国家富强前赴后继、艰辛探索的历程,生动诠释了伟大的建党精神。"时代在变,角色在变,初心不变,理想不变。"通过参观,同学们不仅对党从建立、发展到成熟有了更多的了解和认识,而且对代代传承、历久弥新的伟大建党精神有了更深刻的理解与思考。

同学们依次参观各主题展区,凝望珍贵的文物,每一件文物背后都有感人的故事、鲜活的细节,都承载着我们党从弱小逐步发展壮大的厚重历史。大家认真观看一件件历史文物、

一段段文字史料,听取讲解,体会文物中蕴含的历史深义。

　　孙中山上海故居是参观的第二站。故居以展示实物、照片等文物史料为主,以"家国天下"为主题,展示孙中山先生毕生以振兴中华为使命的伟大的爱国主义情怀和艰辛的奋斗过程。"惟愿诸君将振兴中国之责任,置之于自身之肩上。"同学们聆听展馆中播放的孙中山先生原声讲话,真切感受到了这位伟大的民族英雄、伟大的爱国主义者、中国民主革命的伟大先驱的坚定意志和勇毅精神。

　　下午,大家来到四行仓库纪念馆。弹痕累累的墙面震撼了在场的每一位同学。整面墙呈现了"八百壮士"誓死保卫四行仓库的英雄壮举,无声地诉说着中华民族浴血抗战的艰难与悲壮。

淞沪会战是全面抗战爆发后发生在正面战场的第一场重大战役。中国人民同仇敌忾，以巨大的牺牲和惨痛代价重创侵华日军，沉重打击了侵略者的嚣张气焰。战役最后，452名中国士兵舍命掩护大部队撤退。坚持抗战的"孤军"，极大提升了抗战士气，向国人和全世界传递中国不亡的坚定信念。

进入展厅，映入眼帘的是谢晋元的家书与碑铭。"余一枪一弹，亦必与敌周旋到底！"不仅体现了甘愿为国捐躯的英雄气概，也饱含对妻子和家庭的深情。展厅内，一件件烈士遗物，一个个杀敌场景，一段段影像资料，生动真实地展现了淞沪会战的历史全貌，以及爱国将士反抗日军侵略的壮烈情景。

最后，师生一行来到中共四大纪念馆，中共"四大"在中国革命史上具有重要意义。会议第一次提出了无产阶级在民主革命运动中的领导权问题，第一次提出了工农联盟问题。"四大"之后，党的队伍迅速壮大，中国革命进入了一个前所未有的大发展时期。通过参观，同学们对"四大"召开的时局与形势有了更深切的认识，对"四大"在全国的影响留下了深刻的印象。

此次活动，基本以时间为经线，以场馆为载体，围绕民族复兴主题将对百年党史和近现代史的重大历史事件的学习与讨论有机串联，有效激活了同学们的党史意识和历史感，帮助同学们初步学会运用唯物史观和正确党史观分析历史现象，也进一步筑牢了对马克思主义和中国特色社会主义的信仰根基。

(二) 教学感悟

2021级金融硕士专业郭昱昕：

参观中共四大纪念馆是一次心灵的触动和思想的升华。馆内翔实的史料和珍贵的展品让我对党的历史有了更深刻的理解，尤其是革命先辈们不畏艰难、追求理想的精神，让我深受鼓舞。站在历史的节点上回望，我更加明白了青年一代肩负的责任和使命。这次参观不仅增强了我作为新时代青年的责任感，也激励我将个人梦想与国家发展紧密结合，为实现中华民族伟大复兴的中国梦贡献青春力量。

2021级金融硕士专业贾祥龙：

四行仓库作为淞沪会战的重要遗址，见证了中国军人不屈不挠的抗战精神和对国家的无限忠诚。馆内的展品生动地再现了当年八百壮士英勇抵抗的壮烈场景，让我对那些为了国家和民族利益而献身的英雄们充满了敬意。他们坚守阵地、誓死不退的事迹，展现了中华民族的坚强意志和不屈精神。这次参观让我深刻认识到和平的珍贵和幸福生活的来之不易。作为新时代的青年，我将铭记历史，珍惜当下，努力学习，积极进取，为国家的繁荣富强贡献自己的力量。同时，我也希望能够将这份历史的记忆和英雄的精神传承下去，激励更多的人为实现中华民族伟大复兴而奋斗。

体验都市文化，感悟中国制度自信

——实践教学走进上海科技金融博物馆、长风生态商务区规划展示馆

(一)现场教学报道

为进一步落实立德树人根本任务，贯彻上海财经大学《思想政治理论课综合改革 2.0 方案》中关于思政课实践教学的要求，2019 年 12 月 3 日下午，由我校马克思主义学院组织的"经济中国"课程班师生一行 50 多人前往上海科技金融博物馆、施奈德电器上海公司、普陀区长风生态商务区管委会开展实践教学。

出发前，由马克思主义学院副院长刘光峰教授主持，院党总支书记郝云教授和章忠民院长专程为同学们授旗并致辞，希望同学们珍惜宝贵机会，用心参与，走出课堂，去了解上海经济发展史，感受中国经济发展的伟大进程，及时写下自己的心得感悟，激励自己成长。

普陀区委宣传部高度重视我校"经济中国"行走课堂活动，区委宣传部汤尉琳副部长、长风公司吴超董事长、上海科技金融博物馆郭明馆长和长风生态商务区党建办田虹飞主任热情接待了我校师生一行并全程参与"经济中国"课程实践活动。

在上海科技金融博物馆，讲解员详细为同学们讲述了中国金融十大人物与中国金融十大事件的传奇故事，引领同学们依次参观了"创新：科技与金融""探索：科技金融全球掠影""上海碳金融史""崛起：科技金融在中国"四个展馆。讲解过程中，同学们好奇提问，寓教于乐，纵享"沉浸式教学"。

田虹飞主任结合展览为同学们做了"砥砺前行十六载、杨帆奋楫新时代"的精彩讲解。他讲述苏州河畔上海长风工业区转型发展的传奇故事,让同学们深刻感受到长风生态商务区转型发展的艰辛,体验到企业经济转型发展面临的困难;从传统工业文明转向现代城市文明的缩影中,感受国家经济转型发展的紧迫性和必要性,感悟党和国家发展政策的前瞻性和科学性。

在施耐德电气上海公司,工作人员热情地为大家介绍了施耐德公司 EcoStructure 的设计理念与实践。

在长风生态商务区规划展示馆,讲解员以沙盘为载体,详细为同学们描述了长风生态商务区的立体化整体规划。

在长风生态商务区会议室,长风公司董事长吴超为同学们讲了精彩一课。他回顾了 16 年来长风公司以环境生态、人文生态、建筑生态、产业生态、管理生态先行,逐步转型发展为生态环境优美、文化特色鲜明、功能特征显著、规模企业集聚的国际化现代服务业集聚区的奋斗历程,分享长风公司领导用新理念、新思路、新举措,赢得新发展的经济故事,让同学们深刻了解到党的十九大对长风生态商务区发展的指导意义。

在聆听中,同学们积极思考,提出诸如"长风生态商务区在转型发展过程中遇到了哪些困难以及如何克服这些困难的?"等一系列问题,吴超董事长详细解答。课堂上让同学们懂得了通过政府政策支持、谈判合作、置换土地等途径争取企业支持、解决企业土地让利难题的发展智慧;懂得了虽然发展总是伴随着困难,但坚信党领导的企业能找到解决困难的方法的自信。

区委宣传部副部长汤尉琳指出,普陀区委宣传部按照学校课程要求积极安排此次园区考察活动,力图从普陀的一个缩影、一个案例、一个故事出发,帮助同学们更好地梳理长风生态商务区从原来粗放式的、分散的、低效的发展,到现在内涵式的、集聚的、高效的转型发展的理论逻辑与实践逻辑;也通过实践教学让同学们了解、长风公司充分发挥国企在区域经济发展中的主力军作用,攻坚克难,为城市经济成功转型和区域经济发展做了突出贡献,感受到中国特色社会主义制度的优势。

马克思主义学院副院长刘光峰教授感谢普陀区委宣传部给予我校思政课实践教学的大力支持,她说,此次"经济中国"课堂实践教学目的明确、主题突出,聚焦中国经济前沿。这种以生态、活力和品质为名片,以科技金融、"互联网+"、智能科技、国际教育为产业发展特色,以延续历史文脉、展示海派精致、体现城市活力、产业高端、功能完善、品质卓越、令人向往的产业城区为发展规划,定位高端精准。整个课程时间安排紧凑,信息量大,知识视野广阔,内容丰富;立足历史、现实与未来,促进了学生经济理论与经济实践相结合,为同学们开拓了经济视野、丰富了经济知识。

学院领导冯润民教授对"经济中国"实践教学活动作了总结。他用"虎踞龙盘今胜昔,天翻地覆慨而慷"表达了对吴董事长讲述长风生态商务区前世、今生和未来的感受。他指出,经济发展方式转型下企业管理者和创业者把干事创业的激情和追求转化为人民对美好生活向往的生动实践,沙盘里不仅浓缩和体现了长征、长风和长风苏州河水岸经济发展的历史变迁,更浓缩了创业者的梦想、情怀和担当。我们把长风商务区作为上海财经大学"经济中国"品牌课程的实践教学首站,也作为思政课实践教学改革的都市文化体验启航之旅,引导上财学子来到商务区学习和考察,其意义和内容可用"五个看"表达:一看其转型与变迁。感受现代工业文明向现代都市文明的转型,由现代都市生活向未来国际化大都市美好生活的转型,体会创业者、改革者的责任和担当。二看资本、人才、技术等要素集聚对于经济转型的重要性以及所蕴含的经济学理论,促进专业课学习。三看我们所拥有的制度优势,增强中国特色社会主义制度自信。长风商务区吴超董事长所带领的团队经过16年不懈奋斗所取得的发展成就,诠释了中国共产党领导可以集中力量办大事的优越性。四看文化变迁,坚定中国特色社会主义文化自信。上海科技金融博物馆记载了货币的历史,记载了货币所浓缩的经济信息、历史变迁和时代文明,从一组组数字、一张张图表、一个个实物中让财大学子不仅领略了上海的海派文化的优势,也领略了上海作为国际金融中心建设所取得的巨大成就,从而坚定社会主义文化自信,增强对中国经济发展美好未来的信心。五看当代大学生成才之路。从包括上财校友在内的长风商务区创业者身上启示我们要坚定正确的成才之路,当代大学生在学习理论的同时必须走出象牙塔,自觉走与工农相结合的道路、与社会实践相结合的道路才能获得真知、接受教育、增长才干。

(二)教学感悟

2019级财务管理专业康文聪:

实践教学活动在同学们的热烈掌声中落下帷幕。同学们纷纷表示,这种行走式实践教学不仅让自己了解了一部分国企、商贸区的历史、现实与未来,还了解了上海经济转型的历史,从而更深刻地认识中国、认识世界;真心喜欢并希望有更多机会学习和体验这种兼具思想性、理论性、针对性和吸引力的思政课。

学"四史"回眸百年中国股票史,抓思政放眼科技金融未来

——实践教学走进中国股票博物馆、上海科技金融博物馆

(一)现场教学报道

为深入了解近现代中国经济发展历程,进一步推进"四史"学习教育,2020年12月24日,上海财经大学100余名师生赴嘉定区中国股票博物馆和普陀区科技金融博物馆开展思政课实践教学活动。此次实践教学活动由马克思主义学院副院长刘光峰教授和陆夏副教授带队,是落实学校《思想政治理论课综合改革2.0方案》的重要举措,有利于增强思政课实践育人功能。

在中国股票博物馆,通过参观各个时期的实物股票、认购证、债券等,同学们全面了解了中国股票的发展历史和近代以来在中国商业史上做出突出贡献的历史名人,也提升了股票收藏和鉴赏能力。

在科技金融博物馆,同学们依次参观了"中国金融史""创新:科技与金融""探索:科技金融全球掠影""崛起:科技金融在中国""共赢:科技金融交融共进""未来:中国科创板"以及"上海滩金融史"七个展厅,全面了解了科技金融的历史与未来,体验了先进科技金融设备,对博物馆丰富的展品和多样的展现形式产生了浓厚兴趣。

本次实践教学活动,既是充分利用上海独特的金融文化资源,将"四史"学习走深、走心、走实的有利探索,也是思政课教学从实践层面让同学们以零距离的方式,了解中国股票百年来的历史发展和金融行业的发展前景,有效激发了同学们探索证券金融行业的兴趣。

借助声、光、电、影、物等形式,同学们深刻认识到上海在中国金融领域的重要地位和对未来金融发展的先锋作用,了解了区块链技术的发展前景,增强了金融安全意识。

(三)教学感悟

2020级经济学专业单娜:

参观中国股票博物馆是一次深刻且富有启发的经历。在这里,我仿佛穿越了时空,亲眼看见了中国资本市场的诞生和成长。馆内陈列的一张张泛黄的股票、债券,以及那些古老的交易工具,无不诉说着中国经济发展的辉煌历程。我被那些早期的股票样本深深吸引,它们不仅是金融产品,更是历史的见证。通过讲解员的介绍,我了解到了中国股市的起源、发展以及它在国家经济发展中的重要角色。博物馆中的互动体验区尤其让我着迷,那里的模拟交易让我对股票投资有了更为直观的认识。这次参观让我意识到,股票市场不只是冰冷的数字和图表,它背后是无数企业和投资者的梦想。同时,我也认识到了投资的风险,学会了理性分析市场,这对我未来无论是职业发展还是个人理财都有着重要的意义。

走出博物馆,我心中充满了对金融行业的敬畏和向往。这次经历不仅增长了我的知识,更激发了我对经济、金融学科的浓厚兴趣。作为一名财经学子,我希望未来能为国家的发展贡献自己的一份力量。

乡村善治引领乡村振兴

——师生赴河北高碑店市开展"千村调查"

(一)现场教学报道

实现乡村有效治理是乡村振兴的保障,也是维护农村社会稳定的基石。2024年6月30日—7月6日,上海财经大学"千村调查"河北高碑店分队在马克思主义学院王伟杰老师带领下,深入河北省高碑店市,开展了以"乡村善治引领乡村振兴"为主题的调研活动。师生队伍先后走访了高碑店市10个村庄200户人家,开展了"五个一"劳动教育实践,参观了高碑店"智图农业"现代农业基地和高碑店烈士陵园红色教育基地,旨在全面了解当前乡村治理现状,更好地为新时代乡村振兴建言献策、贡献青年力量。

走千村万户,访民生治理实情

7月1日上午,调研团队到达高碑店市泗庄镇镇政府。高碑店市农业农村局副局长、泗庄镇人大副主席对上海财经大学师生一行表示热烈欢迎并与师生商讨调研细则。在接下来的5天里,调研团队先后前往10个村庄,探访了200户人家,通过实地考察、问卷调查、深度访谈等方式,与村委会干部和村民展开亲切交流,全面了解乡村的自然环境、经济状况、文化传统、社会治理等方面的情况,并就当前乡村振兴、乡村治理的成果和问题进行了热烈讨论。每天晚上,师生队伍共同开展交流,力求不断优化调研访谈方式,更好地完成调研任务。

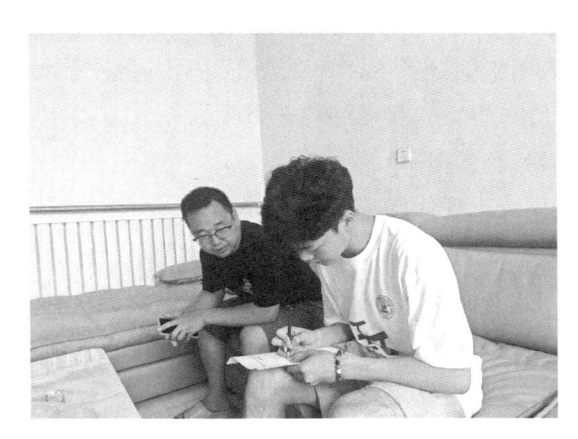

深入田间地头,开展"五个一"劳动教育

为进一步弘扬劳动精神,教育引导学生崇尚劳动、尊重劳动。调研团队在南黄村等地开展"五个一"劳动教育,即"学一项农具,会一个农活,做一次农家饭,扫一次农家院,知一种农作物"。通过几天的劳动实践,大家对现代农业生产有了深切体会,进一步增强了实际操作的技能和解决问题的能力。

瞻仰烈士英姿，传承红色精神

7月5日，高碑店小队到访高碑店烈士陵园。高碑店烈士陵园是为了纪念在田郝庄战斗中牺牲的烈士，解放战争期间和新中国成立后一些为祖国和人民牺牲的烈士也长眠于此。山河无恙，家国安宁，英烈们代表着这片土地的豪情热血与英雄气概。

深入产业一线，探寻农业生产新动能

7月4日下午，调研团队到访"智图农业"现代农业生产基地，了解数字化、智能化等科技手段赋能农业生产新方式。在乡村振兴战略深入实施的背景下，"智图农业"公司通过"公司＋合作社＋农户"的合作模式，形成"一产种植、二产加工、三产服务"全过程的经营模式，助力传统农业生产转型升级、增加高品质农产品供给，有效提升了竞争力。

以乡村善治为目标，推进乡村治理体系和治理能力现代化，是推动中国式农业农村现代化的重要抓手和动力引擎，也是推进乡村全面振兴的核心内容和重要路径。此次上海财经大学"千村调查"高碑店分队的调研活动，让师生们深刻感受到乡村善治在乡村振兴中的重要作用，对构建有效的乡村治理体系、提升乡村治理水平，进而全面推进乡村振兴有了新的思考。

(二)教学感悟

2023级金融学专业张易宁：

走千村，访万户，读中国，不仅仅是一个口号，更是一份期冀、一项使命。千村调查已然经历了从1.0到2.0，再到如今3.0版本的历程，这一路上，在我校师生不断努力下，千村调查取得了巨大成就。对于上财学子来说，千村调查早已不只是一个实践项目，更是一个了解祖国的机会，一份家国情怀的寄托。在千村，我们收获颇丰。我们掌握了调研技能，收获了

志同道合的朋友,认识了和蔼可亲的老师,感受到了农民们的勤劳朴实,更见证了我国农村的发展进步。

2023级会计学专业吴茜:

乡村治理是国家治理的基石。没有乡村的有效治理,就没有乡村的全面振兴。习近平总书记2020年在中央农村工作会议中提到:"从中华民族伟大复兴战略全局看,民族要复兴,乡村必振兴。"在本次千村调查的社会调研活动中,我与同学们在老师的带领下走千村,访万户,读中国,聆听乡村的脉搏,共同思考如何能让广大农民过上更美好的生活。这次调查活动更加坚定了我渴望助力乡村、成为未来乡村建设践行者的决心。作为新时代青年,我们当志存高远,脚踏实地,勇担时代使命,为振兴乡村贡献一份自己的力量!

2023级数学与应用数学专业张家琪:

用心去做,用爱去关怀,乡村的发展不仅关乎农民的生活和福祉,更关乎国家的未来和民族的复兴。乡村是中国的根基和灵魂,承载着我们的历史和文化,也孕育着我们的未来和希望。携手共进,为实现乡村振兴战略和目标而努力拼搏,是天经地义的社会责任。

大兴调研担使命，数字赋能促发展

——师生积极参与广东省普宁市"千村调查"

(一) 现场教学报道

2023年7月24日至27日，上海财经大学党委常委、统战部部长周杰普一行赴广东省揭阳普宁市开展千村调查系列活动，开展"我与书记面对面"交流会、入村入户问卷调查、"五个一"劳动体验，举行千村调查劳动教育基地揭牌仪式，调研广东省现代农业青梅产业园，参观普宁"八一"南昌起义南下部队指挥部军事决策会议旧址和庄世平博物馆等，实地考察普宁市乡镇的实际情况和发展规划，深入调研数字技术在乡村振兴中的应用。普宁市教育局，普宁市南溪镇、里湖镇等村镇领导干部陪同师生调研，揭阳广播电视台宣传报道了相关活动。

7月23日，调研队师生从全国各地抵达普宁。普宁市教育局副局长林焕荣向调研师生表示热烈欢迎，就调研行程安排、学生课程专业学习、就业去向等展开亲切交流，预祝此次调研圆满成功。法学院优秀粤东校友向大家分享了学习和工作的经验，同学们收获满满，对正式调研充满期待。

开展劳动教育，深入基层调研

7月24日上午，调研队在南溪镇篮兜村开展"我与书记面对面"交流会。会上，南溪镇镇长杨钊柳首先向周杰普老师一行表示热烈欢迎，并详细介绍了南溪镇的地理优势、产业发展、农民生活等基本情况。他提到，实施乡村振兴是实现共同富裕的必由之路，镇政府将全力支持和配合本次的调研活动。随后,普宁市教育局副局长林焕荣寄语同学们要充分珍惜此次实地调研的机会,深入农村、深入基层,积极与村民面对面沟通交流,了解真实农村。接着,周杰普老师对当地政府的重视和支持表示感谢,她鼓励同学们要深入乡村,亲自体验,努力成为德智体美劳全面发展的"五好"学生。范静老师随后也发表了感言,她表示,千村调查活动就是一堂生动的思政课,能让同学们亲身体验和了解农村的实际情况,收获更深的人生感悟。

会后,入村入户调研活动在南溪镇篮兜村正式启动。调研队在调研教师和驻村干部带领下,进入村民家中进行深入交流,了解乡村振兴战略对村民生产生活带来的切实影响。法学院院长宋晓燕指导学生开展问卷调研,亲切询问农户生产生活情况,用深入浅出的语言为村民解答调查目的、土地政策等问题。她反复向学生强调:调研设计需因地制宜,调研队员要关注民情、了解民意,拓宽思维思考问题。范静老师带领的调研小组为外出务工学会卤味技能返乡创业的村民提出建议,可以通过抖音直播卖货等渠道扩大产品的知名度,拓宽销路,增加收入。在带队教师的指导下,队员们拿到了真实的一手数据。

在热烈的气氛中,周杰普老师一行和普宁市教育局、南溪镇村镇领导共同为上海财经大学千村调查劳动教育基地揭牌。接下来,教育基地将发挥纽带和桥梁作用,在推进"县校地"合作共建,实现互利共赢中发挥积极作用。

调研队在篮兜村开展"五个一"劳动教育——学一项农具,会一个农活,做一次农家饭,扫一次农家院,知一种农作物。顶着烈日,脚踏黄土,老师与同学们拿起锄头、铁铲共同耕地、培土和收获番薯,汗水浸透衣背,大家对农业劳作的艰辛有了更深刻的体验,收获成果的喜悦也更加香甜。

下午,调研队一行来到广东省现代农业青梅产业园进行参观。产业园坚持政府主导、企

业主体、农民参与原则,以一二三产业融合发展为重点,按照"种植+加工+科技+销售(品牌)+第三产业"全产业链发展的思路,打造"一心、一廊、一园、多基地"青梅产业布局。未来将继续着力于深加工技术创新,提高产业链附加值。参观中,园区领导向师生热情介绍青梅品种、产业发展历史与现状。参观结束后,调研队一行与园区经理就种植技术、产品宣传、加工销售等内容展开深入交流。

追寻红色记忆,实践感悟真知

7月25日上午,调研队全体师生在普宁市教育局局长温伟涛、副局长林焕荣陪同下,参观了全国爱国主义教育示范基地、新时代红色文化讲堂——普宁"八一"南昌起义南下部队指挥部军事决策会议旧址(即普宁市"八一"纪念馆),开展党的革命历史主题教育,深刻领悟"八一"精神,传承红色基因。在"八一"纪念馆中,来自马克思主义学院的硕士研究生谭俊霞接受了揭阳广播电视台的采访,她表示,很荣幸能来到普宁实地走访调研,亲身感受革命先辈的足迹。希望同学们能不忘初心、身体力行,传承并发扬红色革命精神。主题教育中,周杰普老师勉励同学们不忘"八一"精神,将有限的生命投入为祖国奉献,为民族奋斗的事业中去。法学院副院长朱晓喆指出,青年学子要培养坚定的理想信念,以史为鉴,砥砺前行。法学院辅导员刘明勉励同学们珍惜千村之行。此次参观教育充分展现了千村调查实践育人作用,彰显高校和地方携手立德育人的目标追求。

随后,调研队一行参观了位于普宁市华侨中学校园内的庄世平博物馆。庄世平博物馆是广东省普宁市为纪念全国政协原常委、原全国侨联副主席、著名革命家、爱国者、金融家和杰出侨领庄世平先生而建设的标志性建筑。博物馆内收藏了庄老奉献社会、爱国爱乡的重要史料、展品,展现出他一生的丰功伟绩。在讲解员的介绍中,同学们被庄世平先生敢为人

先、爱国爱港、大爱无疆的情怀与精神深深感动。周杰普老师寄语同学们：庄世平先生光辉的一生是"厚德博学，经济匡时"的典范，上财学子应该学以致用，在为国为民的奉献中提高自我价值。

走进千家万户，寻访民生民情

由于气象预测第 5 号超强台风"杜苏芮"对闽粤沿海的强烈攻势，打乱了原有的调研日程安排，影响到后续调研的进行。有着 10 次带队经验的范静老师沉着应对、妥善协调，在教育局和乡镇领导的大力支持下，入村入户调研日程计划进行了应变调整。师生争分夺秒，顶着酷暑和台风来临前的压力，先后赴南溪镇、里湖镇两个乡镇 9 个村开展入村入户调研。在与村委会干部和村民们的深入交流中，感受村情民意，读懂乡土中国，保质保量顺利完成了 200 份问卷及访谈任务。

此次入村入户调研在普宁市的南溪镇与里湖镇的相关村庄进行。南溪镇的水乡特色是发展乡村旅游的优势，村民希望能挖掘旅游亮点，增加自然生态附加值。调研队受到了东二村和老方村村民的大力支持，对于调研内容，村民知无不言，调研过程十分顺利。新溪村是革命老区村，建筑物呈方形块状聚落，居中的张氏祠堂体现了精美的嵌瓷、木雕和彩绘艺术。在与宗祠管理人的交谈中，调研队了解到张氏宗祠的历史沿革，一座宗祠，凝聚着乡村振兴合力。大陇村恰好是队长陈嘉豪同学的老家，他积极做好"东道主"角色，带领小伙伴们积极开展入户调查，与村民拉家常。

在里湖镇，调研师生同里湖镇党政办主任李斌进行调研交流。新池内村整洁的环境，河头村积极开展的潮州大锣鼓、猜灯谜等文化娱乐活动，大大提升了村民幸福感。调研的最后一站富美村正在筹备建设电商仓库，为服饰以及农产品的储存提供基础设施，以发展农产品深加工提升农业供应链附加值。村干部为防洪防汛做着紧锣密鼓的准备，一边检查街道的防风设施，一边安排师生进入商户调研。村支书语重心长地对同学们说："民生是最大的政治"，无论是读书还是以后工作，都要多到基层看看，听听基层民声。当最后一份问卷结束登车返回住宿之处时，狂风大作、暴雨倾盆而下。

通过此次普宁定点调查的不断深入，调研队的问卷访谈不再拘泥于生涩的你问我答，而是在与村民交流中了解村民的实际生活，倾听他们的真实想法与诉求。同学们收获颇丰，他们决心在收获大量数据信息的基础上，进一步探索数字技术创新赋能乡村振兴的有效路径，为实现人民对美好生活的向往贡献上财智慧和上财力量。

(二)教学感悟

2022级工商管理专业崔航：

作为参与广东省揭阳普宁市千村调查的大学生，我深感荣幸能参与到这样一项意义深远的调研活动中。这次调研以"大兴调研担使命，数字赋能促发展"为主题，不仅让我有机会深入农村，了解基层的实际情况，更让我体会到数字技术在推动乡村发展中的巨大潜力。

在普宁市的村落中，调研团队深入田间地头，与当地农民亲切交流，详细了解他们的生活状况、收入来源以及面临的困难和需求。通过实地调查，我们收集了大量第一手资料，为后续的数据分析和政策建议提供了坚实的基础。调研过程中，我深刻感受到了数字技术在乡村振兴中的作用。例如，通过建立数字化的农业管理系统，可以实时监测作物生长情况，提高农业生产效率；利用大数据分析，可以为农产品销售提供精准的市场信息，帮助农民增加收入。这些数字化手段的应用，为乡村发展注入了新的活力。

同时，我也意识到，要充分发挥数字技术的作用，还需要加强农村地区的基础设施建设，提高农民的数字技能，缩小城乡数字鸿沟，这需要政府、企业和社会各方的共同努力。通过这次调研，我更加坚定了服务基层、服务农民的信念。作为一名大学生，我将所学知识与实际相结合，为乡村振兴贡献自己的一份力量。同时，我也认识到，作为一名新时代的青年，我们要勇于担当，积极作为，用数字技术赋能乡村发展，为实现农业农村现代化贡献青春力量。

传承红色基因，助力乡村发展

——师生赴云南江河州开展"千村调查"

（一）现场教学报道

2021年7月19日至24日，上海财经大学2021年度"千村调查"重点调查队赴云南省红河哈尼族彝族自治州开展系列调研。在学校常务副校长徐飞教授，2021年"千村调查"首席专家、三农研究院副院长许庆教授，校团委副书记袁海萍老师（曾在元阳县挂职副县长）的带领下，调研团一行10余人圆满完成本次调研任务。马克思主义学院范静副教授担任调研队指导教师，2020级硕士研究生吕小宁参加此次调研。

庆建党百年，学史千村行

7月20日，在云南省红河州委宣传部副部长李阳和州社科联主席、州社科院院长毛杰的陪同下，调研团深入开展党史学习教育专题实践。

调研团队首先来到西南联大蒙自分校纪念馆，了解西南联大办学历程，聆听当年联大师生的故事，体悟"刚毅坚卓"的"联大精神"。随后，调研团队前往蒙自市查尼皮村，实地走访中共云南一大会址旧址，师生们在会址前庄严告白"请党放心，强国有我"。

随后，范静副教授在中共云南一大会址旁的会议室主持召开党史学习教育座谈会。徐飞教授从"学史明理""学史增信""学史崇德""学史力行"四个方面对开展党史教育的理论逻辑、实践逻辑、历史逻辑做了深刻阐发。座谈会上，吕小宁同学提到中国共产党从无到有、从星星之火到燎原之势的壮大过程是坚守马克思主义、顺应时代潮流的历史必然，要坚定不移跟党走。

开展劳动教育，出良策干实事

7月21日，调研团一行告别蒙自，在红河州委宣传部副部长李阳同志的陪同下前往云南省红河州元阳县开展劳动教育。

上午，调研团抵达元阳县，参加劳动教育启动仪式暨乡村振兴汇报会。元阳县宣传部、乡村振兴局、文化和旅游局等10余个职能部门的负责同志参加会议。

下午，师生们来到大鱼塘村的田间地头，学农具、干农活、识作物，亲身体验劳作。师生们在"国家级稻鱼鸭综合种养示范区"深度学习、体验梯田种养新模式，深度了解作为世界文化遗产和全球重要农业文化遗产的哈尼梯田"四素同构"自然生态循环系统。在徐飞的带领下，师生们来到农家院子洒扫庭除，走进厨房灶台与农民群众同做农家饭，亲手创造劳动成果。

深入乡村调研，读懂产业振兴

7月22—24日，在范静副教授的指导下，团队师生在元阳县新街镇爱春村、主鲁村等村开展了入村、入户调研，共完成入村问卷10份，入户问卷200份，圆满完成调研任务。调研过程中，同学们与村民、村干部深入交流，详细摸排了乡村振兴情况，认真学习了元阳县哈尼梯田特色种养的产业化模式。因地制宜发展橡胶、香蕉种植业，探索旅游产业经营新模式等内容，引发了同学们对经济社会发展和地区产业规划的专业思考，也让大家深刻感受到了元阳县在党的领导下打赢脱贫攻坚战、迈向乡村振兴路的巨大变化。

2020级硕士研究生吕小宁同学在这次调研中承担了调研队大部分文字宣传工作，并和队员一起出色地完成了调研期间每日公众号推送，扩大了此次调研的影响力。

范静副教授连续9次带队参加"千村调查"，在本次"千村调查"过程中，她充分发挥经验优势，在科学制订调查计划、合理选择调查方法的同时，妥善安排调研团队的生活起居，保障本次千村调查取得圆满成功。

(二)教学感悟

2020级马克思主义中国化专业吕小宁：

参与云南省红河哈尼族彝族自治州的"千村调查"调研活动对我而言是一次深刻的心灵之旅，这次调研活动不仅让我有机会深入了解当地的民族文化和社会经济状况，还让我对历史有了更加直观的认识。

在西南联大的遗址前，我仿佛能感受到那个动荡年代学子们对知识的渴求和对国家命运的担忧。这里曾是中国现代教育的摇篮，培养了一大批杰出的人才，他们的故事激励着我们这一代年轻人要勇于担当，不断追求卓越。

参观中共云南一大会址，我被革命先辈们的英勇事迹深深打动。这里见证了中国共产党在云南的早期活动，是云南革命历史的宝贵遗产。通过参观，我对党的历史有了更加深刻的理解，也更加坚定了我作为一名大学生的责任感和使命感。

在元阳县，我被哈尼族的梯田文化所震撼。这里的梯田不仅是哈尼族人民智慧的结晶，也是人与自然和谐共生的美好象征。通过与当地居民的交流，我了解到他们的生活习俗、农耕方式以及面临的挑战，这些经历让我对乡村振兴有了深入思考。

这次调研活动，让我深刻认识到，每一个村落都有其独特的文化和历史，都值得我们去探索和了解。同时，作为新时代的大学生，我们有责任用所学知识为乡村发展贡献力量。无论是通过数字化手段提高农业生产效率，还是通过文化传承保护乡村特色，我们都大有可为。

知行结合 感受绿色乡村

——"知行杯"社会实践团赴浙江省云和县考察

(一)现场教学报道

2023年7月9—13日,上海财经大学"知行杯"社会实践团在马克思主义学院下梁老师的带领下,以"绿色赋能乡村振兴"为主题,前往浙江省丽水市云和县,对该县绿色产业链群高质量发展和生态产品价值机制改革进行为期5天的实践调研活动。团队先后前往相关政府机构、旅游景区、产业基地、特色乡村、农家果园等地,同相关政府干部、地区负责人、企业高管、协会会长、当地居民进行广泛交流,深入了解"以绿色发展理念引领乡村振兴"的时代价值。

7月9日,团队到达云和县,进行团队任务分工,分发线上调查问卷。

7月10日上午9点,同学们前往云和县人民政府。王育信主任从"小县大城"发展模式入手,向同学们介绍了云和县主要产业的发展情况,以及近年来云和县政府推动生态绿色建设的重要措施,对县域内农业、工业、旅游业绿色发展问题进行了重点说明。

詹恩怀主任则向同学们介绍了目前云和地区雪梨产业的种植技术、市场需求、产量情况以及绿色农业生产的支持政策。从政府干部的回答中,团队感受到云和县在"发展生态产业、搞好民生工程"上的决心。

7月10日下午2点,团队前往云和著名景点——云和梯田参观考察。云和梯田禾海滚滚、壮丽秀美,正处于创"5A"关键阶段。同学们亲身体验梯田的自然风光,深入了解云和梯田的历史和文化背景,明晰政府对梯田景区发展的未来规划,感受旅游业在乡村振兴方面做出的卓越贡献。

随后,团队前往梯田旁的坑根村调研,那里至今保留着乾隆年间的古庙宇等历史遗迹,展现出当地独特的乡村民俗文化。

7月11日上午9点,团队前往云和公益图书馆"童话书房",体验安静宽敞、设备齐全的阅读环境。在和负责人的交流中团队了解到,受益于政府近年来"15分钟品质文化生活圈"的建设,如今每位云和居民步行15分钟左右即可抵达至少1个公共文化场馆和2个以上公益性文化空间,居民整体文化素养大幅提升。

10点30分,团队实地走访仙宫湖景区。重点考察景区基础设施建设情况,了解仙宫湖景区在保护自然环境、扎实推进村民共同富裕等方面的创新举措。

7月11日下午2点,团队随丽水市统战部工作人员叶海田前往红色旅游村——小顺村,参观周恩来纪念碑、黄绍竑故居,了解抗战时期云和作为浙江省临时省会(1942—1945年)的爱国事迹,观看当地制作的红色微电影,感受周总理当年激昂澎湃的"工人顶天立地"的爱国发言,体悟浓厚的红色旅游文化氛围。

下午4点,团队前往长汀村人工沙滩景区进行实地调研,了解"两山"理念下的长汀村共富路。长汀沙滩是政府为振兴长汀村而累计投入4 500万元打造的生态淡水沙滩,使村集体收入从年均3万元跃升至100万元,彰显出绿色产业在乡村振兴过程中蓬勃的内生动力。

7月12日上午9点,团队前往云和第二大木玩企业——奇美乐玩具厂开展调研,同学们先后参观了木玩生产车间、组装车间、样品间等,重点了解了车间工人的工作环境与防护措施。该厂宋华斌主任向同学们细致介绍了云和木玩行业当下的贸易模式和发展困境,以及木玩产业在创造税收、吸纳就业等层面对云和及其周边县城的积极作用。

上午11点,团队前往雾溪畲族乡,感受当地少数民族风情,并走访雾溪水库,感受劳动人民开天辟地的磅礴伟力。

7月12日下午,团队前往位于苏坑村的云和雪梨园参观。在与云和雪梨协会雷宗明会长的交流中,团队走向田间山头,了解绿色有机雪梨的数字栽培和先进采摘技术,并对苏坑村农产品专业合作社的运行机制进行深入交流学习。在政府牵头、村民互助等一系列举措下,苏坑村实现了整体全面脱贫,村里29户人家的生活品质也越来越高。

通过本次社会实践活动,同学们充分感受到了近年来云和县的飞速发展与变化,对云和县践行"绿水青山就是金山银山"理念,依托跨山统筹、创新引领、问海借力三把绿色产业发展金钥匙,走好云和乡村振兴之路的创新实践有了更全面深刻的理解。临别之际,同学们表示要秉承"厚德博学,经济匡时"的校训理念,为全面推进乡村振兴、走中国式现代化道路贡献上海财经大学的青春力量。

(二)教学感悟

2021级电子商务专业陈发端:

在浙江省丽水市云和县的绿色产业链群高质量发展和生态产品价值机制改革的实践调研活动中,我深刻感受到了"绿色赋能乡村振兴"战略的深远意义和实际成效。云和县作为实践这一战略的典范,其在绿色发展、生态保护与乡村振兴的融合上展现了独特的魅力和创新思路。

首先,云和县的绿色产业链群发展让我看到了生态与经济的双赢。通过实地考察当地的有机农业、绿色能源和生态旅游等产业,我了解到这些产业不仅保护了生态环境,还为当地带来了可观的经济效益。农民通过参与绿色产业,收入有了显著提升,生活质量得到改

善。其次,生态产品价值机制改革的实践,让我认识到了生态价值与经济价值的转换。云和县通过建立生态产品交易平台,将生态资源转化为可交易的商品,这不仅提高了生态资源的利用效率,也为乡村振兴提供了新的经济增长点。此外,云和县在乡村振兴过程中,注重文化传承与创新,将传统文化与现代元素相结合,打造了一系列具有地方特色的文化产品和活动,这不仅丰富了当地居民的精神文化生活,也吸引了大量游客,促进了旅游业的发展。

5 天的调研,让我深刻体会到了"绿色赋能乡村振兴"战略的实施对于推动地方经济社会发展的重要性。云和县的成功经验,为其他地区提供了宝贵的借鉴和启示,也为我国乡村振兴战略的深入实施提供了实践案例。未来,我期待看到更多地区能够借鉴云和县的经验,实现绿色发展和乡村振兴的双赢。

二、教研心得

读万卷书,行万里路
——"行走的思政课堂"系列实践活动教学启示

"大思政课"是一种具有"大格局"特征的全新思政课堂新形态,是对传统思政课的优化、升华和超越,突出理论与实践相结合的价值导向,注重思政"小课堂"与社会"大课堂"相融合的现实观照。"行走的思政课堂"系列实践教学活动,突破了传统意义上校园课堂的局限,把思政课堂延伸至社会空间和现实世界,有组织地引导学生走出校门、深入社会、参与实践,用脚步丈量祖国大地,用眼睛发现中国精神,用耳朵倾听人民呼声,用内心感应时代脉搏,把历史长河、红色文化、时代大潮、城市乡村、社会万象中的鲜活案例转化为教学素材,让学生深刻认识新时代十年来伟大变革的里程碑意义。"行走的思政课堂"系列实践活动得到了校内师生和社会各界的热情支持和广泛好评,已经成为上海财经大学推进新时代"大思政课"建设的重要抓手之一。

概括来看,上海财经大学"行走的思政课堂"系列实践活动所体现的新时代"大思政课"改革创新特色主要体现在三个方面。

第一,加强顶层设计,制度保障先行。学校学院党委高度重视思政课建设,不断完善实践教学工作体系,先后制定《全面推进"大思政课"建设的工作方案》《上海财经大学思想政治理论课综合改革3.0方案》《马克思主义学院思政课实践教学制度(试行)》,在整体推进思政课改革实践的基础上,对思政课实践教学的认定范围、组织形式、实施流程、学时认定等方面进行了明确说明,并每学年投入100万元用于开展实践教学,帮助师生开展实践教学工作。

第二,整合校内外实践教学资源,不断优化实践课程体系。"行走的思政课堂"系列实践教学活动以本科生六门思政课为主体,依托教育部和上海市"大思政课"实践教学基地,将思政"小课堂"与社会"大课堂"相结合,在杨浦滨江、中共一大会址、陈云纪念馆、中国证券博物馆、东方绿舟国防园以及新疆乌鲁木齐和云南省元阳县等地,打造"行走的课堂之红色财经中国"系列思政课实践教学示范课程。同时,整合校外思政课教学资源,积极探索多样化的实施路径和教学专题。一是在校级实践教学品牌项目"千村调查"中注重发挥思政育人成效,让学生在实践中感悟新时代中国特色社会主义实践的鲜活力量;二是在上海选取与财经主题相关的红色遗址,设计"红色财经教育"实践教学路线;三是结合长三角一体化建设布局,开展相关产业和区域调研的"田野思政";四是借鉴当代青年喜闻乐见的"City Walk"文旅形式,通过组织学生小组探访城市街区开展实践教学,开辟涵盖城市文脉、工业遗产、社会治理等内容的多套实践教学方案。

第三,总结实践教学经验,编写实践教学案例集。结合地方特点、学校实际、学生特点、课程要求,充分运用校内外资源,强化实践教学,建成思政课"3+3"实践体系。探索构建课堂实践、校园实践、社会实践和网络实践"四位一体",课堂平台、校内平台、社会平台和网络平台"多元互动"的实践教学新模式,即"四位一体、多元互动"实践教学模式。编写思政课教学案例,在充分了解习近平总书记在上海搞调研、抓发展、促改革、惠民生、谋创新的工作经历基础上,挖掘上海"人民城市"建设和上海人民贯彻践行习近平新时代中国特色社会主义思想的生动范例,编写《习近平在上海》《人民城市·上海样本》《思政课现场教学案例集》等思政课教学案例集。

三、理论探索

提升"大思政课"实践教学质量的路径探析[①]

摘　要：提升"大思政课"实践教学质量是全面推进"大思政课"建设的重要内容。提升"大思政课"实践教学质量需要在明晰"大思政课"实践教学内在意涵与价值目标的基础上，分析当前常见思政课实践教学方式的优势与限度，以此推进"大思政课"实践教学整体布局，系统性重组实践教学方式以满足教育对象的多样需求；制度性重构实践教学工作机制，增强、保障多方主体协同展开的合力；专业性重建实践教学知识，增强"大思政课"实践教学的规范化。

关键词："大思政课"　实践教学质量　提升路径

全面推进"大思政课"建设是助力思政课高质量发展的重要抓手。推进"大思政课"建设，应重视与现实结合、强化问题意识、突出实践导向。[②] 实践教学作为"大思政课"的应有内涵，它在联系社会现实与学生思想困惑、完善教学体系、推动教育资源合理配置、融通思政"小课堂"与社会"大课堂"、实现育人目标等方面发挥着独特的作用。然而，当前思政课实践教学中仍存在建设思路不明、与课堂教学有脱节、资源整合效能不高、不同专题"大思政课"实践教学基地与学校对接合作的差异化目标设定不明、满足教育对象多样性需求不够、教学机制不完善、知识生产不足、规范化不强等现象，需要我们结合教育对象的身心发展规律与需求、新时代发展与课程建设的要求，在反思现行实践教学方式的优势与限度的基础上，进一步探究提升"大思政课"实践教学质量的路径与策略。

（一）"大思政课"实践教学的内在蕴涵及价值旨归

科学认识并把握"大思政课"实践教学的内在蕴涵及价值旨归是思考如何提升"大思政课"教学质量的重要基础，因为它关系"大思政课"实践教学价值理念的确立、实践教学条件的准备与完善、实践教学方法的创新、实践教学的具体开展以及对现行实践教学方式的反思与优化等问题。

[①] 本文发表于《思想理论教育》2023年第9期，发表时有所改动，作者：李敏、包松松。
[②] 教社科〔2022〕3号：《全面推进"大思政课"建设的工作方案》，中华人民共和国教育部官网，2022—08—10。

1."大思政课"实践教学的内在蕴涵

对"大思政课"实践教学的认识,人们通常将其视为与理论教学相对的教学形式[①],是以"实际考察、操作为主的教学活动"[②],并且坚持这种教学方式是与思政课课堂教学相衔接,以通过教育引导学生参与相关社会实践达到提高学生对世界、社会、自我的认知水平以及认识问题与解决问题的能力为特征。从狭义来看,"大思政课"实践教学确实是一种与理论教学相对的教学方式,但这里还需要追问的要点在于我们从何种意义上理解实践教学中的"实践",作为"大思政课"的实践教学,它具有何种实践特性与实践功能。对此,我们认为:

一是"大思政课"实践教学是以德性实践为理念的活动。"大思政课"实践教学首先是一项实践活动,而非仅仅是一项教学方式。作为实践活动,它常以某种外在的善为目的,同时实践本身也是目的。"大思政课"作为一项实践活动,它包含了作为实践活动的德性。所谓德性,就是使一个事物状态好的同时也使得其实现活动完成得好的品质,如亚里士多德所说:"每种德性都既使得它是其德性的那事物的状态好,又使得那事物的活动完成得好。"[③]由此可见,作为德性实践的"大思政课"实践教学至少包含两层内涵。首先,"大思政课"的根本任务是立德树人,立德,就是明大德、守公德、严私德;树人,就是培育具有中国式现代化品质的时代新人,这使得"大思政课"的实践教学具有内在善。这种内在善规定"大思政课"的各种实践教学活动应以提高学生对世界、社会与自我的认知水平为目的,并以此使学生在对知识产生强烈兴趣的基础上丰富其精神世界,培养其坚强的行为意志,最终养成良好的道德品质,成长为时代新人。其次,"大思政课"实践教学通过完善自身以追求内在善。德性只生成于德性的活动。"大思政课"实践教学的本质是育人,它在把握学生需求与成长成才规律的基础上,遵循时代要求来统筹规划实践教学安排、丰富实践教学项目、归纳实践教学规律、创新实践教学方法、完善实践教学条件、延展社会时空、整合实践资源,在内在善的指引下追求自身成为德性的实践活动。

二是"大思政课"实践教学的作用方式彰显为"精神与物质"的双向转换。提升"大思政课"实践教学质量需要明晰其实践活动的作用方式与功能特性。"大思政课"实践教学作为一项实践活动,它的实践对象是人,并以塑造时代新人为活动目的。这就是说,人们的许多社会实践活动,大多数是以改变事物的物理形态为特征的,而"大思政课"实践教学则是以改变和塑造人的人格形态为特征,是通过改造人的主观世界进而改造客观世界,同时也在改造客观世界的过程中进一步改变、丰富、提高精神世界。首先,"大思政课"实践教学通过各类实践活动搭建教育对象与客观世界连接的舞台,在已有理论知识的基础上,教育引导学生体验社会、认知社会,并以此形成自身的社会经验、思考价值判断,养成情感认同,形成社会记忆,进而构建自身的精神世界。其次,"大思政"实践教学在教育引导学生形成新的精神世界

---

① 冯刚:《高校思政课实践教学的内涵、价值及其实现》,《学校党建与思想教育》,2021 年第 18 期。
② 王虎丹:《关于提升高校思政课实践教学质量的思考》,《学校党建与思想教育》,2023 年第 6 期。
③ [古希腊]亚里士多德:《尼各马可伦理学》,廖申白译,北京:商务印书馆,2003 年版,第 47 页。

的基础上引导学生养成良好的行为。通过良好的、积极的、有建设力量的行为创造出有利于社会发展与个人发展的对象化劳动成果,以此改造客观世界。而改造客观世界的经历、体验、认知、情感为重新肯定、加深或刷新原有的精神世界供给资源,如此反复,螺旋式上升。

2."大思政课"实践教学的价值旨归

明晰"大思政课"实践教学的价值旨归既是提升其质量的内生动力,也是提升其质量的目标导向。"大思政课"实践教学的价值旨归至少体现为如下几个维度。

一是"大思政课"实践教学要满足国家人才战略的要求。党的二十大报告指出,"实施科教兴国战略,强化现代化人才支撑",特别指出,"人才是第一资源",要深入实施"人才战略"等理念。首先,"大思政课"实践教学作为实践活动,它理应以满足国家人才战略需求为目标导向,为国家培养致力于中华民族伟大复兴、致力于社会主义现代化强国建设的人才。就人才的衡量标准来看:一是体现在具有一定的专业知识与专业技能;二是创造出能够更广范围服务国家与社会需要的创新性劳动成果。"大思政课"实践教学的实践运作首先就体现为对实践资源的整合与实践条件的创造,它致力于将社会发展所取得的前沿技术、知识与社会发展所取得的成就转化为实践教学资源,为教育对象供给优质的实践养料。其次,"大思政课"实践教学为教育对象创造实践场域与实践平台,教育引导学生将自己所学的理论知识与社会发展需求相结合,将自己的兴趣、志趣、理想转化为对象化的劳动成果,最终服务国家发展战略。

二是"大思政课"实践教学要满足教育对象自由全面发展的需求。追求现实个人的自由全面发展是马克思主义哲学的核心范畴,马克思、恩格斯在论述人类社会理想状态时指出,"代替那存在着阶级和阶级对立的资产阶级旧社会的,将是这样一个联合体,在那里,每个人的自由发展是一切人的自由发展的条件"①。党的二十大报告亦明确指出"物的全面丰富和人的全面发展"的目标追求。由此可见,实现人的自由全面发展是中国式现代化的条件与基础,也是推进中国式现代化的目的。"大思政课"实践教学也以满足教育对象自由全面发展的需求为价值追求。具体体现为:"大思政课"实践教学针对学生需求、遵循学生成长成才规律制定丰富的实践项目、搭建多样的实践平台,教育引导学生在实践活动中完整发展自身作为"人"的本质力量,使自身的"个性"得到自由发展,使自身作为"人"的"社会关系"得到和谐发展。因为活动是人的存在方式,人唯有在他的实现活动中才能展现其存在。

三是"大思政课"实践教学要满足推动思政课高质量发展的需要。全面推进"大思政课"建设是推动思政课高质量发展的重要抓手。实践教学作为"大思政课"的内在构成,它以满足推动思政课高质量发展的需要为内在追求。首先,它协同理论教学,在丰富思政课的教学形式中助力思政课的高质量发展。评价思政课质量不仅在于教育者理论知识的输出,还在于教育对象的成长成才。"大思政课"实践教学通过关照理论教学的知识体系,结合教育对

---

① 《马克思恩格斯选集第一卷》,北京:人民出版社,1995年版,第294页。

象的现实需求,创造实践场域、设计实践活动,打通理论知识与生活世界的连接点,使学生在对生活世界的体验中反思理论知识、运用理论知识、创造知识,从而成为为国家、社会服务的人才。其次,"大思政课"实践教学通过完善教学体系以助推思政课的高质量发展。人才培养是多要素协同并施的系统工作。"大思政课"实践教学完善教学体系,一方面表现在它将自身融入学校教学体系,在与"第二课堂"、专业实践、相关课程实践的良性互动中追求育人体系的一体化;另一方面它追求作为实践教学本身的体系化。具体涵括科学的总体布局、合理的实践内容、明晰的操作程序、完善的实践评价,最终形成实践教学知识。

(二)现行思想政治理论课常见的实践教学方式及反思

当前,对思政课实践教学已有多样探索,也呈现出多种实践样态,根据实践教学的内容与运行机制将其划分为语言表达类的实践教学、认知类的实践教学、交往性的实践教学、生产性的实践教学等。但思政课实践教学在现实实践过程中所存在的不足与困境需要我们反思现行实践教学方式,明晰其优势与限度,为进一步探索提升"大思政课"实践教学质量的实践路径与策略提供依据。

1. 语言表达类实践教学的优势与限度

语言表达类实践教学是思政课课堂实践教学的常见模式,它具体表现为理论宣讲、课题讨论、课堂辩论、主题演讲、课堂汇报等。语言表达类实践教学的侧重点在于重视引导教育对象对相关问题进行自主研究,以期通过讨论、辩论等语言交流形式提升教育对象对相关理论的理解力、阐释力与认同度。不难看出,语言表达类实践教学在发挥学生理论学习的主体性、提高学生研究型学习能力、掌握学生对理论的理解程度、增强学生对课堂的参与度等方面具有明显优势。因为"语言是一种实践的、既为别人存在因而也为我自身而存在的、现实的意识""只是由于需要,由于和他人交往的迫切需要才产生的"[1]。简而言之,语言是一种关系性活动,它因人的社会交往而出现,也促进人与人之间的社会交往。思政课语言表达类实践教学正是通过建立教育对象与理论、教育对象与他者、教育对象与自身的关系使教育对象塑造精神世界。

但这里,我们仍然要关注其限度,一是就知识本身来说,它具有一定的系统性,这种系统性很难使学生通过一次或几次的语言交流掌握其思想体系。二是就课堂话语来说,它的意识形态性使其不仅要描述事实,还要基于社会需求做社会分析、话语分析与解释,即要对解释进行解释,并"关注话语表达被用作行动和互动的手段的方式,关注它被用作创造历史和重构社会的终结的方式"[2]。这种课堂话语的掌控能力与课堂话语的潜在意义,教育对象是较难把握的。三是它缺乏学生了解世界、了解社会的物质场域,即它仍然是一种理论对理论的交往方式,难以建立学生直面社会的体验、经验与理念等。

---

[1] 《马克思恩格斯选集第一卷》,北京:人民出版社,1995年版,第81页。
[2] [英]约翰·B.汤普森:《意识形态理论研究》,郭世平等译,北京:社会科学文献出版社,2013年版,第2页。

2. 认知类实践教学的优势与限度

思政课认知类实践教学具体表现为：一是榜样教育型实践教学，即通过邀请科学家、先进模范、党政领导、著名企业家等进校园、进课堂，通过他们现身说法引导教育对象提高认知的实践教学。二是参观型实践教学，就是组织学生参观纪念场馆、博物馆、艺术馆、历史遗址等进行实践教学。认知类实践教学侧重通过创造物质场域以刺激教育对象的听觉、视觉、触觉等感觉，促使其在对时间、空间、事件、人物等的知觉中，不断调动自身的潜在知识以加工外界输入的信息，从而使其产生某种喜欢或讨厌、满意或不满意、愉悦或郁闷等情绪，并以此形成对相关事件、人物、理论等的价值判断与知识判断。不难发现，认知类实践教学活动在营造一定的情境、渲染某种情绪、给教学对象形成某种直观的感觉等方面有独特优势，这种独特优势也有利于教育对象近距离感知科学精神、劳动精神、创造精神、职业精神与历史精神等，从而形成自身对特定事物的认知、情感与判断等。

但认知类实践教学也有自身的限度：一是认知类实践教学在时间上的间断性与情感上的间歇性。具体来讲，认知类实践教学通过参观重要场所或通过榜样现身说法的方式是一次或几次的行为，它如何让单次的实践课堂具有延续性，如何使教学对象由此产生的情感具有持久性。二是认知类实践教学方式所选择的场所或榜样常具有自身的历史情境与社会体验，它如何搭建教育对象与榜样、教育对象与具体历史情境的连接点，实现多样主体在时空中的共同在场。三是认知类实践教学方式的效力点在于激发并推进学生在认知与情感上的认同，这种认知与情感上的认同如何帮助学生理性判断，并进一步提升教育对象的思维能力，最终将相关现场教学内容的理念、思想与精神实现现代化的转化，在丰富学生精神世界的同时也成为学生行动、行为的指南，提升学生面对生活世界的实践智慧。

3. 交往性实践教学的优势与限度

思政课交往性实践教学的常见方式表现为志愿服务、社会调研、社团活动、各类竞赛等。就交往性实践教学而言，其宗旨在于搭建学生与生活世界的连接点，致力于使学生在与社会与他人互动的过程中，在自身能量付出的过程中培养学生交往的能力、解决问题的能力以及形成一种愿奉献、敢担当的精神品质。交往性实践教学也符合人的社会性本质，从实践开展来看，交往性实践教学在促进教育对象与他者的交往中、在促进教育对象对生活世界的意义追寻中、在激发教育对象对自我的认知中发挥着重要的重要。它应该成为"大思政课"考量的重要实践教学方式。

但交往性实践教学也存在需要反思的限度，抑或说它在运行中所出现的问题需要引起高度重视。一是交往性实践教学中出现的功利化倾向。这里提出的功利化倾向主要是教育对象在实践过程中不以体验生活、了解生活为目的，而是以完成学分或"扩充时间银行"为目的。这种对交往性实践教学德性的偏离消解了交往性实践教学的价值与效果。二是交往性实践教学在提高教育对象自我认知能力的同时，也需要教育对象有较强的自主性或一定的专业性，这就需要对教育对象展开各项评估。三是交往性实践教学如何实现自身的连续性。

从思政课的交往性实践教学来看,这种实践方式通常是一次或几次,因此如何使每一次交往实践产生其应有的教学效果成为应该思考的重点问题。

4. 生产性实践教学的优势与限度

思政课生产性实践教学,主要是指思政课通过协同多方力量,如开展校际合作、校企合作,组织学生进行生产劳动与专业实习,在生产性实践活动中提升教育对象的专业技能、培养教育对象的劳动观念,帮助教育对象搭建投入新时代伟大实践的桥梁。生产性实践教学的初衷是期望通过挖掘专业课中的思政元素,找寻思政课与专业课的契合点,以推动思政课与专业课的同向同行,并以此实现价值性与知识性的统一。生产性实践教学是极重要的实践活动,也是教育对象参与度较高的实践活动。它通过为学生搭建校企合作平台,为学生提供走进企业、走进实验室、了解职场、了解前沿动态的各类机会,在通过实践活动将专业知识与职业精神、劳动精神等相结合,从而培育教育对象运用专业知识服务国家、服务社会、服务人民的能力与意识方面具有独特优势。

我们仍然要关注其限度,主要表现为:一是生产性实践教学涉及多维主体(学校、企事业单位、学生等),需要较高的协同度,这种较高的协同度规定它需要在时间、空间、资源等方面进行精准安排;二是生产性实践教学,从知识角度来看,它更加侧重的是对"一切事物实际怎么出现的规律"的探索,而不是对"一切事物理应怎么出现的规律"的探索,它突出的专业性导向容易忽略价值性引领,价值性引领可以使它更集中于对劳动精神、职业伦理等品质的培养。

综上可见,现行思想政治理论课实践教学的探索是多路径的,但在厘清不同实践教学类型所具有的优势与限度的基础上,我们需要再次深入思考的是如何整体布局重组多样实践教学方式以满足教育对象的多样需求,如何优化工作机制以支持与保障多样实践教学方式展开的协同力量,如何生产思政课实践教学知识以提高实践教学的专业化与规范化。

(三)提升"大思政课"实践教学质量的路径思考

思考提升"大思政课"实践教学质量的路径,是要在教学目标的指引下,在反思现行实践教学模式的优势与限度的基础上,着力解决"大思政课"实践教学建设思路不明、教育对象多样需求满足不够、多维主体协同合力不强、规范化不足等核心问题,如此,推进"大思政课"实践教学整体布局,系统性重组实践教学方式以满足教育对象的多样需求,优化各方管理体制机制以增强、保障多方主体协同展开的合力,专业性重建实践教学知识以提升实践教学的规范化是应该被重点探索的议题。

1. 推进"大思政课"实践教学整体布局,系统性重组实践教学方式以满足教育对象的多样需求

提升"大思政课"实践教学质量需要科学的整体布局与教育对象多样需求被有效满足的双向对接,而系统性重组多样实践教学方式是助力二者双向对接的重要因素。推进"大思政课"实践教学整体布局是要结合教育目标的要求与教育对象的现实需求,在时空系统、育人

系统以及思政课教学系统中探索多样实践教学方式在不同实践活动中的有机组合。

从时空系统来看,"大思政课"一方面是要建设大中小学思想政治教育一体化的"全程育人"格局,另一方面是要搭建学校、社会、家庭、网络等多维空间协同的"全方位育人"格局。如此,在时空系统中重组"大思政课"实践教学方式,一是要遵循不同阶段教育对象的成长特征与成长规律,并以此为依据在相关实践活动中匹配与其相对应的实践教学方式。教育对象的成长是不断发展的过程,教育对象在不同成长阶段对事物的认知、情感与判断等是有变化的,"大思政课"实践活动的选择、设计与目标定位应遵从不同阶段教育对象的身心发育特点,并在此基础上重视教育对象接受实践教学的系统性,推动实践教育的"螺旋式发展"。二是要重视不同空间的实践功能,并在精准定位各空间的动能与优势的基础上,结合教育对象的生存、生活与发展空间设计与其联系紧密的实践活动。从教育对象的生存与发展来看,家庭、学校、社会、网络是其主要空间,不同空间都有其特定的文化与功能,结合教育对象的生存与发展,在推动多维空间协同并进中组合"大思政课"实践教学方式,从而优化"大思政课"实践教学的空间布局。

从育人系统来看,思政课程与"课程思政"的课程协同、教学部门与管理部门的管学协同、不同学科之间的学科协同与教学的体系化是"大思政课"的题中之义。如此,从育人维度推进"大思政课"实践教学的整体布局就是要在育人目标指引下秉持协同理念推进实践教学方式的有机组合。习近平指出,新时代贯彻党的教育方针,就是要"努力培养担当民族复兴大任的时代新人,培养德智体美劳全面发展的社会主义建设者和接班人"[①]。推进"大思政课"实践教学整体布局就是要在立德树人的教育理念指引下,围绕"德、智、体、美、劳"的教育目标,结合教育对象的"兴趣""业趣"与"志趣",以"必须+选修+自选"的方式推进生产型实践教学方式、交往型实践教学方式、认知型实践教学方式与语言型实践教学方式等的有机组合。

从思政课教学系统来看,推进"大思政课"实践教学的整体布局,系统性重组实践教学方式:一是要在整体上系统性地设计实践教学,包括实践教学学分的设计与落实、实践教学大纲的制定与落实、队伍的建设、资源的整合、实践项目的创建与安排、实践基地的合理利用等。在此基础上,遵循思政课不同课程的目标、规律与逻辑合理匹配相关实践项目、实践基地,融通不同实践教学方式,从而达到有机组合。二是要注意理论教学与实践教学的有机统一。这种有机统一体现在以理论解释、回应现实问题与以鲜活的实践证明理论的双向统一。具体言之,即"大思政课"实践活动的展开始终是与思政课的理论建设、理论阐释相互支持的。

2. 制度性重构实践教学工作机制,增强、保障多方主体协同展开的合力

提升"大思政课"实践教学质量,需要制度性重构实践教学工作机制,增强、保障多方主

---

① 习近平:《思政课是落实立德树人根本任务的关键课程》,《求是》,2020年第17期。

体协同展开的能力,构建"大思政课"实践教学新生态。因为制度性重构实践教学工作机制是多维主体有效协同、多维时空有机融通、多样资源合理匹配、多种方法合理运用、多面工作机制有机运行的基本保障。

制度性重构实践教学工作机制:首先,彰显为制度性重构家庭、学校与社会的协同育人机制。它具体涵括领导管理机制、组织协调机制、评价激励机制、后勤保障机制与安全风险防控机制等。领导管理机制着重解决管理主体、管理职权确认、管理方式等。"大思政课"实践教学一方面需要教育对象走进社会,另一方面也需要鲜活生动的实践走进课堂,从制度层面明确家庭、学校、社会层面协同育人的领导管理机制是明确谁来牵头、以什么方式牵头的关键。习近平对此曾指出,"要建立党委统一领导、党政齐抓共管、有关部门各负其责、全社会协同配合的工作格局"[①],对此,教育部等十部门印发的《全面推进"大思政课"建设的工作方案》也指出,"各地教育部门要结合实际,积极建设'大思政课'实践教学基地。大中小学要主动对接各级各类实践教学基地,开发现场教学专题,开展实践教学"[②]。组织协调机制要着重解决组织机构、职责任务等方面的问题,如不同主体在教学实践中究竟应担任何种职责,发挥何种优势,需要对此进行合理定位。评价激励机制应注重从完善相关法律法规、政策条例等层面对"大思政课"实践教学的过程与效果进行科学评估,并完善相应的激励机制。后勤保障机制与安全风险防控机制主要解决协同育人的后勤投入机制(如队伍构建、经费支持、设施配置、平台搭建等)以及教育对象的安全风险防控等。

其次,完善学校系统的协同育人机制,横向来看,是要完善党委领导,各管理部门、教学部门以及教育对象"学"的系统的协同育人机制,如"高校要普遍建立党委统一领导,马克思主义学院积极协调,教务处、宣传部、学工部、团委等职能部门密切配合的思政课实践教学工作体系"[③]。纵向来看,是要把实践教学的要求贯穿到大中小学思政课各学段,并结合各校实际情况与特色,研究制定出各学段实践教学大纲、教学规范手册、学生培养方案等具体的实施意见,推动落实大中小学思政课实践教学一体化的工作机制。

3. 专业性重建实践教学知识,增强"大思政课"实践教学的规范化

专业性重建实践教学知识,一方面在于"大思政课"实践教学需要专业知识的指导,如此才能更好地解决实践教学中所存在的形式化、娱乐化以及如何规范化的问题;另一方面在于"大思政课"实践教学所蕴含的实践理念、规律、特征、运行方式、所积累的经验等都需要做更深入的挖掘、整理、凝练、反思与抽象,以此生产"大思政课"实践教学知识,推进"大思政课"实践教学专业化与规范化。

一是立足实践是专业性重建"大思政课"实践教学知识的基础。"全部社会生活在本质上是实践的",这里的实践涵括技术实践与道德实践,前者是指按照自然因果必然性行动的

---

① 习近平:《思政课是落实立德树人根本任务的关键课程》,《求是》,2020 年第 17 期。
② 教社科〔2022〕3 号:《全面推进"大思政课"建设的工作方案》,中华人民共和国教育部官网,2022−08−10。
③ 教社科〔2022〕3 号:《全面推进"大思政课"建设的工作方案》,中华人民共和国教育部官网,2022−08−10

实践,后者是指按照实践理性的自我立法而行动的实践,这两类实践对应个人的认知自由与实践自由①,二者共生共存。就"大思政课"实践教学而言,它旨在通过一定的实践活动激发教育对象对相关事物的反思,从而促进思政课理论塑造教育对象的健全人格,即在认知自由的基础上建构实践自由,也通过实践自由助力认知自由。如此,生产"大思政课"实践教学知识所立足的实践也主要表现为推进思政课理论掌握群众的过程、方式与状况,具体表现为教育对象是否形成了正确认知、是否端正了态度、是否丰富了情感、是否激发了积极动机、是否形成了良好行为以及"理论掌握群众"的心理时间如何等。

二是专业性重建"大思政课"实践教学知识的核心在于构建"大思政课"实践教学知识体系。教育心理学家布鲁姆曾将知识分为事实性知识(学生通晓一门学科或解决其中的问题所必须了解的基本元素)、概念性知识(在一个更大的体系内共同产生作用的基本要素之间的关系)、程序性知识(做某事的方法、探究的方法,以及使用技能、算法、技术和方法的准则)与元认知知识(关于一般认知的知识以及关于自我认知的意识和知识)。② 就"大思政课"实践教学的专业性提升来看,它应当构建以事实性知识、概念性知识、程序性知识与元认知知识为结构的知识体系。"大思政课"实践教学的事实性知识主要指"大思政课"实践教学的基础术语知识、具体细节与要素的知识;概念性知识主要是指分类与类别的知识、原理和通则的知识、理论模型和结构的知识等;程序性知识主要包括相关技术和方法的知识、确定何时使用适当程序的准则知识;元认知知识主要包括策略性知识、关于认知任务的知识、关于自我的知识等。通过构建"大思政课"实践教学的知识体系以让教育对象更好地了解"大思政课"实践为何,何为,同时也使教育者更明晰"大思政课"实践教学为何,何为。

参考文献

[1] 王虎丹:《关于提升高校思政课实践教学质量的思考》,《学校党建与思想教育》,2023年第6期。
[2] [古希腊]亚里士多德:《尼各马可伦理学》,廖申白译,北京:商务印书馆,2003年版。
[3] 习近平:《高举中国特色社会主义伟大旗帜 为全面建设社会主义现代化国家而团结奋斗——在中国共产党第二十次全国代表大会上的报告》,《人民日报》,2022-10-26。
[4]《马克思恩格斯选集》(第1卷),北京:人民出版社,2012年版。
[5] [英]约翰·B.汤普森:《意识形态理论研究》,郭世平等译,北京:社会科学文献出版社,2013年版。
[6] 习近平:《思政课是落实立德树人根本任务的关键课程》,《求是》,2020年第17期。
[7] [美]洛林·W.安德森:《布鲁姆教育目标分类学:分类学视野下的学与教及其测评》,蒋小平,张琴美,罗晶晶译,北京:外语教学与研究出版社,2009年版。

---

① 汪行福:《以实践自由为核心的社会主义》,《华东师范大学学报(哲学社会科学版)》,2018年第4期。
② [美]洛林·W.安德森:《布鲁姆教育目标分类学:分类学视野下的学与教及其测评(完整版)》,蒋小平,张琴美,罗晶晶译,北京:外语教学与研究出版社,2009年版,第35页。

第五章
大中小学思政课一体化建设

在大中小学循序渐进、螺旋上升地开设思想政治理论课是培养一代又一代社会主义建设者和接班人的重要保障。统筹推进大中小学思政课一体化建设，推动思政课建设内涵式发展，是办好高等教育与基础教育的发力点与落脚点。为此，当前高校要十分重视高等教育与基础教育之间的借鉴互通。

为贯彻落实习近平总书记"统筹推进大中小学思政课一体化建设"要求，近几年，上海财经大学聚焦立德树人根本任务，坚持大学引领、多校联合，协同开展大中小学思政课一体化建设，于2022年9月17日成立"上海财经大学大中小学思政课一体化建设教育基地"。该平台希望依托马克思主义学院和优质思政教育资源，以定期开展教育教学交流活动、集体备课活动，共同举办思政课教学实践活动等方式，加强思政课教师沟通合作，在有效互动中提升跨学段思政课教学的水平与质量。目前，上海财经大学已经形成了"开学第一课""书记双师课""财商教育进校园""大手牵小手走出课堂"等一批彰显上财特色的大中小学思政课一体化活动。

一、教学实录与感悟

培根铸魂育新人,办好新时代思政课
——2024年集体备课会

为纪念习近平总书记在学校思想政治理论课教师座谈会上发表重要讲话五周年,2024年3月14日上午,上海财经大学举行一场别开生面的"书记备课会"。校党委书记许涛,常务副校长徐飞,马克思主义学院全体思政课教师及部分毕业生代表,校附属中小学教师代表,党委宣传部、党委教师工作部、党委学(研)工部、教务处、团委、教师发展中心、法学院、基础教育集团等职能部门或学院负责人参加备课会。会议由校党委常委、宣传部部长、马克思主义学院党委书记曹东勃主持。

备课会上,马克思主义学院教师范静、上海市香山中学教师刘科秀、华东师范大学张江实验中学教师罗杨琛、上海财经大学附属杨浦区国安路小学教师许云梦,分别作为大中小学思政课教师对话研讨思政课改革创新。不同学段的思政课教师们根据自己的学情分别介绍各学段思政课的教学理念与教学方法,一起探讨如何深入推进大中小学思政课一体化建设。

三位中小学思政课教师都是我校校友,对话后,校友们向范静老师献花,表示感恩,彰显师道传承。

自由发言环节,上海财经大学附属杨浦区国安路小学党支部书记吴燕蓓、德育主任叶楠,上海财经大学附属中学政治教研组组长孙世英、政治教师刘馨遥,上海财经大学附属初级中学道德与法治教师黄莉涵先后围绕习近平总书记"3·18"重要讲话精神,并结合自身工作经验,深入研讨如何让思政课成为一门有温度的课。

上财校内各相关职能部门负责人分别从各自工作出发,分享学习总书记重要讲话的体会,并具体谈论如何进一步支持思政课建设。

许涛书记表示,在五周年这个时间节点上重温总书记在学校思想政治理论课教师座谈会上的重要讲话意义重大。五年来,上海财经大学党委积极贯彻落实重要讲话精神,始终将

马克思主义学院建设和思政课列入学校事业发展规划重点,采取一系列重要举措全面推动实质化建设并取得一定的工作实效。下一步,学校将继续贯彻落实习近平总书记"3·18"重要讲话精神,从推动中华民族伟大复兴战略的高度来看待思政课建设,发扬"敢闯、善创"的精神,构建更高质量的思政课教学体系,完善更为贯通的思政课课程体系,构建更高水平的思政课教师队伍,全面推动上海财经大学思想政治理论课建设再上新台阶,培养更多堪当民族复兴大任的时代新人。

传承上海城市文脉,彰显城市精神品格

——2023年下半年集体备课会

为深入学习阐释习近平文化思想和习近平总书记考察上海重要讲话精神,巩固拓展主题教育成效,切实推进"大思政课"工作格局和大中小学思政课一体化建设,2023年12月23日上午,上海财经大学举办了主题为"传承上海城市文脉,彰显城市精神品格"的大中小学思政课一体化集体备课会。来自上海市教委德育处、华东师范大学、上海交通大学、上海公安学院、复旦大学附属中学、上海造币有限公司等单位的领导、思政课教师、思政教育研究者和"大思政课"工作格局构建者,以及上海财经大学马克思主义学院、上海财经大学基础教育集团各附属学校、上海财经大学托管帮扶学校日喀则市南木林高级中学的教师代表出席了本次集体备课会,会议开幕式由上海财经大学党委宣传部部长、马克思主义学院党委书记曹东勃主持。

上海财经大学党委副书记朱鸣雄、上海市教委德育处副处长杨长亮出席会议并致辞。朱鸣雄副书记在致辞中指出,习近平总书记对大中小学思政课一体化建设高度重视,上海市是大中小学思政课一体化建设的发源地,我们要在现有基础上继续深化上海财经大学大中小学思政课一体化建设。致辞中还指出,上海财经大学举办这场备课会,旨在为各位专家学者和老师们提供一个长期交流合作的平台,以期达到以下三个目标:一是要立足学生的成长规律,进一步明确教学理念、丰富教学内容;二要是加强教育者的协同联系,提升思政课教师的理论和专业水平;三是要突出上海特色,继续深化大学引领作用。

上海市教委德育处副处长杨长亮在致辞时强调,思政课是立德树人的关键课程,此次备课会选择"传承上海城市文脉,彰显城市精神品格"这个主题非常有意义,习近平总书记亲自

提炼概括了上海的城市精神和城市品格,对上海提出了殷切的期望,我们理应将此融入大中小学思政课一体化建设之中,做到大中小学纵向的一体化,校内与校外的一体化,知信行的一体化。致辞中还对本次会议和今后工作提出三点希望:一是要贯彻立德树人根本任务,让上海城市文脉和精神品格成为青少年成才成人的重要支撑;二是要明确教学目标,在教学中讲深讲透上海的城市文脉;三是要注重育人效果,激发学生对上海城市文化的探索兴趣,感知上海城市文化魅力。

随后,会议进入主题为"大中小学一体化推进文化传承与学生培养"的专家研讨环节,由《解放日报》理论工作室主编王珍主持。华东师范大学马克思主义学院副院长许瑞芳教授结合教学案例,深入细致地讲解了大中小学思政课一体化建设的关键步骤和方法。上海财经大学发展规划处副处长、高等教育研究所副处长高耀丽老师从顶层设计、平台搭建、资源共享、品牌打造、财经特色等方面介绍了上海财经大学探索与实践"大中小学思政课一体化建设"的成效经验及下一步思考。复旦附中高级教师、杨浦区语文学科带头人张慧腾老师以"例谈语文学科德育的定位与实施"为主题,从"学科"到"德育"、"目标"到"过程"、"认知"到"体验"三个方面展开,深入讲解如何在语文教学中实现思政功能。上海造币有限公司党委书记办公室主任马义顺以"以货币文化作为抓手,于方寸间讲好大思政"为主题,重点介绍了校企合作对思政课建设的重要意义,认为货币不仅具有传统美学价值,同时也彰显文化自信,更是红色文化的载体,因此我们要充分利用馆藏的资源开展思政教育,推动课堂实践、教育实践同向同行,为大学的思政课提供资源支持和平台建设。

在高校思政工作交流环节,三所兄弟高校的代表围绕"五育并举彰显新时代上海城市精神品格"的议题进行了交流,《思想理论教育》执行编辑周家雅担任主持。上海交通大学马克思主义学院副院长周凯教授指出,学校要将价值融入、引入第一课堂,并且内化到第二课堂,同时要固强补短,促进"五育"并举、协调发展,加大文化建设的力度,促进"五育"的共容共生。上海财经大学党委学工部部长、校团委书记沈亦骏老师指出,要把美育纳入人才培养的

全学段：一是策划美育概念，做好顶层设计；二是创新美学教学内容；三是构建美育思政共同体，使美育纳入实践课程的全流程管理。上海公安学院思想政治教研部主任龚海燕老师认为，"五育"并举最重要的是系统性和协调性，并结合上海公安学院的"五育"建设实践经验做了分享和讨论。

在大中小学思政课教学经验交流环节，《文汇报》理论评论部编辑陈瑜担任主持，上海财经大学附属杨浦区国安路小学德育主任叶楠、上海财经大学附属初级中学道德与法治老师黄莉涵、上海财经大学附属中学政治老师何翠、上海财经大学附属北郊高级中学思政课教师胡亦然、日喀则市南木林高级中学党建办副主任甘迎东、上海财经大学马克思主义学院李亚丁老师分别从大中小学不同学段思政课、德育课的角度，交流分享教学经验，并就如何将上海城市文化融入思政教育之中展开深入讨论。

备课会最后，上海财经大学基础教育集团主任王晓露对本次会议内容和研讨成果表示充分肯定，并指出统筹推进大中小学思政课一体化建设于师生有益，未来应更加注重"以生为本"，也希望附属学校更加主动地、充分地、实时地利用好大学的思政资源，紧跟大学服务地方和国家的动态，基础教育集团也会一以贯之地在这方面创造平台和提供资源。

上海财经大学党委宣传部部长、马克思主义学院党委书记曹东勃在总结中指出，大中小学思政课一体化向大中小学思政教育一体化的推进，意味着"一体化"的机制、层次正在进一步深化。上海财经大学在商学文化传播、财经素养教育等方面具有良好基础优势，始终敞开大门，欢迎全市各学段的教育界同仁和大中小学思政教育一体化建设相关单位交流研讨，共同推进相关工作，担当光荣使命。

善用"大思政课",构建协同育人新格局

——2023年上半年集体备课会

　　为深入开展学习贯彻习近平新时代中国特色社会主义思想主题教育,贯彻落实习近平总书记关于学校思政课建设的重要指示批示精神,有力推进"大中小学思政课一体化"建设工程,2023年4月22日,一场别开生面的"大中小学思政课一体化"集体备课会在上海财经大学举行。学校党委书记许涛、《解放日报》社党委副书记周智强、上海市教委德育处处长朱敏、虹口区教育局副局长李琰、上海教科院德育研究院党支部书记宗爱东、《文汇报》理论部主任杨逸淇、《思想理论教育》副编审周家雅、上海财经大学校史馆馆长喻世红、上海财经大学基础教育集团主任王晓露、马克思主义学院思政课教师、上财附属学校思政课教师等40余人参加会议。会议开幕式由上海财经大学党委常委、宣传部部长、马克思主义学院院长章益国主持。

　　许涛书记、朱敏处长为活动致辞。许涛书记指出,推进大中小学思政课一体化建设,还需瞄准三点发力:一要加强顶层设计,优化教学内容一体化衔接;二要健全保障机制,完善一体化相关制度支撑,在此次主题教育中要尽快出台《上海财经大学思想政治理论课综合改革3.0方案》,为一体化建设保驾护航;三要深化交流合作,形成一体化协同育人合力,定期举办与大中小学思政课一体化相关的活动,实施"结对帮扶"工程,建立不同学段思政课教师的培训交流机制。

朱敏处长肯定了上海财经大学近年来在推进大中小学思政课一体化建设中所取得的喜人成果，并为我们指明了大中小学思政课一体化建设的四个方向。一是建机制，要共建一体化建设的制度体系，统筹制度设计，全方位推进管理、课程、教学、师训一体化建设，要打造一体化建设同城平台。二是重内容，在大中小学一体化建设中，最关键的就是用新思想滋养学生心田，要开好"习近平新时代中国特色社会主义思想概论"课。三是抓方法，要大力借助信息化手段，深入开展"云上思政课"建设，将理论课堂与红色资源等有机结合。四是强教师，把大中小学思政课教师"一盘棋"纳入培养激励机制，实施大中小学思政课教师融合式培养。

"大中小学思政课一体化建设"理论研讨环节由《文汇报》理论部主任杨逸淇主持。《解放日报》社党委副书记周智强研究员从怎样提高思想宣传和思政工作的有效性切入，谈大中小学思政课如何紧贴当前热点和思政热点。上海市教科院德育研究院党支部书记、副院长宗爱东研究员从内容一体化、方法一体化、学生体验一体化三方面，为大中小学思政课一体化建设提供具体路径。上海财经大学档案馆（校史馆、博物馆）馆长喻世红结合工作的特点，从档案、校史、文博与思政融合上为大中小学思政课一体化建设提供思路。上海财经大学马

克思主义学院党委书记曹东勃教授从态势、优势、方式三方面,阐明了大中小学思政课一体化建设的可能性与现实性。

备课会充分结合学校财经特色,围绕"新发展阶段 新发展理念 新发展格局"进行专题备课,《思想理论教育》副编审周家雅主持该环节。上财附小德育室主任叶楠,上财附属初级中学教研组长姜晓悦,上财附属中学政史地教研组孙世英、何翠老师,上财附属北郊高级中学校工会主席、政治教研组组长王娅,上财"习近平新时代中国特色社会主义思想概论"教研室主任姜国敏从不同学段对如何进行该专题教学进行专题发言。上财附小党支部书记吴燕蓓、上财附属初级中学党支部书记富群、上财附属中学副校长凌岭等作交流发言。虹口区教育局副局长李琰为备课会作点评,她指出这是有时代感、现场感和获得感的备课会,从方法论和实践上帮助各学段思政课教师把"天边的事"变成学生身边的事情,使思政课入耳、入脑、入心。

马克思主义学院副院长刘洋主持总结环节,上海财经大学基础教育集团主任王晓露、马克思主义学院党委书记曹东勃进行会议总结。王晓露主任对各位领导和专家支持上财开展

大中小学思政课一体化建设表示感谢，并指出下一步工作要尊重教育规律，向有温度的一体化推进；要注重理顺工作机制与日常教学工作、财经素养教育相结合；要根据不同学段的特征和教育任务巧妙地做好衔接工作，最终打造具有上财特色、能辐射全国的大中小学思政课一体化品牌案例。曹东勃认为大中小学思政课一体化未来大有可为，利用各自优势，形成更加开放的一体化，大家同备一堂课、同上一堂课、同构大师资、同筑大平台。

"书记调研会"走进上财附小，
全面推进学校基础教育工作

2023年4月14日上午，为全面了解和推进大中小学思政课一体化建设和学校基础教育工作，校党委书记许涛走进上海财经大学附属杨浦区国安路小学开展实地调研，现场召开书记调研会。校党委常委、副校长方华，党委副书记、纪委书记何鹏程，校党委常委、宣传部部长、马克思主义学院院长章益国，党委校长办公室、基础教育集团、工会、档案馆（校史馆、博物馆）、国际教育学院、招生就业处、高等教育研究所等部门负责人，附属学校校领导参加调研。

许涛书记一行全体人员参加上财附小升旗仪式，观摩早操活动和课堂教学，并参观学校主楼活动厅、室内体育馆、图书馆、文化连廊、功能教室等，实地感受学校基础设施、校园环境和文化建设。

书记调研会围绕上财附属学校办学概况、大中小学思政课一体化建设等议题，开展面对面交流。座谈会由上海财经大学党委常委、副校长方华主持。

上海财经大学附属杨浦区国安路小学校长卞松泉、上海财经大学附属初级中学校长秦娟、上海财经大学附属北郊高级中学校长唐群、上海财经大学附属中学校长胡卫江先后交流汇报各校办学情况，以及依托上财开展特色办学的相关进展。

校内有关单位围绕大中小学思政课一体化建设和上财基础教育工作展开交流。

马克思主义学院副院长刘洋介绍上财大中小学思政课一体化建设情况。依托"上海财

经大学大中小学思政课一体化建设教育基地",结合各学段学生的特点,制订《大中小学思政课一体化建设行动计划》,从"同上一堂课、同备一堂课、同构大师资、同筑大平台"四方面发力,致力于形成和分享可推广的思政课一体化建设经验和方法。

档案馆(校史馆、博物馆)馆长喻世红聚焦博物馆探索与实践,介绍三馆作为财经素养教育实践基地的基本情况,展示三馆与附属学校联合开展的多项财经素养教育实践活动。三馆将继续开拓思路,做精做强上财博物馆育人特色品牌。

国际教育学院院长沈晖向与会领导介绍学院办学情况。他表示,上财历来具有国际化办学基因和特色,希望附属高中与学院在目前良好互动沟通的基础上加深合作,学院也将不遗余力地为附属学校国际化办学特色和高中多元化升学提供路径与资源支持。

高等教育研究所副所长高耀丽围绕财经素养教育研究工作作相关介绍。高等教育研究所前期在中国财经素养教育标准框架制定，以及相关教材、论文和教学成果等方面已有良好基础，下一步将通过开放式的财经素养教育研究中心推进财经素养理论研究为实践提供指引和服务，上财应成为引领财经素养教育研究的旗帜和高地。

　　招生就业处处长彭曦介绍与各附属学校在招生就业方面的协作情况。他表示在招生方面，要加大对附属学校学生的财经学科先修课程早期培育，加强升学指导，助力打造优秀生源基地。就业方面，将继续借助"新园丁计划"，鼓励并遴选更多有志于基础教育的上财学子到附属学校实习培训，为附属学校和基础教育领域输送优秀人才。

　　基础教育集团主任王晓露对上财基础教育工作作详细汇报，并提出高品质附属学校建设的规划设想。基础教育集团自成立以来，"一校一策"支持各附属学校开展办学质量提升工作，开放和共享学科资源、场馆资源、活动资源来加强文化认同与传承创新，以大中小学思

政课一体化建设和财经素养教育为两大抓手探索优秀人才贯通培养体系，优化基础教育布局，建成一流的大学附属学校来更好地服务学校发展战略。

校党委副书记、纪委书记何鹏程表示，上财党委、校领导对学校基础教育工作高度重视，过去三年也取得了突出成效。他认为附属学校建设应紧扣财经素养教育和国际化特色，大中小学共同努力创建财经拔尖创新人才培养体系，并升级大学管理与服务能级，深化区校合作共建，围绕各附属学校顶层设计继续发力，做好各项工作。

许涛书记对上财附小自筹建以来取得的快速发展，各附属学校依托上财开展特色化、一体化建设，以及上财校内各单位的主动有为表示感谢和赞赏。他表示，在上海市和各区政府的支持下，上财基础教育从无到有，从有到优，离不开各方相互协作、相互学习、相互融合。

这次调研会展示了前一阶段的基础教育工作成效,在未来工作方向和规划理念方面也达成了共识。他希望各方保持现有良好工作态势,系统梳理和搭建新格局下基础教育工作框架,建立完备工作体制机制,以大中小学思政课一体化建设、财经素养教育、国际化特色办学为抓手,通力合作、长远规划,打造独树一帜的上海财经大学人才贯通培养体系,引领顶尖一流的大学附属学校建设,反哺大学发展,服务地方和国家人才队伍建设。

平台共建、资源共享,跨学段共商思政课一体化建设

2023年3月24日下午,上海财经大学思政课一体化建设工作会议在上海财经大学基础教育集团召开。上海财经大学马克思主义学院、基础教育集团,上海财经大学附属北郊高级中学、上海财经大学附属中学、上海财经大学附属初级中学,上海财经大学对口托管帮扶学校日喀则市南木林高级中学相关领导参加会议。会议由马克思主义学院党委书记曹东勃主持。

上海财经大学基础教育集团主任王晓露介绍了相关工作背景和进展。近几年,上海财经大学聚焦立德树人根本任务,坚持大学引领、多校联合,协同开展大中小学思政课一体化建设,形成了一些经验做法。2022年9月17日,大学与附属学校联合成立"上海财经大学大中小学思政课一体化建设教育基地",希望依托马克思主义学院和优质思政教育资源,通过定期开展教育教学交流活动、集体备课活动,共同举办思政课教学实践活动等方式,加强思政课教师沟通合作,在有效互动中提升跨学段思政课教学的水平与质量。

上海财经大学附属北郊高级中学副校长茆颖萍、上海财经大学附属中学副校长凌岭、上海财经大学附属初级中学副校长钱毓琴先后介绍各附属学校开展思政课教育教学活动的基本情况,以及对思政课一体化建设的需求和想法等。南木林高级中学副校长次旺多吉介绍学校思政课工作情况、遇到的困难及希望得到的帮助等。

马克思主义学院副院长刘洋、"习近平新时代中国特色社会主义思想概论"教研室主任姜国敏、青年教师李亚丁、佘超详细介绍大学思政课程体系、理论研究、教学实践等情况,并

对后续如何开展大中小学思政课一体化建设给出具体建议。

马克思主义学院党委书记曹东勃表示,跨学段人才培养需要一脉相承,在思政课一体化建设方面,大学和中小学尤其是中学在经验和方法上有许多可交流共进的地方。通过基地平台,联合校内各单位、场馆,实现资源平台的共享,逐步构建适应学生综合评价改革的评价体系;各校用好用足大学品牌,更多地举办特色活动、志愿活动等,实现文化的深度融合;同时也反哺大学人才培养,为上财学生创造更多实习和就业的机会。曹书记还提到,学院近期将通过筹办集体备课、学生实践等教育教学交流活动,多方面探索和开展大中小学思政课一体化建设。

同上一堂课,上海财经大学正式成立大中小学思政课一体化建设教育基地

2022年9月17日,正值上海财经大学建校105周年,上海财经大学2022级新生开学典礼暨书记第一堂思政课以"主会场+分会场""线上+线下"的形式举行。来自五湖四海的5 000多名新生、附属学校师生代表共同聆听"开学第一课"。

紧扣"担当复兴大任 成就时代新人"这一主题,第一堂课分"疫情防控的青春守护""时代新人的精神塑造""匡时青年的百年奋斗"三个篇章,以情景讲述、舞台剧、视频展现等生动形式呈现了新时代青年的历史使命与中华民族伟大复兴的光明前景。

许书记寄语新生,正确认识历史使命和时代责任,正确认识个人价值和国家需要,正确认识远大抱负和脚踏实地,以实现中华民族伟大复兴为己任,把青春奋斗融入党和人民的事业中,必将大有可为,也必将大有作为。

为贯彻落实习近平总书记"共同推进大中小学思政课一体化建设"要求,深入挖掘上海财经大学及附属学校思政教育资源,现场举行了上海财经大学大中小学思政课一体化建设教育基地启动仪式,上海财经大学党委书记许涛、校长刘元春与上财附属杨浦区国安路小学校长卞松泉、上财附属初级中学校长秦娟、上财附属中学代理书记刘彤、上财附属北郊高级中学书记陈雪斌一同为基地按下启动键。

教育基地将坚持"大学引领、五校联合",聚焦立德树人根本任务,立足育人为本、一体建

设原则,共享共建思政课教学和实践资源,为推动大中小学思政课一体化建设贡献"上财力量"。

启动仪式过后,四所附属学校的学生代表,与合唱团的大学生们一同上台演唱《在灿烂阳光下》《不忘初心》。在青春洋溢的歌声中,上财附属学校的学子们接受了一堂别开生面的思政课,也将上财人"厚德博学,经济匡时"的精神深深刻入心中。

行走的红色课堂,贯通大中小学思政课一体化建设

2021年3月29日,上海财经大学召开党委理论学习中心组扩大学习会暨"走进100"党史学习教育,走进中国证券博物馆实地研学"中国共产党领导下的中国资本市场的建立与发展"。为推动上财优质思政教育教学资源向中小学延伸,增强思政教育育人合力,本次学习活动还邀请了上财附属学校师生代表全程参与。

位于外滩黄浦江畔的中国证券博物馆是我国证券期货行业唯一一家国家级博物馆,1990年上海证券交易所创办于此,见证了新中国证券市场的诞生、发育和成长。上海财经大学校董、1983届校友、上海证券交易所首任总经理尉文渊和博物馆副馆长金星带领大家参观了"中国资本市场改革开放历程展"。通过上海证券交易所建立的亲历者的讲述和场景还原、实物展陈、多媒体展示等形式,生动地还原了当年场景,让人领略到了中国资本市场改革开放的不平凡历程,见证了党领导下的新中国资本市场的应运而生和发展壮大。

观展结束后,理论学习中心组成员进行集中学习研讨。尉文渊校友作"中国共产党领导下的中国资本市场的建立与发展"主题报告。

上海财经大学党委书记、党史学习教育领导小组组长许涛表示,上财百年的发展与中国资本市场息息相关,学校在开展党史学习教育的过程中,要紧密结合学校优势和学科专业特点,创新方式方法丰富内容载体,坚持统筹推进党史学习教育与迎接中国共产党成立100周年行动;要用好学校书记谈心、千村调查、智库育人等基层党建和思政工作特色品牌,实施上财"十百行动",以优异成绩庆祝中国共产党成立100周年;要组织基础教育集团各附属学校

的中小学师生一起打造行走的红色课堂,在推动大中小学德育一体化进程中做出上财贡献。

学习会结束后,理论学习中心组成员一行人步行至上海人民英雄纪念塔前瞻仰。马克思主义学院教师、校党史学习教育专家指导委员会成员汪堂峰为大家上了一堂"黄浦江畔述不朽,英雄塔下忆初心"的微党课。

上财党史课资源、育人资源正逐步面向基础教育集团中小学校开放,贯通大中小学思政课一体化建设。

二、教研心得

有效提升大中小学思政教育一体化建设质量效益

2024年5月,习近平总书记对学校思政课建设作出重要指示强调:要深入推进大中小学思想政治教育一体化建设。为深入贯彻落实习近平总书记重要指示精神,我们必须直面问题与挑战,在政治站位、教育规律、资源整合等方面深入探索,从整体上有效提升大中小学思政教育一体化建设质量效益。

第一,进一步提高政治站位。当前正处于以中国式现代化全面推进中华民族伟大复兴的关键节点,大中小学都承担着为实现中国式现代化培养高素质人才的重要职责。因此,各学段都要重视和加强思政教育,从娃娃抓起,引导学生从小树立报国强国大志向,培养让党放心、爱国奉献、担当民族复兴重任的时代新人。

第二,遵循教育规律。青少年的成长是一个分阶段且紧密相连的过程,每个阶段都承载着不同的教育使命和发展需求。受这一成长规律的影响,大中小学思政教育一体化建设既要坚守教育的根本目标,又要根据青少年在不同学段的认知特点和成长需求,及时调整教育内容和方式,从而遵循循序渐进、螺旋上升的内在教育规律。比如,在小学阶段应注重情感启蒙和道德认知的初步培养,在中学阶段需要进一步强化学生的认知能力,在高中和大学阶段应更加注重培养学生的责任感和使命感。唯有通过一体化建设,才能有利于实现育人过程和育人目标的有机统一。

第三,综合运用多方资源。大中小学思政教育一体化建设质量效益的有力提升,离不开多方资源的整合与高效运用。一是要获取更为充足的社会资源,助力思政课教师教学能力提升、思政课课程教材体系完善、教学内容创新。二是通过深度联合各类互联网平台与产业研发机构,有效实现跨领域资源的高效整合,共同打造高质量思政课课程群,为青少年提供丰富多彩的思政教育素材,从而让思政教育更加贴近每个阶段的学生。

三、理论探索

大中小学思政课一体化的内在意蕴与实践路径[①]

2021年3月,习近平总书记在看望参加全国政协会议的教育界委员时强调:"'大思政课'我们要善用之,一定要跟现实结合起来。"善用"大思政课",构建"大思政"格局,首先要实现大中小学思政课一体化建设,推动思政课内涵式发展。在"3·18"讲话中,习近平总书记指出:"在大中小学循序渐进、螺旋上升地开设思想政治理论课非常必要,是培养一代又一代社会主义建设者和接班人的重要保障"[②]"要把统筹推进大中小学思政课一体化建设作为一项重要工程,推动思政课建设内涵式发展。"[③]大中小学思政课一体化,就是要树立协同理念,坚持整体统筹,发挥一体化育人的最大合力和整体功能,以问题导向推进大中小学思政课一体化的改革创新。推进大中小学思政课一体化,是从国家发展战略的高度培育社会主义建设者和接班人的必然要求,是科学引导青少年"拔节孕穗期"的重要保障,是思想政治理论课科学化发展的内在诉求,对于全面落实思政课立德树人的根本任务具有重大战略意义。

(一)大中小学思政课一体化的实践逻辑及现实依据

大中小学思政课一体化,无论是从思想政治教育阶级性的意识形态属性还是从思想政治教育客体对象成长的阶段性特点,抑或是从思想政治教育主渠道和主阵地的思政课自身建设来说,都具有深厚的现实依据及深刻内涵,主要体现为,是在"百年未有之大变局"和"中华民族伟大复兴战略全局"的"两个大局"视野下培育社会主义建设者和接班人的必然要求,是在"拔节孕穗期"的关键阶段科学引导青少年茁壮成长的重要保障,是在构建思政课程与课程思政协同发展的"大思政"格局中,大中小学思政课在培养目标、主题思想和内容方法等方面完美嵌入,纵向衔接,横向贯通,融为一体,最终实现一体化发展的内在诉求。

1. 培育社会主义建设者和接班人的必然要求

中国共产党历来重视政治教育工作,在百年来的马克思主义理论教育中积累了丰富的教育经验,对开展思想政治教育探索出了一系列规律性认识,为新时代办好大中小学思政课一体化提供了重要遵循。推进大中小学思政课一体化,政治引领是关键,这是对培养社会主

[①] 本文发表于《思想政治课研究》2022年第2期,作者:吴亚辉、田凯妮。
[②] 《习近平谈治国理政》(第三卷),北京:外文出版社,2020年版,第329页。
[③] 《习近平谈治国理政》(第三卷),北京:外文出版社,2020年版,第332页。

义建设者和接班人的目标定性和方位指向,是发展方向、目标任务与核心素养三者逻辑与历史的统一。第一,明晰了培育社会主义建设者和接班人的总体目标。大中小学思政课一体化的总体目标是培育社会主义的建设者和接班人,也就是"培育什么人"的问题,习近平总书记指出:"我们培养人的目标是什么要搞清楚,现在非常明确坚定地提出要培养社会主义建设者和接班人。"[①]社会主义建设者和接班人,定语是"社会主义",这是大中小学思政课一体化对培育什么人的本质规定,指明了总体目标。第二,彰显了培育社会主义建设者和接班人的使命任务。大中小学思政课一体化,将"培育什么人"的使命任务放在"世界百年未有之大变局、党和国家事业发展全局"的"两个大局"视野下,有利于为坚持和发展中国特色社会主义、建设社会主义现代化强国、实现中华民族伟大复兴培育优秀人才。第三,夯实了培育社会主义建设者和接班人的核心素养。大中小学思政课一体化,在纵向上将"使命担当、政治素养、思想基础、情感道德"作为大中小学思政课的课程目标,遵循学生成长规律和认知规律,循序渐进、螺旋上升,有利于夯实社会主义建设者和接班人的核心素养。

2. 科学引导青少年"拔节孕穗期"的重要保障

推进大中小学思政课一体化,价值塑造是核心。青少年正处于"拔节孕穗期"的关键阶段,大中小学思政课一体化必须以学生为中心,在科学引导青少年时努力做到保障的全面性、供给的精准性、组织的科学性。第一,全面保障青少年"拔节孕穗期"的立场方向。大中小学思政课一体化紧紧围绕党的全面领导,坚持党的教育方针,全面保障教育对象的鲜明底色,阶级性是大中小学思政课一体化育人的根本属性和本质特点,必须从政治立场上全面保障青少年的发展方向,在大中小学各学段教育青少年站稳政治立场。第二,精准供给青少年"拔节孕穗期"的营养元素。大中小学思政课一体化有利于针对教育对象的成长需要进行精准供给所需元素,青少年阶段既是长身体的主要时期,又是世界观、人生观、价值观形成的关键时期,容易受各种社会思潮的影响,最需要精心栽培和引导。要针对大中小学生所关注的焦点问题、热点问题和疑惑问题,掰开揉碎,从历史和现实、理论和实践上进行精准性释疑和解惑,促使青少年健康成长。第三,科学规划青少年"拔节孕穗期"的教学内容和组织形式。大中小学思政课一体化针对教育对象发展阶段进行科学规划,在思政课内容方面,按照大中小学生成长的需要和认知规律进行梯度展开,在思政课教学的方式、方法方面,按照大中小学生接受程度进行多样化教学,实现大中小学思政课内容和形式的科学组织。

3. 思想政治理论课实现科学化发展的内在诉求

推进大中小学思政课一体化,主线贯通是要义。大中小学思政课不是彼此割裂、各守一段的单个体,而是你中有我、我中有你、互相联系、彼此包含、融为一体的统一整体。推进大中小学思政课一体化,是思想政治教育过程、思想政治教育内容和思想政治教育主线的逻辑统一。

---

① 习近平:《思政课是落实立德树人根本任务的关键课程》,《求是》,2020年第17期。

第一,纵向衔接思想政治教育过程的根本要求。思想政治教育过程是思想政治教育活动的展开、运行和发展的流程,是教育活动先后有序衔接、纵向呼应所构成的。从宏观上来说,大中小学的思想政治教育过程是教育活动的展开、运行和发展过程的统一体;而从微观上来说,大中小学的思想政治教育过程又是单个教育活动展开、运行和发展的流程;因此,大中小学思政课一体化,是纵向衔接思想政治教育过程的必然体现。

第二,横向贯穿思政课内容的本质规定。思想政治教育包含丰富的内容,构成了完整的内容体系,主要包括思想教育、政治教育、道德教育和心理教育等内容,由于大中小学教育对象的层次性和特殊性,教育内容也必然体现逻辑结构性,因此,大中小学思政课一体化,从整体上优化教育内容的结构,有利于凸显思想政治教育的核心内容,完善思想政治教育的内容体系,从而实现大中小学思想政治教育的内容创新。

第三,贯通思政课逻辑主线的必然体现。无论是大学生的思政课,还是中学生的思政课,抑或是小学生的思政课,贯穿始终的主线是"爱党、爱国、爱社会主义、爱人民、爱集体"[①]这是大中小学思政课始终贯通的逻辑主线。推进大中小学思政课一体化,从根本上规定了大中小学思政课鲜明的逻辑主线。总之,大中小学思政课一体化,是大中小学思想政治教育过程、内容和主线上形成依次递进发展结构的内在诉求。

(二)大中小学思政课一体化的理论逻辑深化与演绎

推进大中小学思政课一体化有其深厚的理论基础和科学依据。马克思主义人的全面发展理论是其理论渊源,百年来中国共产党在思想政治教育实践探索中所形成的对思想政治教育的规律性认识是其理论指导,大中小学生的成长认知规律是其理论遵循。

1. 马克思主义人的全面发展理论是大中小学思政课一体化的理论渊源

马克思主义关于个人全面发展的学说,是确定大中小学思政课一体化教育方针、教育目的和教育任务的理论渊源,培养全面发展的社会主义建设者和接班人是推进大中小学思政课一体化的最终目的,这与马克思主义的最高价值目标——实现每个人的全面——发展具有高度的契合性,是一脉相承的。

第一,马克思主义人的全面发展理论。马克思正式提出并系统阐述了"个人全面发展"的学说,认为通过实施全面发展的教育,以便"使他们能够根据社会需要或者他们自己的爱好,轮流从一个生产部门转到另一个生产部门"[②]"生产劳动同智育和体育相结合,它不仅是提高社会生产的一种方法,而且是造就全面发展的人的唯一方法"[③]。社会主义现代化强国,归根结底靠人才,建设社会主义现代化强国,需要一代代高素质的全能型复合型人才,需要整体素质的全面提升,大中小学思政课一体化,其根本教育目标是培育全面发展的人,突出

---

① 中共中央办公厅 国务院办公厅:《关于深化新时代学校思想政治理论课改革创新的若干意见》,《中华人民共和国教育部公报》,2019年第9期。
② 《马克思恩格斯选集》(第1卷),北京:人民出版社,2012年版,第308页。
③ 《马克思恩格斯选集》(第2卷),北京:人民出版社,2012年版,第230页。

体现在提升人的思想政治素质和人的现代化,坚持"四个服务"的教育方针,将培育社会主义建设者和接班人贯穿到大中小学思政课全过程,形成全学段整体育人效果。

第二,马克思主义的能动反映论和灌输论揭示了正确思想形成发展的规律。列宁在《怎么办?》一书中系统论述了灌输理论,为中国共产党的思想政治教育提供了理论指导。他指出:"工人本来也不可能有社会民主主义的意识。这种意识只能从外面灌输进去,各国的历史都证明:工人阶级单靠自己本身的力量,只能形成工联主义的意识。"①如今,虽然世情、国情和党情发生了翻天覆地的变化,但是先进思想必须通过灌输才能掌握群众的理论依然没有过时,反而灌输的形势更为紧迫,灌输的要求水涨船高,随着大数据、融媒体时代的到来,给思想政治教育带来机遇的同时也带来了挑战,亟须创新方式方法,占领网上新阵地,把握思想政治教育主导权,而推进大中小学思政课一体化,就是在灌输理论的指导下,统筹大中小学思政课灌输的教材、目标、内容、方法等,构建大中小学思政课"协同灌输"教育体系。

第三,马克思主义的系统科学思维方法。系统科学思维方法是马克思主义辩证思维方法的深化和展开,是基础性的思想方法和工作方法,其基本理念是坚持系统思维原则,系统谋划、统筹推进,注重系统的整体性和要素之间的协同性,把各个对象互相联系的各个方面及其结构和功能进行系统组合,进而对整个系统产生撬动和引领作用,达到最优结果。系统思维具有整体性、关联性、层次结构性、动态平衡性等特征。大中小学思政课一体化,就是在遵循系统思维的原则下,注重大中小学思政课的整体性、关联性和层次结构性等,坚持系统谋划、统筹推进大中小学思政课的课程目标、课程内容、教学方法、教材编写以及教师队伍等各要素层次结构之间的关联性和协同性,在结构上科学规划大中小学思政课各要素的布局,在功能上实现纵向衔接、横向贯通,循序渐进、螺旋上升,提高大中小学思政课整体育人功能。

2. 中国共产党思想政治教育规律是大中小学思政课一体化的理论指导

习近平总书记指出:"思政课建设长期以来形成的一系列规律性认识和成功经验,为思政课建设守正创新提供了重要基础。"②中国共产党在百年来的思想政治教育实践中,积累了丰富的思想政治工作经验,对思想政治教育形成了一系列规律性的认识,这为大中小学思政课一体化提供了直接的理论指导。

第一,教育要求与受教育者思想品德发展之间保持适度张力的规律。在思想政治教育活动中,教育要求与受教育者思想品德之间要保持一种动态的平衡关系,教育者所提出的教育要求要适当超越受教育者目前的思想品德基础,有提升其思想品德水平的可能,同时这一超越又不能高到受教育者经过努力也难以达到的高度。大中小学思政课一体化,基于系统思维,在整体上既对大中小学思政课提出总体要求和阶段目标,又对大中小学生的思想品德

---

① 《列宁专题文集 论无产阶级政党》,北京:人民出版社,2009年版,第230页。
② 习近平:《思政课是落实立德树人根本任务的关键课程》,《求是》,2020年第17期。

实际现状进行科学把握,使大中小学思政课的教育要求与大中小学生的思想品德发展保持适度张力。

第二,协调与控制各种影响因素,使之同向发挥作用的规律。在思想政治教育过程中,既有教育主体施加的教育影响,又有社会环境的自发影响,在多重教育主体和复杂环境的影响下会产生不同的思想政治教育效果。因此在思想政治教育过程中,要对不同教育主体的影响进行自觉协调,强化社会环境中的积极影响,使之同向发挥作用,形成正合力。大中小学思政课一体化,在微观上,将大中小学思政课的教育主体、课程目标、教学内容、教材编写等进行整体统筹,达到教育影响的一致性;在宏观上,大中小学思政课一体化需要加强学校、家庭和社会等思想政治教育环境协同育人的浓厚氛围,不同教育主体相互补充、相互强化,协同发挥作用,实现教育影响的同向性。

第三,教育与自我教育的规律。在思想政治教育过程中,教育对象既是教育的主体,也是教育的客体,当受教育时是教育的客体,在进行理解、筛选和吸收教育影响时是教育的主体,发挥着主体作用。因此,思想政治教育是主体与客体的统一,是教育与自我教育的同时展开。大中小学思政课一体化,要遵循教育与自我教育相统一的规律,在一体化的过程中,要一以贯之地推进大中小学思政课教学形式、教学方法的创新,既要发挥教育者的主导作用和主观能动性,又要注重教育对象的主体地位和自觉性、积极性、主动性,实现教育与自我教育的统一。习近平总书记指出:"一些思政课堂运用小组研学、情景展示、课题研讨、课堂辩论等方式教学,让学生来讲,这有利于发挥学生主体性作用"[①]"讲故事,不仅老师讲,而且要组织学生自己讲。"[②]大中小学思政课教学方式的改革创新要引导学生沿着"发现问题、分析问题、思考问题、解决问题"的方向发展,在教育的同时进行自我教育,发挥学生的教育主体性作用,创新课堂教学,给学生深刻的教学体验,更好地在大中小学思政课一体化的过程中实现自我教育。

3. 大中小学生成长认知规律是大中小学思政课一体化的理论遵循

根据个体身心发展的规律,古希腊著名思想家亚里士多德最早提出按年龄划分受教育的阶段,要求教育要按照学生的身心发展特点来实施教育的目标、内容和方法等具体措施。根据教育学理论,个体身心发展具有顺序性、阶段性、互补性等特征。习近平总书记指出:"人的成长、成熟、成才不是一蹴而就的,而是一个渐进的过程,就跟人的生理发育一样,所以要把这几个阶段都铺陈好。"[③]大中小学思政课一体化,是从大中小学生全生命周期的角度,切实遵循大中小学生成长认知规律的必然结果。

第一,教育要适应个体发展的顺序性,循序渐进地促进学生的身心发展。人的身心发展是一个由低级到高级、由简单到复杂、由感性到理性的过程,因此,教育工作要做到循序渐

---

① 习近平:《思政课是落实立德树人根本任务的关键课程》,《求是》,2020年第17期。
② 习近平:《思政课是落实立德树人根本任务的关键课程》,《求是》,2020年第17期。
③ 习近平:《思政课是落实立德树人根本任务的关键课程》,《求是》,2020年第17期。

进。大中小学思政课一体化,是顺应大中小学生成长认知顺序性规律的必然结果,在大中小学思政课课程目标上,不能"揠苗助长""陵节而施",也不能一味地迁就学生,不求进步。

第二,教育要适应个体发展的阶段性,注意各阶段之间的"衔接"工作。个体发展的阶段性特征要求教育要按照不同年龄阶段进行。习近平总书记指出:"要针对不同学段,根据思想政治理论教育规律和学生成长规律科学设置具体教学目标,抓好教学目标设计、课程设置、教材编写、教学改革、教师培养、考核评价等环节,既不能揠苗助长、操之过急,又不能刻舟求剑、故步自封。"[1]大中小学思政课一体化,要根据大中小学各阶段学生所处的阶段特点进行,不能搞"一刀切"而忽视学生发展阶段的特殊性,同时,也要注意学生成长各阶段的相互联系,在大中小学思政课一体化过程中做好衔接性工作。

第三,教育要适应个体发展的不均衡性,加强学生身心发展的关键期教育。这一规律表明个体的身心发展存在着关键期和最佳期,教育要抓住关键期,瞄准最佳期,适逢其时开展教育,才能达到最好的教育效果。总之,大中小学思政课一体化,要抓住大中小学生在成长各阶段的特点,进行有针对性的教育,以期达到最好的思想政治教育效果。

(三)大中小学思政课一体化的实现路径及基本要求

全面推进大中小学思政课一体化建设,必须进行顶层设计和系统思考,明确大中小学思政课一体化发展的原则和思路、方法与路径,需要我们树立协同理念,更好地发挥育人的合力效应,通过整体统筹来增强育人的实效性,以问题导向推进大中小学思政课一体化的改革创新,这是大中小学思政课一体化科学发展的基本要求。

1. 树立协同理念,发挥大中小学思政课一体化的合力效应

协同理念,体现的是马克思主义的系统思维方法。习近平总书记指出:"思政课不仅应该在课堂上讲,也应该在社会生活中来讲""'大思政课'我们要善用之,一定要跟现实结合起来。"[2]这就要求我们首先要充分运用校内外一切育人元素,树立协同育人的理念。

第一,树立大课程协同理念。各类课程是育人的有效载体,在育人方面,一方面要实现大中小学的思政课程协同,在大中小学思政课程目标的定位、教材体系的构建、师资队伍的培养等方面协同一致;另一方面要做好大中小学的课程思政协同,协同将育人元素科学渗入学校所开设的一切形态的课程之中,协同理论课程和实践课程,协同校内课程和校外课程,实现全课育人。

第二,树立大主体协同理念。从空间场域来说,立德树人不仅存在于学校,还存在于个体生命所生活的家庭、社区和社会。要推动学校、家庭、社区和社会在大中小学思政课一体化过程中的目标一致、过程同步、方法互补、资源共享,构建"学校主导、家校互动、社区共管、社会合作"四位一体的大主体协同育人体系,使大中小学思政课的育人功能向家庭延伸、向

---

[1] 习近平:《思政课是落实立德树人根本任务的关键课程》,《求是》,2020年第17期。
[2] 《习近平总书记看望参加全国政协会议的医药卫生界教育界委员》,https://baijiahao.baidu.com/s?id=1693526815664080364&wfr=spider&for=pc。

和社会拓展,实现协同施力。

第三,树立大地域协同理念。每个地域具有自己独特的资源和优势,协同各地所具有的资源和优势,是构建大中小学思政课一体化的重要条件。当前,有些地方对大中小学思政课一体化进行了有效探索,建立了大中小学思政课一体化同城联盟,定期开展大中小学思政课一体化"手拉手"集体备课、大中小学思政课一体化"大练兵"队伍培养等地域协同活动,值得肯定和借鉴。因此,要树立地域大协同理念,构建大中小学思政课一体化同城联盟和全国联盟,为邻学段、同学段、跨学段相互听课、集体备课提供契机,为思政课"堵点"集体攻关及教学资源共享搭建平台,为大中小学思政课教师打通学段界限,发挥地域协同优势,实现育人资源的共享。

2. 突出问题导向,推进大中小学思政课一体化的改革创新

问题意识是人的思维运动的生成起点,是人类文明发展的动力源泉,是社会前进的重要驱动力。习近平总书记强调:"要有强烈的问题意识,以重大问题为导向,抓住关键问题进一步研究思考。"[①]推进大中小学思政课一体化建设,要准确把握当前大中小学思政课建设中存在的问题,以强烈的问题导向推进大中小学思政课一体化建设的改革创新。

第一,培养目标的碎片化。在培养目标上,大中小学各学段存在交叉错位、层次不清的现状,缺乏有序性和完整性,没有依据不同学段学生的认知能力、生理心理发展水平和社会适应能力进行合理有序的规划。因此,要探索适合大中小学生成长规律的、连续化、层次化、系统化的有效衔接的培养目标。

第二,育人课程的专门化。大中小学的思政课是立德树人的关键课程,其他课程是立德树人的重要课程。在立德树人方面,思政课发挥着主阵地、主渠道的作用,需要智育、体育、美育、劳动教育以及隐性课程的协同和支持,需要其他学科教师的教学内容、风格态度及其思想感情的教育。习近平总书记指出:"要挖掘其他课程和教学方式中蕴含的思想政治教育资源,实现全员全程全方位育人。"[②]因此,要谨防隐性课程育人的内在联系被割裂、育人功能被边缘化的现象,需要构建"以德启智、以体育志、以美育人、以劳润心"的"大思政课"的整体育人体系。

第三,校内外教育的割裂化。位于校外的家庭、社区和社会等是思政课教学的重要主体,具有丰富的教学资源,但由于缺乏社会整合机制,没有充分发挥其育人的积极性。思政课不是在真空中进行的,因此,大中小学思政课一体化建设要将"思政课堂"延伸到校外,和外界环境进行合理、有效的良性互动,打造适合大中小学各学段特点的、"行走"在祖国大地上的思政课,构建"思政小课堂和社会大课堂"相结合的育人格局。

[①] 《习近平谈治国理政》,北京:外文出版社,2014年版,第74页。
[②] 习近平:《思政课是落实立德树人根本任务的关键课程》,《求是》,2020年第17期。

而要探索适合大中小学生育人规律的多维评价体系。因此,在一体化评价内容上,要在过程评价基础上注重结果评价,在阶段性评价基础上注重长远期评价等;在一体化评价方式上,要真正将大中小学生思想品德的形成发展作为出发点,建立立体、有序、多元的评价反馈机制。

总之,大中小学思政课一体化并不意味着对思政课的一刀切和绝对化。从人的思想品德形成发展的规律来说,影响人的品德成长的因素是多维的;从人的主体性来说,人是社会关系的产物;从人的生存空间来说,人是社会环境的产物;从人的生命历程来说,人是时间的产物;从人的教育而言,人是有目的、有计划、有组织的教育活动的产物。大中小学思政课一体化,体现了教育主体的一体化育人,全生命周期的一体化育人,教育空间的一体化育人和全课程的一体化育人。